U0816302

高等职业技术院校汽车类专业教材

汽车机械制图

（第二版）

主　编　易广建

中国劳动社会保障出版社

简介

本书主要内容包括绘制简单形体的三视图、绘制组合体的三视图、图样画法、标准件及常用件、识读机械图样、用 AutoCAD 绘制图样等。

本书由易广建主编，张玉璞、王妍静参编。

图书在版编目(CIP)数据

汽车机械制图/易广建主编. —2 版. —北京：中国劳动社会保障出版社，2014

高等职业技术院校汽车类专业教材

ISBN 978 - 7 - 5167 - 1566 - 6

Ⅰ. ①汽…　Ⅱ. ①易…　Ⅲ. ①汽车一机械制图一高等职业教育一教材　Ⅳ. ①U463

中国版本图书馆 CIP 数据核字(2014)第 269232 号

中国劳动社会保障出版社出版发行

（北京市惠新东街 1 号　邮政编码：100029）

*

北京谊兴印刷有限公司印刷装订　　新华书店经销

787 毫米×1092 毫米　16 开本　13.25 印张　246 千字

2015 年 2 月第 2 版　　2025 年 6 月第 16 次印刷

定价：25.00 元

营销中心电话：400-606-6496

出版社网址：http://www.class.com.cn

http://jg.class.com.cn

前言

为了更好地适应全国高等职业技术院校汽车类专业的教学要求，全面提升教学质量，人力资源和社会保障部教材办公室组织有关学校的骨干教师和行业、企业专家，在充分调研企业生产和学校教学情况、广泛听取教师对现有教材反馈意见的基础上，吸收和借鉴各地高等职业技术院校教学改革的成功经验，对现有全国高等职业技术院校汽车类专业教材进行了修订（新编）。

本次教材修订（新编）工作的重点主要体现在以下几个方面：

第一，合理更新教材内容。

根据企业岗位和教学实践的需求变化，确定学生应具备的能力与知识结构，调整部分教材内容，使知识技能点的深度、难度、广度与实际需求相匹配；根据相关专业领域的最新发展，淘汰陈旧过时的内容，补充新知识、新技术、新设备、新材料等方面的内容；根据最新的国家技术标准编写教材内容，保证教材的科学性和规范性。

第二，加强实践技能的培养。

根据就业岗位对技能型人才所需能力的要求，进一步加强实践性教学内容，采用了理论知识与技能训练一体化的编写模式，以体现“做中学”“学中做”的教学理念。

第三，衔接职业技能鉴定要求。

教材编写以汽车修理工国家职业技能标准为依据，涵盖国家职业技能标准（高级）的知识和技能要求，并在配套习题册中增加了相关职业技能鉴定考试的练习题。

第四，精心设计教材形式。

在教材的呈现形式上，尽可能使用图片、实物照片和表格等将知识点生动地展示出来，力求让学生更直观地理解和掌握所学内容。

第五，提供全方位教学服务。

本套教材配有习题册、教学参考书、电子课件和习题册答案，电子课件和习题册答案可通过中国人力资源和社会保障出版集团网站（http：//www.class.com.cn）或职业教育教学资源和数字学习中心（http：//zyjy.class.com.cn）免费下载。

本次教材的修订（新编）工作得到了辽宁、吉林、江苏、山东、河南、广东等省人力资源和社会保障厅及有关学校的大力支持，在此我们表示诚挚的谢意。

人力资源和社会保障部教材办公室

2014 年 8 月

目 录
Contents

模块一

绘制简单形体的三视图

课题一　绘制平面图形并标注尺寸

学习目标

- ◆ 了解制图基本规定，熟悉绘图工具的种类及使用方法。
- ◆ 掌握平面图形的绘制步骤。
- ◆ 掌握基本线型的画法和用途。
- ◆ 能够正确选用比例和标注尺寸。

想一想

人类相互交流、表达思想最常用的就是语言和文字，但是对于图 1—1—1 所示的螺栓，如果只用语言和文字来表达它的形状、尺寸，将是一件很困难的事情。在汽车的设计、生产和维修过程中，比这更加复杂的零件比比皆是，应该如何识读这些零件呢？

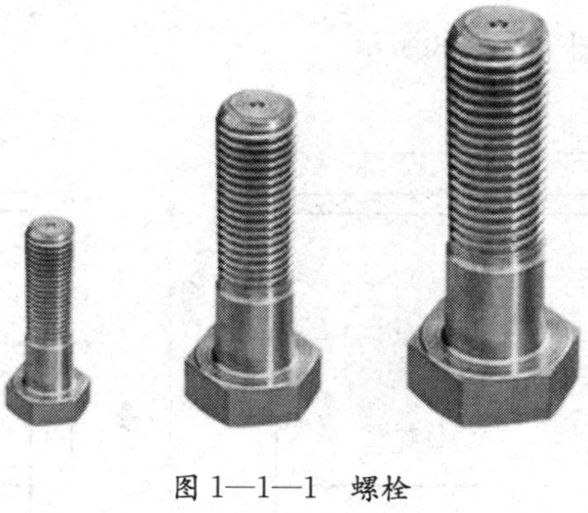

图 1—1—1　螺栓

为了解决上述问题，人们发明了“工程界的语言”——工程图样，它是工业生产中的重要技术文件，同时又是工程界表达及交流技术思想和信息的重要媒介与工具。

根据投影原理、国家标准或有关规定，准确地表达物体的形状、尺寸及技术要求的图称为工程图样，简称图样。

一、制图基本规定

1．图纸幅面和格式

（1）图纸幅面

为了便于绘制、使用和保管，绘制图样时，应按国家标准 GB/T 14689—2008《技术制图　图纸幅面和格式》的规定优先采用表 1—1—1 所列的基本幅面尺寸。

资料卡片

GB/T 是指推荐性国家标准，推荐性国家标准是指生产、交换、使用等方面，通过经济手段或市场调节，而自愿采用的国家标准。

表 1—1—1　　基本幅面尺寸　　mm

幅面代号	A0	A1	A2	A3	A4
$B \times L$	841×1 189	594×841	420×594	297×420	210×297
a	25				
c	10			5	
e	20		10		

（2）图框格式

图样应在图幅内画出图框，图框线用粗实线绘制。图框距图纸边界的尺寸视图形大小及有无装订边不同而不同。需要装订图样的图框格式如图 1—1—2 所示。不需要装订图样的图框格式如图 1—1—3 所示。

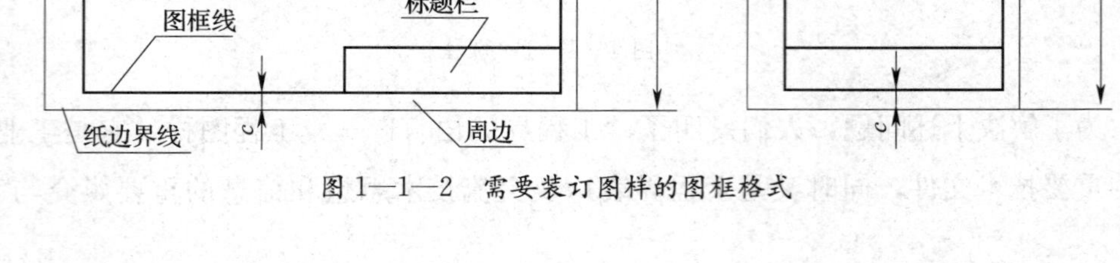

图 1—1—2　需要装订图样的图框格式

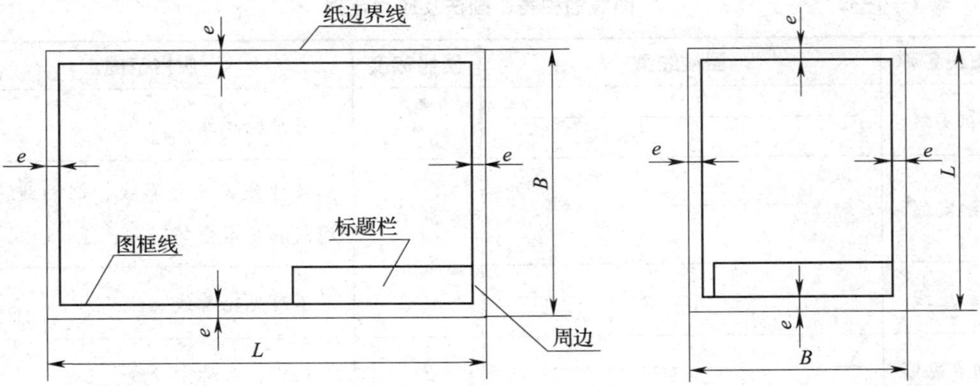

图 1—1—3　不需要装订图样的图框格式

2. 标题栏

每张工程图样中均应画出标题栏。标题栏的格式和尺寸应遵循国家标准 GB/T 10609.1—2008《技术制图　标题栏》的规定。本教材将标题栏进行了简化，如图 1—1—4 所示，建议在作业中采用。

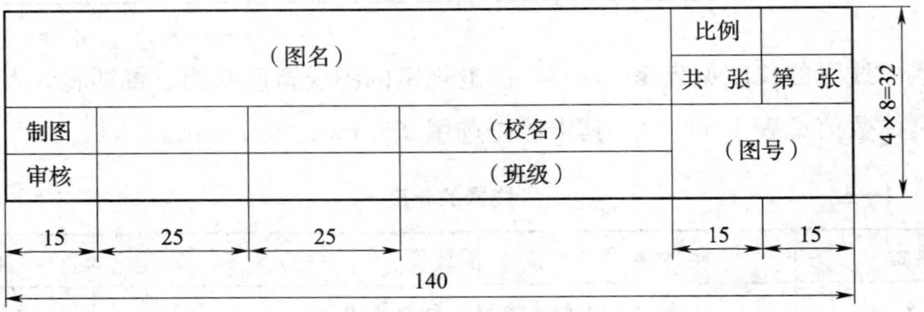

图 1—1—4　简化的标题栏

3. 图线

为了能够在图样中清晰地表达出物体的形状，必须严格按照国家标准《机械制图　图样画法　图线》（GB/T 4457.4—2002）的有关规定来执行。

想一想

如果只用单一线型表达图样，会是什么结果呢？

（1）基本线型及应用

常用的基本线型有粗实线、细实线、细虚线、细点画线、波浪线等 7 种，具体应用范围见表 1—1—2。

表 1—1—2　　图线的种类、画法及应用范围

图线名称	图线线型	图线宽度	应用范围
粗实线		d	可见轮廓线
细实线		$d/2$	尺寸线、尺寸界线、剖面线、指引线和基准线等
细虚线	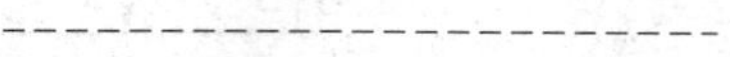	$d/2$	不可见轮廓线
细点画线		$d/2$	轴线、对称中心线
细双点画线		$d/2$	成形前轮廓线、可动零件的极限位置的轮廓线
波浪线		$d/2$	断裂处边界线、视图与剖视图的分界线
双折线		$d/2$	断裂处边界线

图线中线素的长度见表 1—1—3，标准规定的图线宽度有粗、细两种，其线宽比为 2∶1。具体数值见表 1—1—4，其中优先选用 0.5 mm、0.7 mm。

表 1—1—3　　线素的长度　　mm

线素	图线型	长度
点	细点画线、细双点画线	≤0.5 d
短间隔	细虚线、细点画线、细双点画线	3 d
短画	细虚线	12 d
画	细点画线、细双点画线	24 d

表 1—1—4　　线宽系列　　mm

粗线 d	0.25	0.35	0.5	0.7	1	1.4	2
对应细线	0.13	0.18	0.25	0.35	0.5	0.7	1

7 种基本线型的应用实例如图 1—1—5 所示。

（2）图线绘制注意事项

1）同一图样中，同类图线的宽度应基本一致。细虚线、细点画线、细双点画线的线段长度和间隔应各自大致相等。

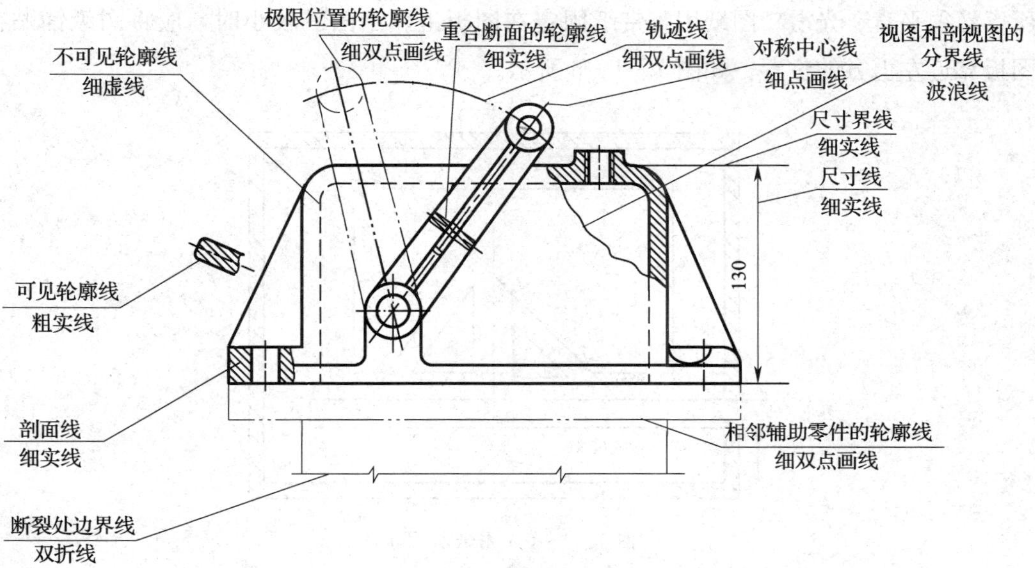

图 1—1—5　各种图线的应用实例

2）细虚线、细点画线、细双点画线与任何图线相交时，都应交在线段处。

3）细虚线是其他图线的延长线时，连接处应留有空隙。

4）细点画线两端应是线段，且超出图形轮廓线 2～5 mm。

5）当在较小的图形上绘制细点画线或细双点画线有困难时，可用细实线代替。

6）当各种线型重合时，应按粗实线、细虚线、细点画线的顺序绘制。

教学互动

1. 图样和图形有什么区别？

2. 在下面空白处画出常用图线？

二、绘图工具的使用

1. 图板、丁字尺和三角板

图板是铺贴图纸用的，要求板面平滑、光洁；又因它的左侧边为丁字尺的导边，所以必须平直、光滑。图纸用胶带纸固定在图板上。当图纸较小时，应将图纸铺贴在图板靠近左上方的位置，如图 1—1—6 所示。

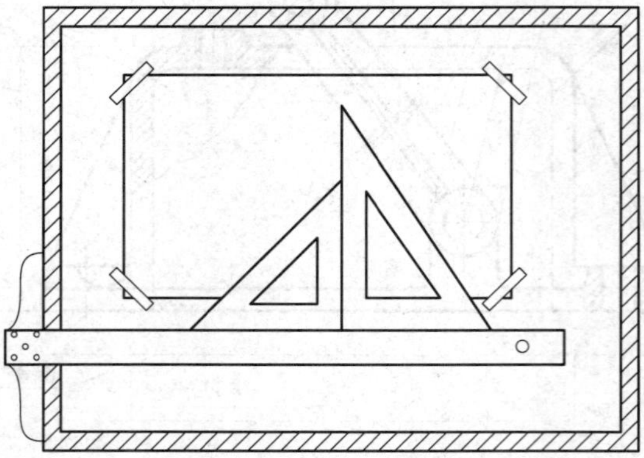

图 1—1—6　图纸与图板

丁字尺由尺头和尺身两部分组成。它主要用来画水平线，其头部必须紧靠绘图板左边，然后用丁字尺的上边画线。移动丁字尺时，用左手推动丁字尺的尺头沿图板上下移动，把丁字尺调整到准确位置，然后压住丁字尺进行画线。画水平线是从左到右画，铅笔前后方向应与纸面垂直，而在画线前进方向倾斜约 30°角。

三角板分 45°和 30°、60°两块，可配合丁字尺画铅垂线及 15°倍角的斜线；或用两块三角板配合画任意角度的平行线或垂直线，如图 1—1—7 所示。

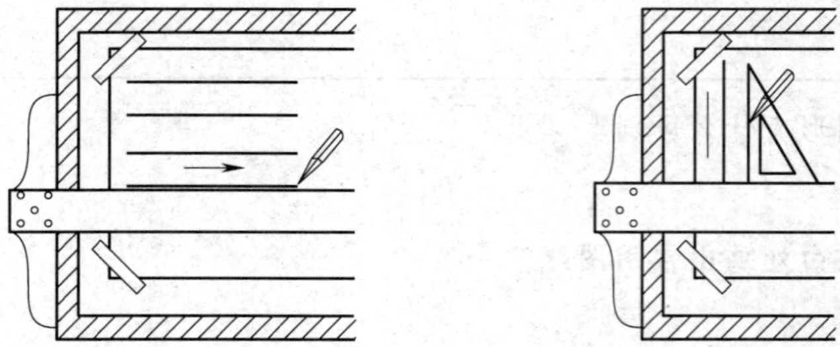

a）　　b）

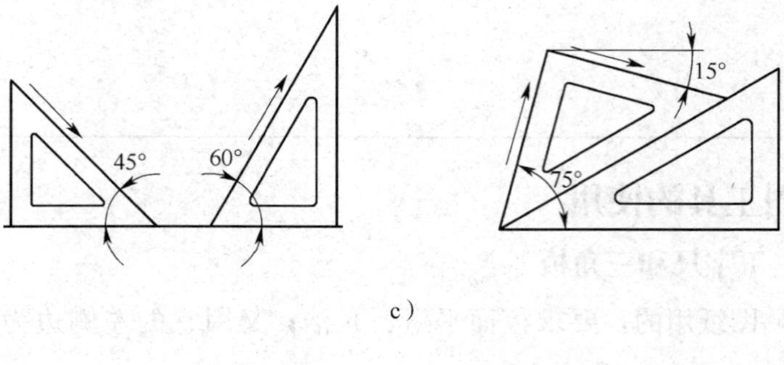

c）

d）

图 1—1—7　丁字尺和三角板的使用方法

a）画水平线　b）画垂直线　c）画 15°倍角的斜线

d）画各种角度互相垂直的直线

2．绘图铅笔

绘图用铅笔的铅芯分别用 B 和 H 表示其软、硬程度。B 表示软性铅笔，B 前面的数字越大，表示铅芯越软（黑）；H 表示硬性铅笔，H 前面的数字越大，表示铅芯越硬（淡）。

绘图时根据不同绘图要求，通常应准备以下几种硬度不同的铅笔：

B 或 HB——画粗实线用；

HB 或 H——画箭头和写字用；

H 或 2H——画各种细线和底稿用。

其中用于画粗实线的铅笔磨成矩形，其余的磨成圆锥形，如图 1—1—8 所示。

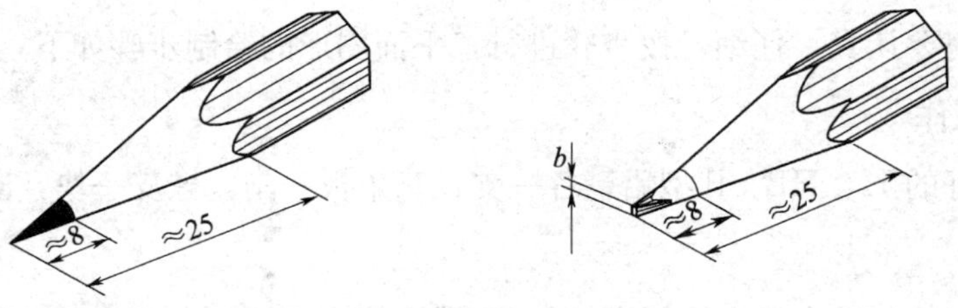

a）　b）

图 1—1—8　铅芯的形状

a）H、HB 型铅笔　b）B 型铅笔

3．圆规和分规

圆规用来画圆和圆弧。画图时应尽量使钢针和铅芯都垂直于纸面，钢针尖与铅芯尖应平齐。圆规的用法如图 1—1—9 所示。

分规主要用来量取线段长度或等分已知线段。分规的两个针尖应调整平齐。从比例尺上量取长度时，针尖不要正对尺面，应使针尖与尺面保持倾斜。分规的用法如图 1—1—10 所示。

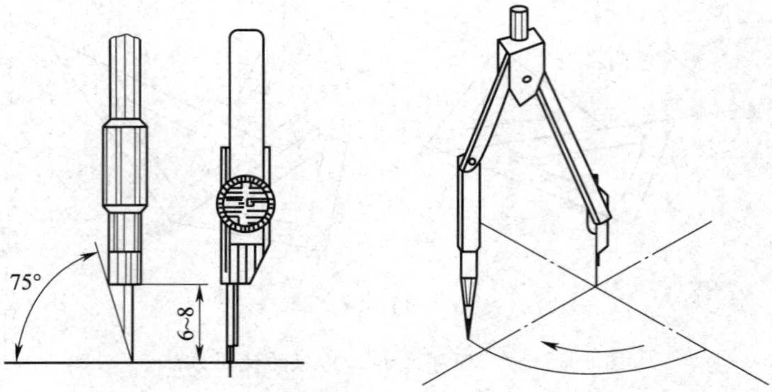

图 1—1—9　圆规的用法

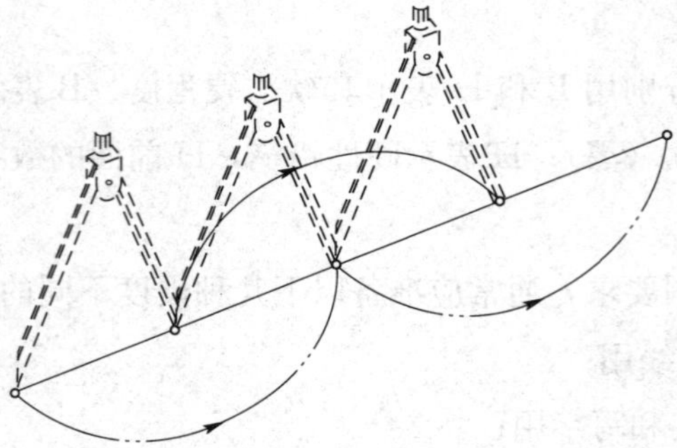

图 1—1—10　分规的用法

三、绘制平面图形的步骤

绘制图样时要认真、仔细，按步骤进行，平面图形的绘制步骤如下：

1．准备工作

准备修磨好的 H、HB、B 型铅笔各一支，三角板一副，橡皮一块，圆规一把。

2．布图

将所画图形均匀地布置在图框内，用 H 型铅笔画出图形的对称中心线、圆的中心线、水平和垂直方向的基准线。

3．画底稿

用 H 型铅笔绘制底稿，注意不要画得太深。

4．检查并描深

检查，改错，擦除多余线条。先加深细线，后加深粗线；先加深曲线，后加深直线；先图形后边框，使所画图形粗细有别，深浅一致。描深时一般用 H 型铅笔来描深细线（如细虚线、细实线等），用 HB 型铅笔描深粗实线直线，用 B 型铅笔描深粗实线圆。

工程应用

抄绘如图 1—1—11 所示的盖板平面图。

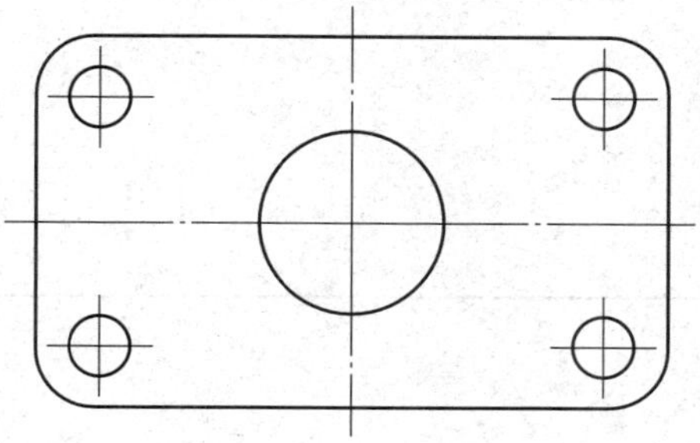

图 1—1—11　盖板平面图

盖板平面图的具体绘图步骤见表 1—1—5。

表 1—1—5　　**盖板平面图的绘图步骤**

绘图方法和步骤	图例	绘图方法和步骤	图例
1. 绘制作图基准线	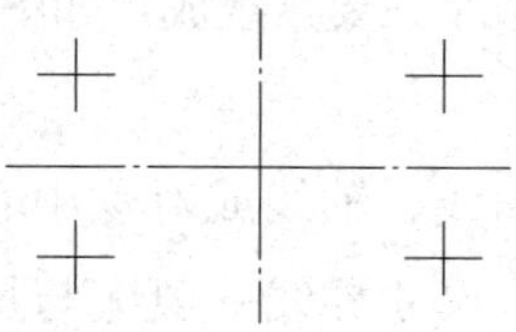	4. 绘制圆角	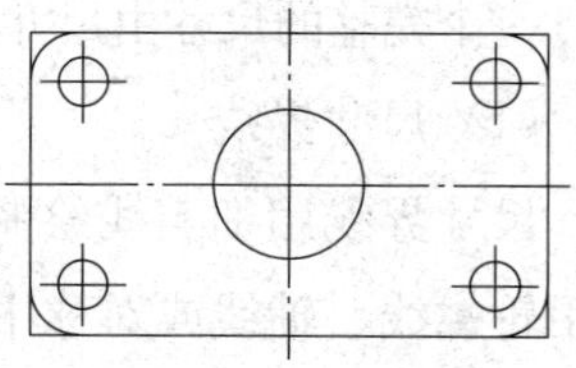
2. 绘制外部可见轮廓线	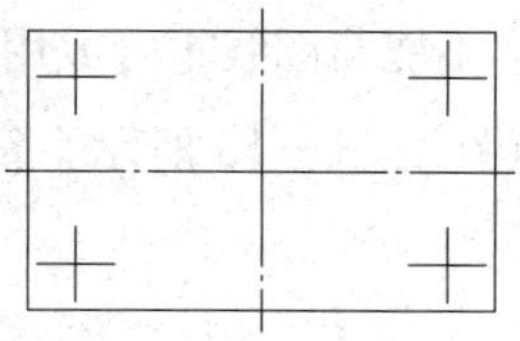	5. 检查，擦除多余图线	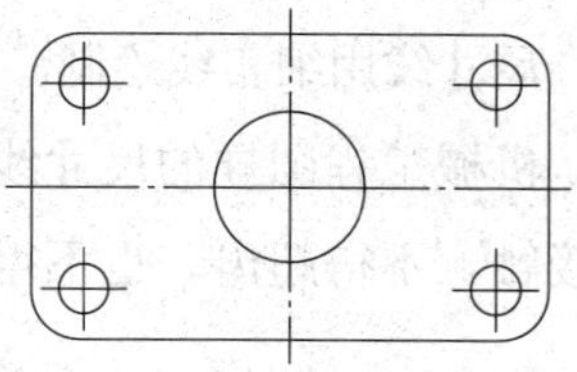
3. 绘制圆	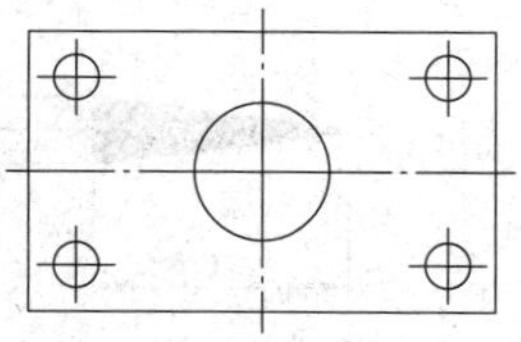	6. 按规定描深图线	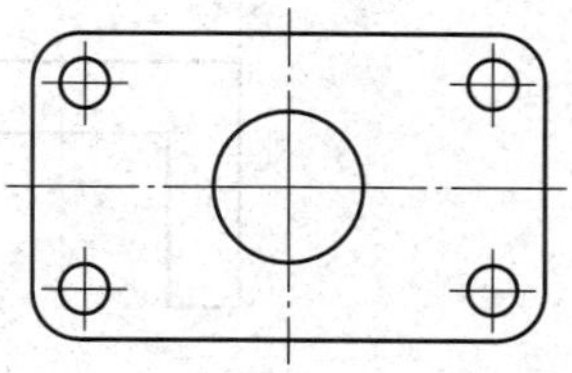

教学互动

在右侧空白处抄画下图。

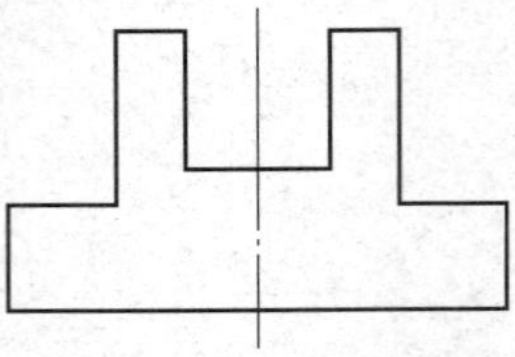

想一想

只知道物体的形状并不能完全反映物体的实际大小，同样形状的物体有大有小，所以只注意图样绘制的正确还不够，还要标注图形的尺寸，才能把物体确切地表示出来，国家标准对此又有什么规定呢？

四、标注平面图形尺寸

1. 尺寸的组成（GB/T 4458.4—2003）

一个完整的尺寸由尺寸界线、尺寸线和尺寸数字三要素组成，如图 1—1—12 所示。

（1）尺寸界线

尺寸界线用细实线绘制，并应由图形的轮廓线、轴线或对称中心线处引出，也可利用轮廓线、轴线或对称中心线作为尺寸界线。尺寸界线一般应与尺寸线垂直，并超出尺寸线终端 2 mm 左右。

（2）尺寸线

尺寸线用细实线绘制。尺寸线必须单独画出，不能与图线重合或用图线代替尺寸线。

机械工程图样的尺寸线终端用箭头表示，如图 1—1—13 所示，箭头尖端与尺寸界线接触，不得超出，也不得离开。

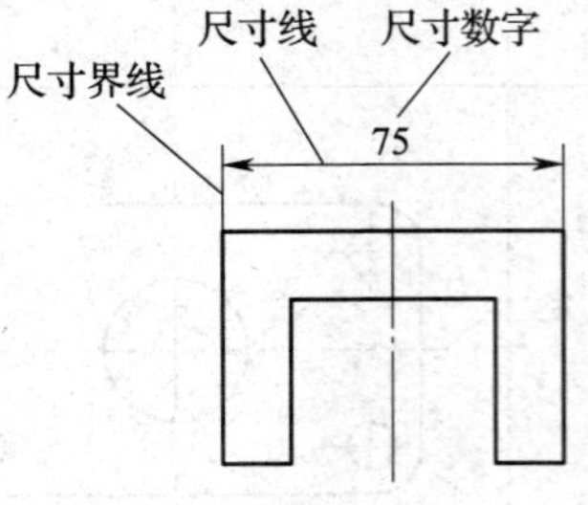

图 1—1—12　尺寸的组成

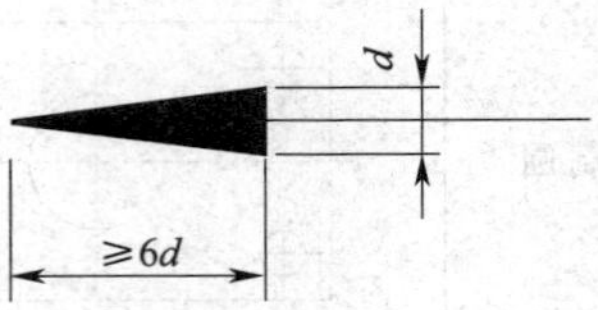

图 1—1—13　箭头

（3）尺寸数字

线性尺寸的数字一般应注写在尺寸线的上方（水平尺寸）或左方（竖直尺寸），必要时也允许注写在尺寸线的中断处，同一图样内大小一致，位置不够可引出标注。尺寸数字不可被任何图线通过，否则必须把图线断开。

2．常用尺寸标注方法

常用的线性尺寸、角度尺寸、圆、圆弧、小尺寸等的标注方法见表 1—1—6。

表 1—1—6　　　　常用尺寸标注示例

标注内容	示例	说明
线性尺寸	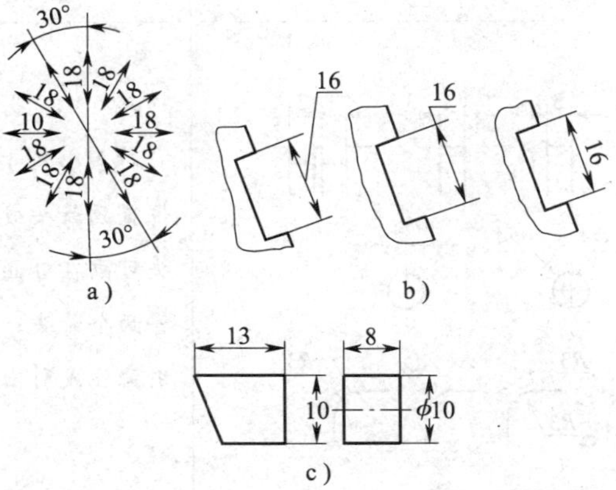	尺寸线必须与所标注的线段平行，大尺寸要注在小尺寸外面，尺寸数字应按图 a 所示的方向注写，图示 30°范围内应按图 b 所示的形式标注。在不致引起误解时，对于非水平方向的尺寸，其数字可水平地注写在尺寸线的中断处，如图 c 所示
圆弧　直径尺寸	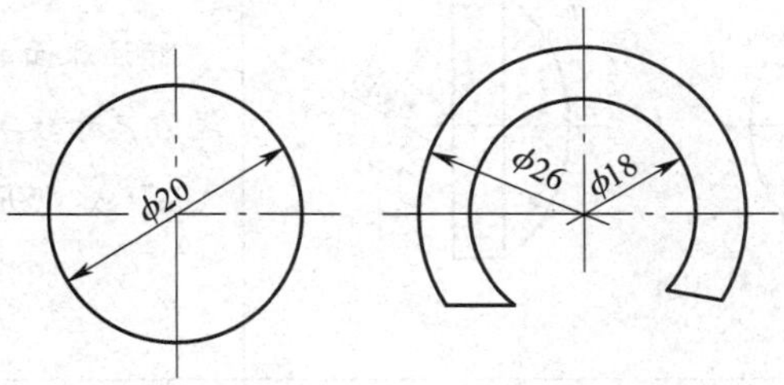	标注圆或大于半圆的圆弧时，尺寸线通过圆心，以圆周为尺寸界线，尺寸数字前加注直径符号“ϕ”
圆弧　半径尺寸	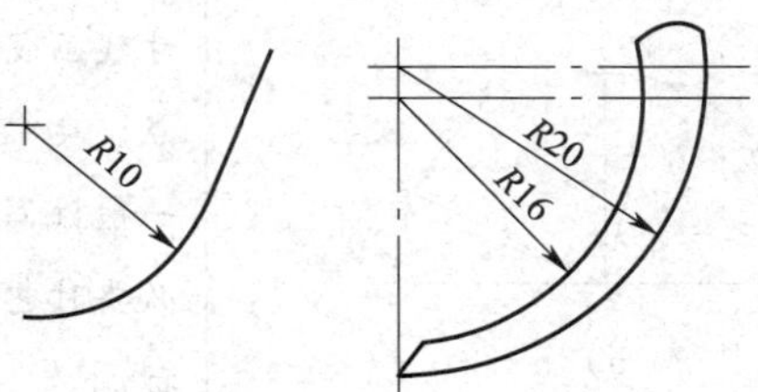	标注小于或等于半圆的圆弧时，尺寸线自圆心引向圆弧，只画一个箭头，尺寸数字前加注半径符号“R”

续表

标注内容	示例	说明
大圆弧	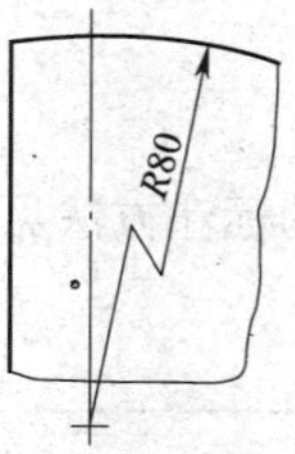 a） 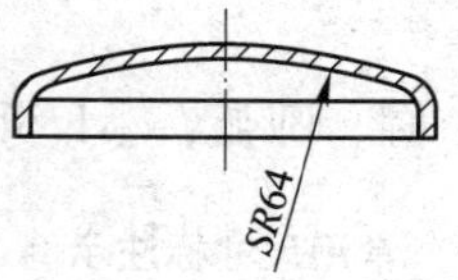 b）	当圆弧的半径过大或在图纸范围内无法标注其圆心位置时，可采用折线形式。若圆心位置不需注明，则尺寸线可只画靠近箭头的一段
小尺寸	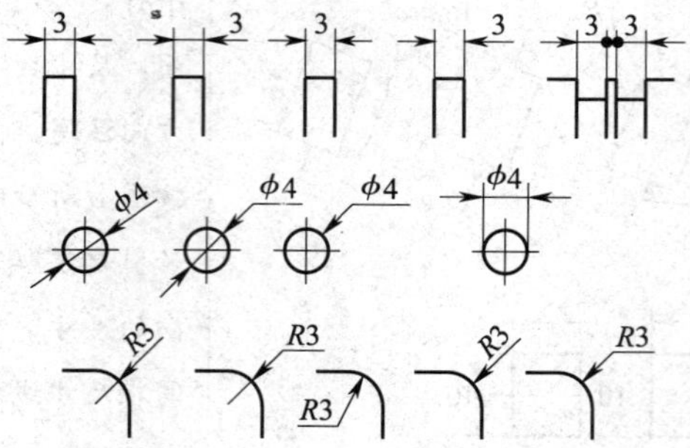	对于小尺寸，在没有足够的位置画箭头或注写数字时，箭头可画在外面，或用小圆点代替两个箭头；尺寸数字也可采用旁注或引出标注
球面	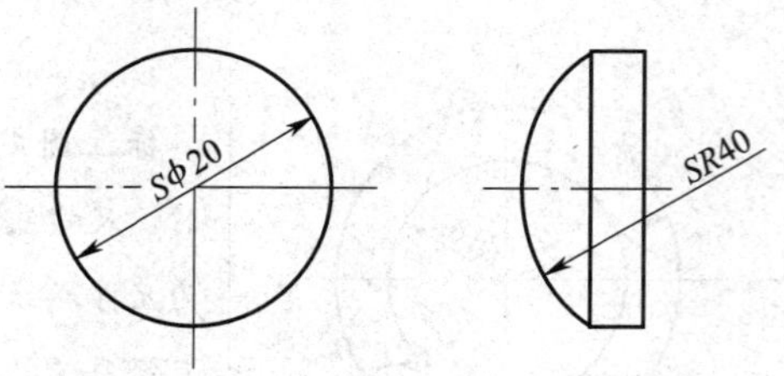	标注球面的直径或半径时，应在尺寸数字前分别加注符号“$S\phi$”或“SR”
角度	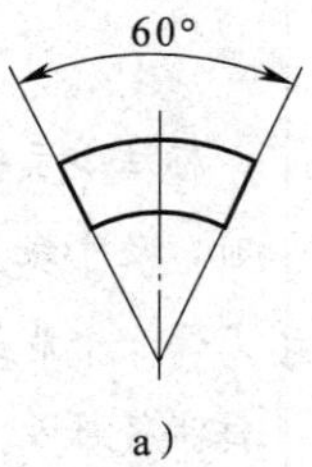 a） 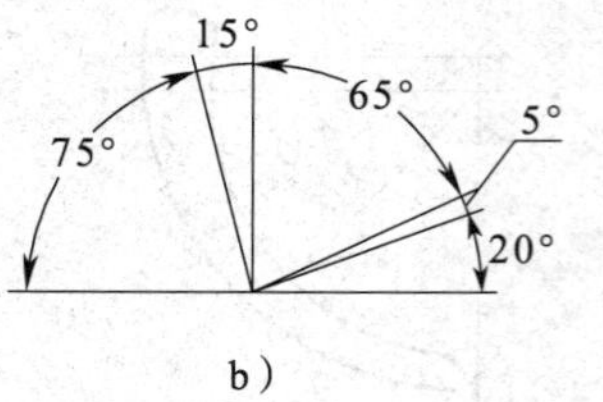 b）	尺寸界线应沿径向引出，尺寸线画成圆弧，圆心是角的顶点。尺寸数字一律水平书写，一般注写在尺寸线的中断处，必要时也可按图 b 所示的形式标注

续表

标注内容	示例	说明
弦长和弧长	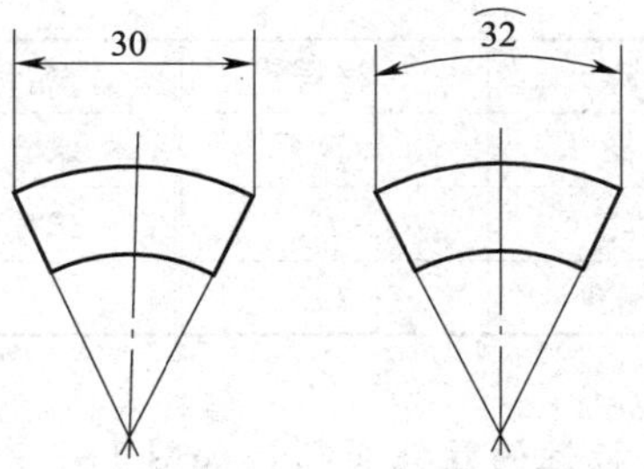	标注弦长和弧长时，尺寸界线应平行于弦的垂直平分线。弧长的尺寸线为同心弧，并应在尺寸数字上方加注符号“⌒”
只画一半或大于一半时的对称机件	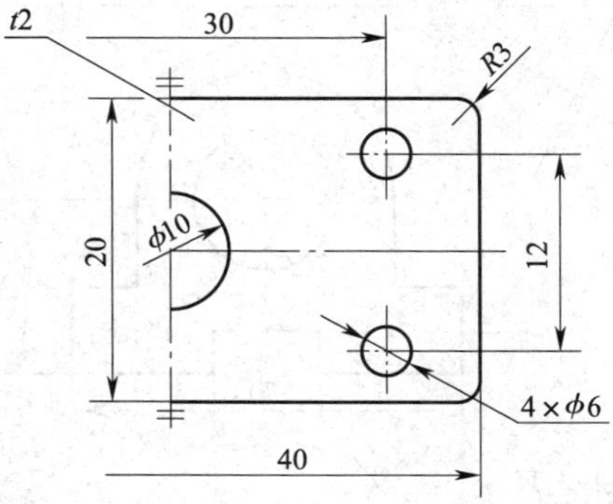	尺寸线应略超过对称中心线或断裂处的边界线，仅在尺寸线的一端画出箭头
板状零件		标注板状零件的尺寸时，在厚度的尺寸数字前加注符号“*t*”
允许尺寸界线倾斜	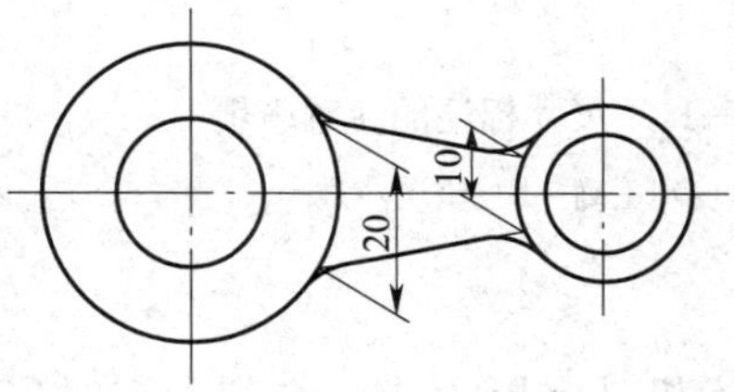	尺寸界线一般应与尺寸线垂直，必要时允许倾斜
正方形结构	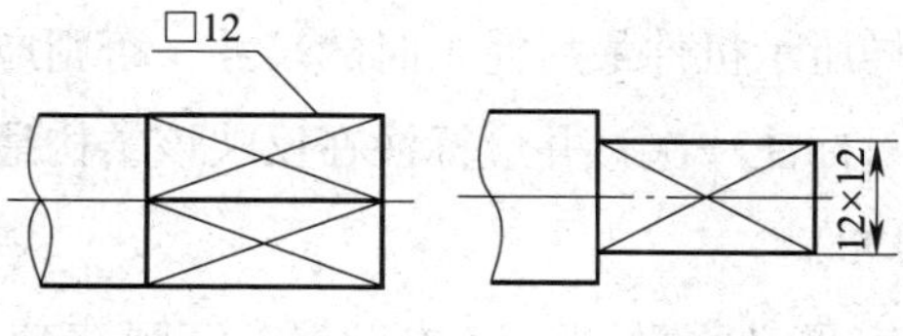	标注机件的剖面为正方形结构的尺寸时，可在边长尺寸数字前加注符号“□”，或用“12×12”代替“□12”。图中相交的两条细实线是平面符号（当图形不能充分表达平面时，可用这个符号表达平面）

为了清晰表示出直径、半径等尺寸，国家标准规定了相应的代号，表 1—1—7 所列为标注尺寸时常用的符号。

表 1—1—7　　标注尺寸的常用符号

名称	符号	名称	符号	名称	符号
直径	ϕ	半径	R	球直径	$S\phi$
球半径	SR	厚度	t	正方形	□
均布	EQS	45°倒角	C		

提示：下面以图的形式给出尺寸标注的注意事项，如图 1—1—14 所示。

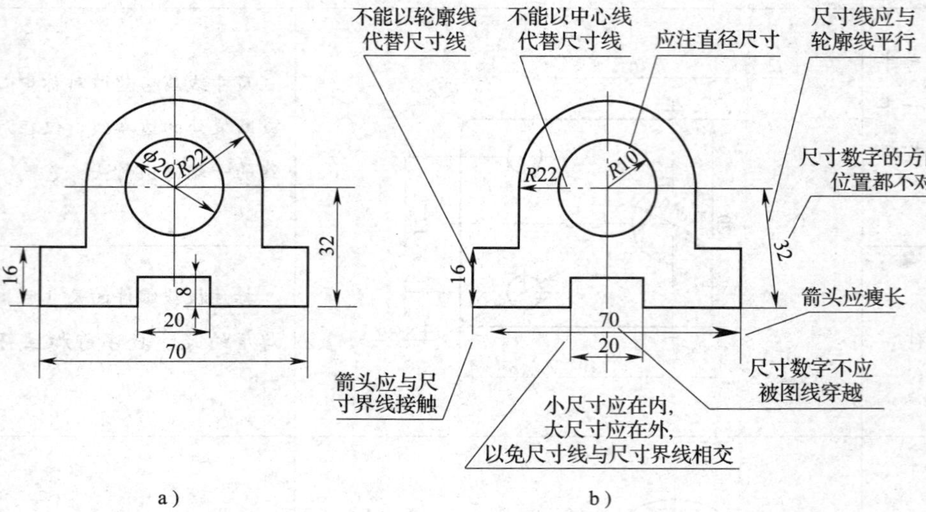

图 1—1—14　尺寸标注的注意事项

a）正确　b）错误

3．尺寸标注的基本规则

（1）图样上标注的尺寸数值即为机件实际大小。它与画图时采用的比例及绘图的准确度无关。

（2）图样中的尺寸以毫米为单位时，不需标注计量单位的代号或名称；如采用其他单位，则必须注明。

（3）图样中所注尺寸是该图样所示机件最后完工时的尺寸，否则应另加说明。

（4）机件的每一个尺寸一般只标注一次，并应标注在反映该结构最清晰的图形上。

4．字体（GB/T 14691—1993）

图样中书写的汉字、数字、字母必须做到：字体工整、笔画清楚、间隔均匀、排列整齐。具体要求如下：

（1）字体的大小以号数表示，字体的号数就是字体的高度（单位为 mm），字体高度（用 h 表示）的公称尺寸系列为 1.8、2.5、3.5、5、7、10、14、20 mm。如需要书写更大的字，其字体高度应按 $\sqrt{2}$ 的比率递增。用作指数、分数、注脚和尺寸偏差数值时，一般采用小一号字体。

（2）汉字应写成长仿宋体字，并应采用中华人民共和国国务院正式推行的《汉字简化方案》中规定的简化字。长仿宋体字书写的要领是横平竖直、注意起落、结构均匀、填满方格。汉字的高度 h 应不小于 3.5 mm，其字宽一般为 $h/\sqrt{2}$ 。

（3）字母和数字分为 A 型和 B 型。字体的笔画宽度用 d 表示。A 型字体的笔画宽度 $d=h/14$，B 型字体的笔画宽度 $d=h/10$。字母和数字可写成斜体和直体。

（4）斜体字字头向右倾斜，与水平基准线成 75°。绘图时，一般用 B 型斜体字。在同一图样上只允许选用一种字体。

图 1—1—15、1—1—16 所示为图样上常见字体的书写示例。

字体工整笔画清楚
间隔均匀排列整齐

图 1—1—15　长仿宋体字

0123456789
I Ⅱ Ⅲ Ⅳ Ⅴ Ⅵ Ⅶ Ⅷ Ⅸ Ⅹ

图 1—1—16　数字书写示例

工程应用

标注图 1—1—11 所示盖板平面图的尺寸。

标注尺寸是一项相当重要的工作，必须认真细致，一丝不苟。尺寸标注的步骤见表 1—1—8。

表 1—1—8　　盖板平面图尺寸标注步骤

方法和步骤	图例
1. 标注长方形的长 100 和小圆的定位尺寸 80	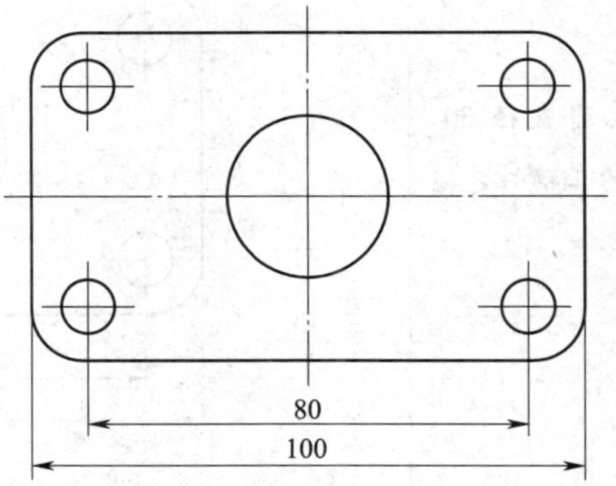

续表

方法和步骤	图例
2. 标注长方形的高 60 和小圆的定位尺寸 40	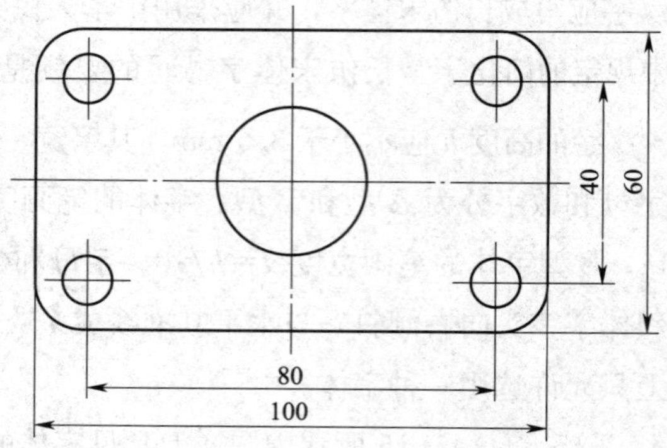
3. 标注小圆直径 10 和圆角半径 10	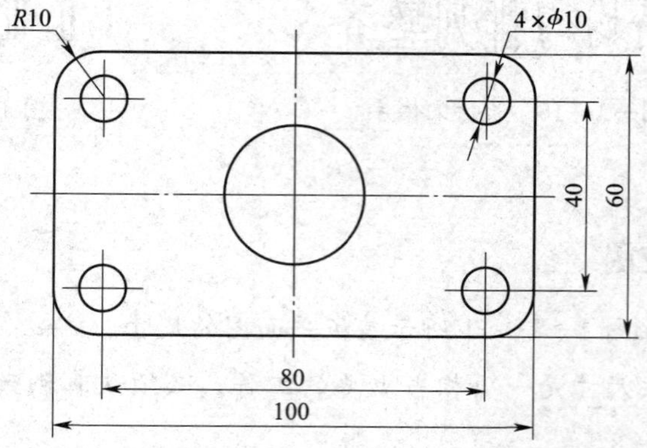
4. 标注大圆直径 30，并检查标注的正确性，完成尺寸标注	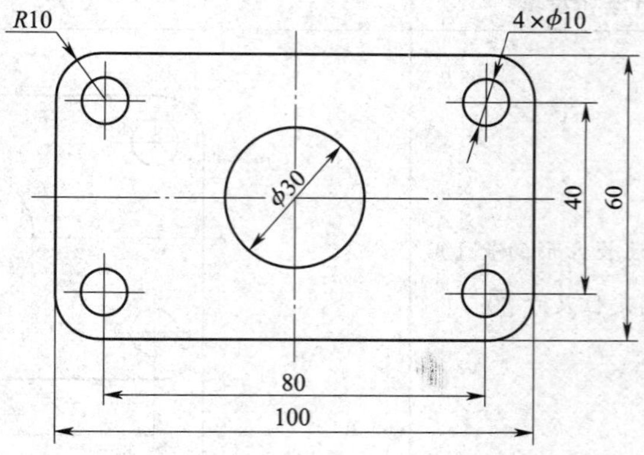

教学互动

找出图中尺寸标注的错误，补全下图的尺寸标注。

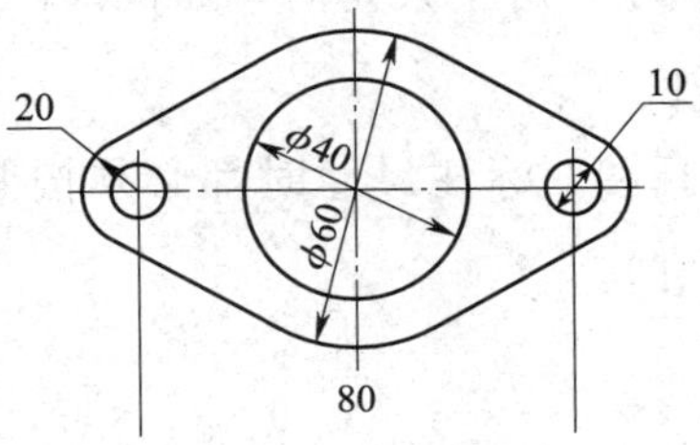

五、按比例绘图

想一想

在生产实际中，有些物体的外形尺寸较大，如果按物体的原始大小绘制图形可行吗？应该如何解决此类问题？

1．常用比例及选用（GB/T 14690—1993）

图中图形与其实物相应要素的线性尺寸之比称为比例。国家标准规定的比例分为原值比例、放大比例、缩小比例三种。应优先选用表 1—1—9 中的比例值，必要时（当按表 1—1—9 的比例绘图不合适时）也允许选用表 1—1—10 中的比例值。

表 1—1—9　　图样比例（优先系列）

种类	比例		
原值比例		1∶1	
放大比例	5∶1 5×10^n∶1	2∶1 2×10^n∶1	 1×10^n∶1
缩小比例	1∶2 1∶2×10^n	1∶5 1∶5×10^n	1∶10 1∶1×10^n

注：n 为正整数。

表 1—1—10　　图样比例（备用系列）

种类	比例				
放大比例	2.5∶1 2.5×10^n∶1			4∶1 4×10^n∶1	
缩小比例	1∶1.5 1∶1.5×10^n	1∶2.5 1∶2.5×10^n	1∶3 1∶3×10^n	1∶4 1∶4×10^n	1∶6 1∶6×10^n

2．注意事项

（1）绘制图样时，应尽可能按机件的实际大小画出（采用 1∶1 的比例），以便直接从图样上看出机件的实际大小。对于大而简单的机件，可采用缩小比例；对于小而复杂的机件，宜采用放大比例。

（2）无论采用何种比例画图，标注尺寸时都必须按照机件原有的尺寸大小标注（即尺寸数字是机件的实际尺寸）。

教学互动

试用 1∶2 的比例抄画图 1—1—7 中的三角板，并标注其尺寸。

课题二　绘制三视图

学习目标

- 了解投影及投影法的概念。
- 掌握三视图的形成原理。
- 能够正确绘制简单三视图。

想一想

如图 1—2—1 所示，只要有光亮，影子就可能存在，而影子的形状与物体的形状是对应的。那么，影子和物体的对应关系是什么呢？在制图中，又应怎么利用这种关系呢？

图 1—2—1　影子

一、投影法

物体在日光或灯光照射下，在地面或墙面上就会产生影子，人们对这种自然现象加以抽象研究，总结其规律，创造了投影法。投影法是在平面上表达空间物体的基本方法，是绘制工程图样的理论基础。人们称光线为投射线（投射方向），地面或墙面为投影面，影子为物体在投影面上的投影。

资料卡片

投射线通过物体向选定的面投射，并在该面上得到图形的方法称为投影法。根据投影法所得到的图形称为投影图。投影法分为中心投影法和平行投影法。

1. 中心投影法

所有投射线从同一投射中心出发的投影方法称为中心投影法。按中心投影法作出的投影称为中心投影。如图 1—2—2 所示，S 为投射中心，$\triangle ABC$ 在投影面 H 上的中心投影为 $\triangle abc$。

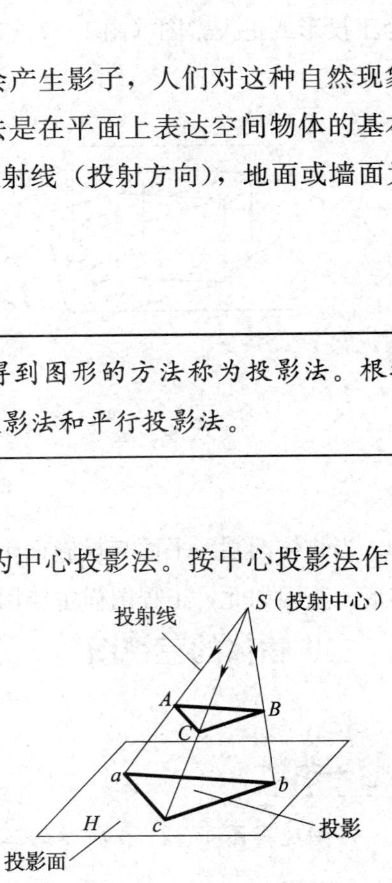

图 1—2—2　中心投影法

日常生活中的照相、放映电影都是中心投影的实例。透视图就是用中心投影原理绘制的，它与人的视觉习惯相符，能体现近大远小的效果，形象逼真，具有较强的立体感，广泛用于绘制建筑、环境、机械产品等的效果图。工程图样中一般不采用中心投影法。

想一想

中心投影法能反映物体的实际形状和大小吗？当投射方向和投影面确定后，物体在投影面上的投影是唯一的吗？

2．平行投影法

投射线互相平行的投影方法称为平行投影法。按投射线与投影面的关系，平行投影法又分为斜投影法和正投影法两种。

（1）斜投影法

斜投影法是指投射线与投影面倾斜的平行投影法。根据斜投影法得到的图形，称为斜投影或斜投影图（图 1—2—3a）。

（2）正投影法

正投影法是指投射线与投影面垂直的平行投影法。根据正投影法得到的图形，称为正投影或正投影图（图 1—2—3b）。

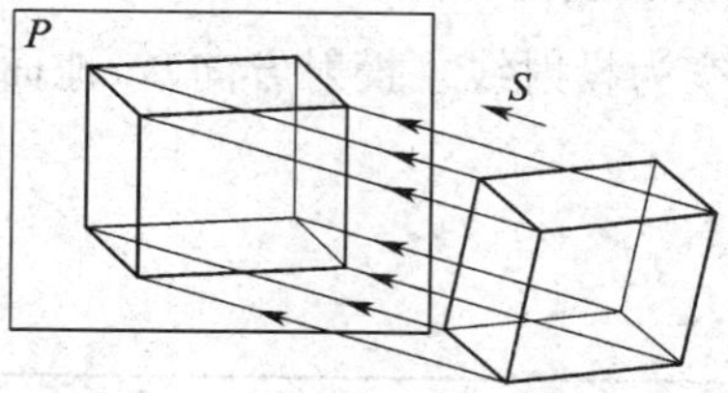

a）

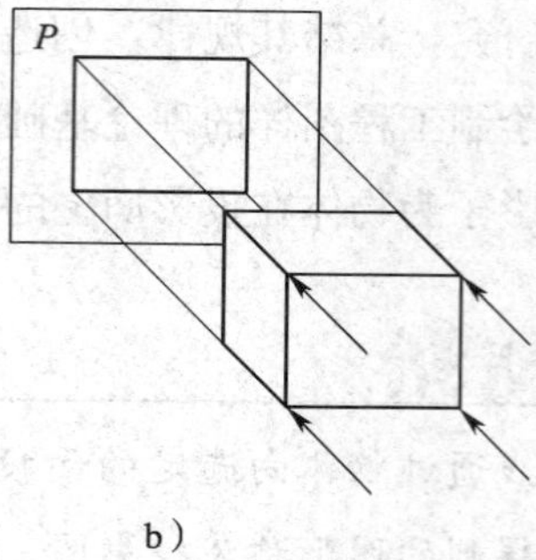

b）

图 1—2—3　平行投影法

当物体的某一平面与投影面平行时，采用正投影法可在该投影面上获得该平面的实形。正因如此，工程图样主要用正投影法绘制。

二、物体的三视图

想一想

仔细观察图 1—2—4 所示的三个正投影图，你有什么发现？

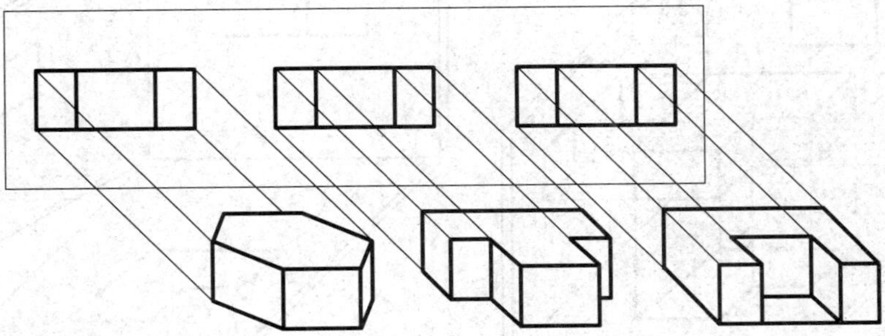

图 1—2—4　正投影图

物体的正投影有六个，从图 1—2—4 可知，一般一个视图不能完整地表达物体的形状和大小，也不能区分不同的物体，因此，要反映物体的完整形状和大小，必须有几个从不同投影方向得到的视图。

图 1—2—5 所示为工字钢的六面投影，可以看到只要适当选取三个视图，就可以比较完整地表达物体的结构和形状。

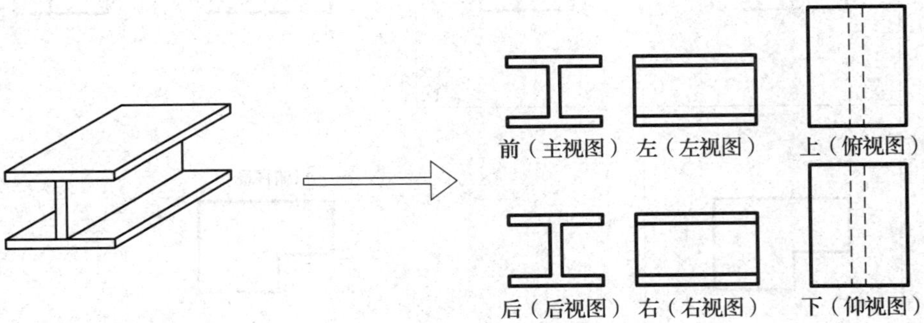

图 1—2—5　工字钢的六面投影

1．三视图的形成

如图 1—2—6a 所示，将 L 形块放在三投影面中间，分别向正面（*V* 面）、水平面（*H* 面）、侧面（*W* 面）投影。正面的投影称为主视图，水平面上的投影称为俯视图，侧面上的投影称为左视图。

为了把三视图画在同一平面上，如图 1—2—6b 所示，规定正面不动，水平面绕 *OX* 轴向下转 90°，侧面绕 *OZ* 轴向右转 90°，使三个互相垂直的投影面展开在一个平面上，如图 1—2—7a 所示。为了画图方便，把投影面的边框去掉，得到图 1—2—7b 所示的三视图。

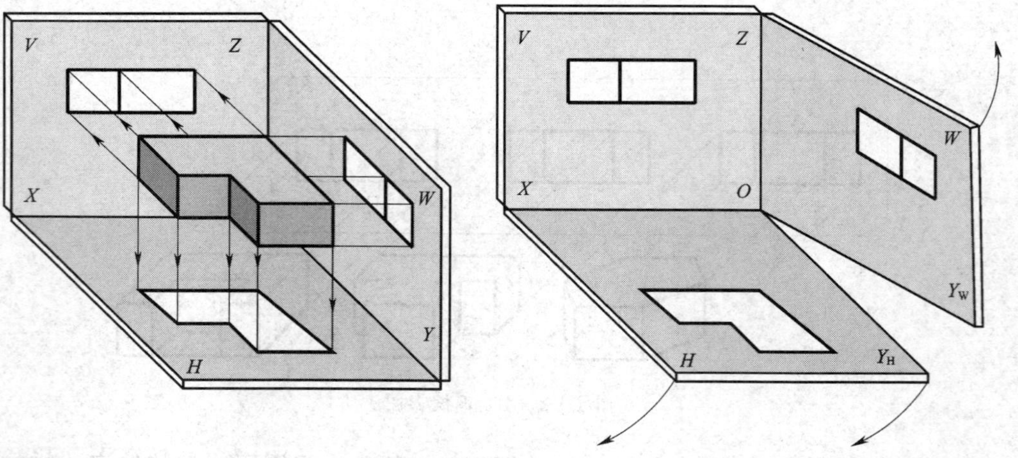

a） b）

图 1—2—6　三视图的形成（一）

a）三投影面　b）展开

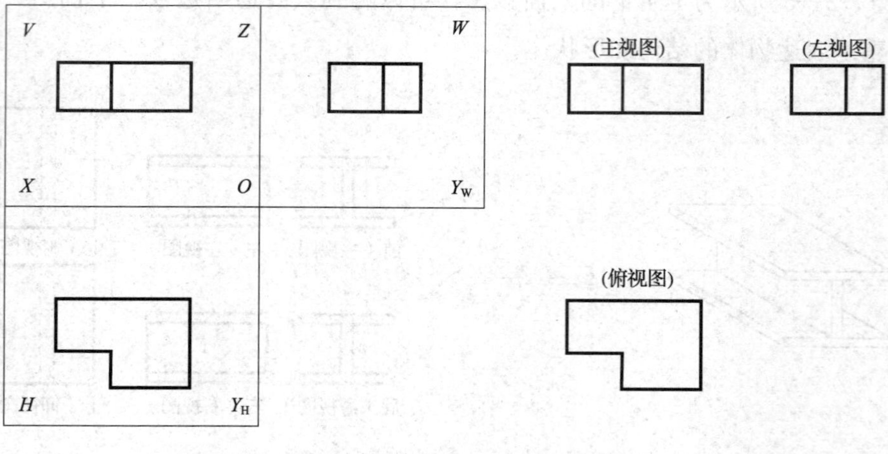

a） b）

图 1—2—7　三视图的形成（二）

a）展开完成　b）三视图

2. 三视图的投影对应关系

如图 1—2—8 所示，主视图反映了物体的长度和高度，俯视图反映了物体的长度和宽度，左视图反映了物体的宽度和高度，且每两个视图之间有一定的对应关系。由此，可得到三个视图度量之间的对应关系：

主、俯视图长对正

主、左视图高平齐

俯、左视图宽相等

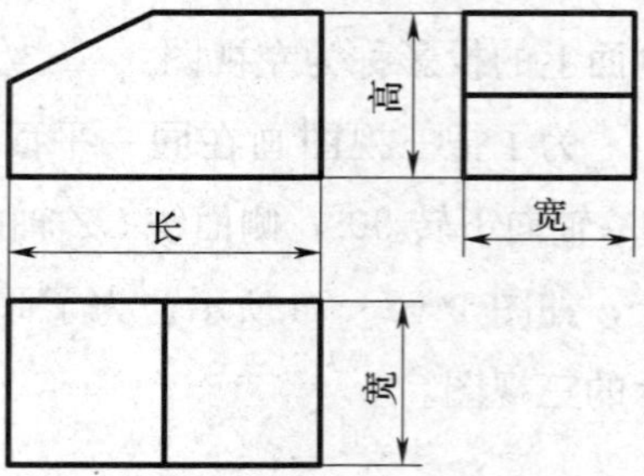

图 1—2—8　三视图的投影对应关系

工程应用

绘制如图 1—2—9 所示支承挡板零件的三视图。

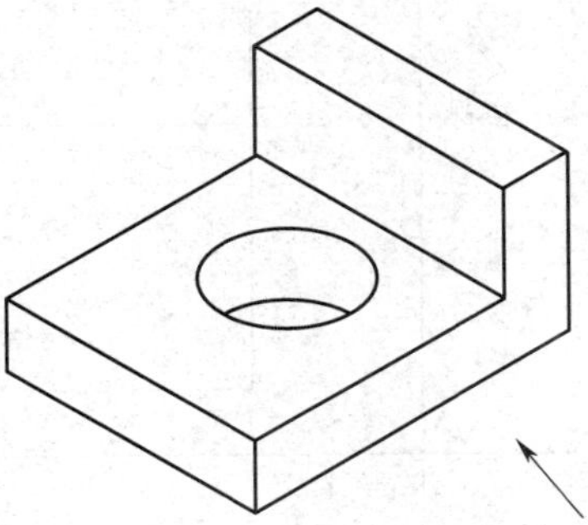

图 1—2—9　支承挡板零件

绘制三视图首先要根据物体的形状选择合适的投影角度，以使物体的视图表达简单、清楚，其中最重要的是选择物体的主视方向。支承挡板可看作由“L”形弯板钻孔生成。支承挡板可按图 1—2—9 箭头所示方向作为绘图的主视方向。具体作图步骤见表 1—2—1。

提示：沿投射方向观察物体，可见部分的投影画实线，被遮挡部分的投影画虚线。

表 1—2—1　　支承挡板三视图的绘制步骤

作图步骤	图例
1. 绘制“L”形弯板主视图	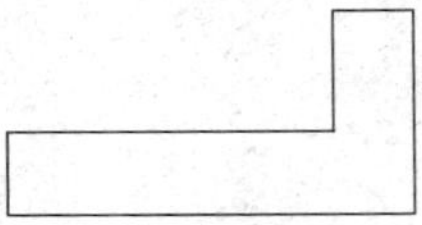
2. 按照主、俯视图长对正，绘制“L”形弯板俯视图	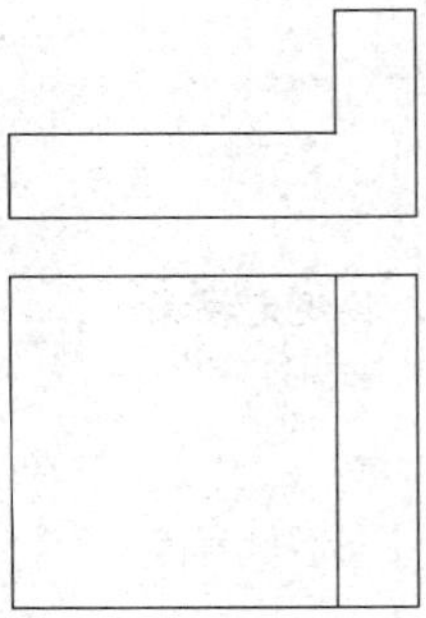

续表

作图步骤	图例
3. 按照主、左视图高平齐，俯、左视图宽相等绘制“L”形弯板左视图	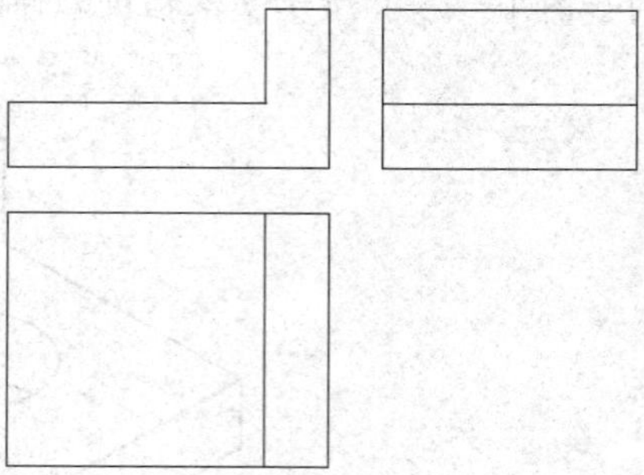
4. 绘制孔的俯视图	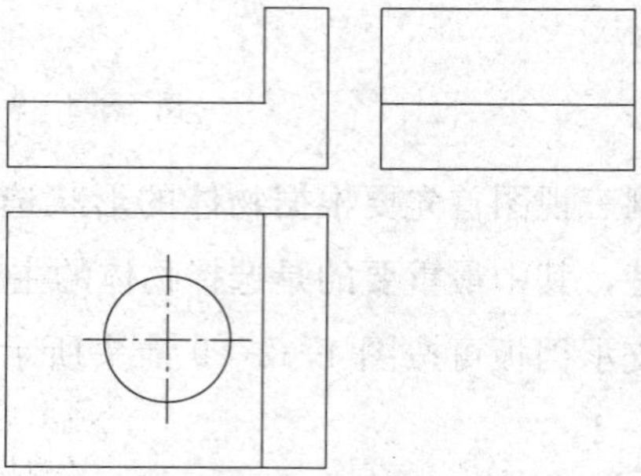
5. 按照投影规律完成孔的主、左视图	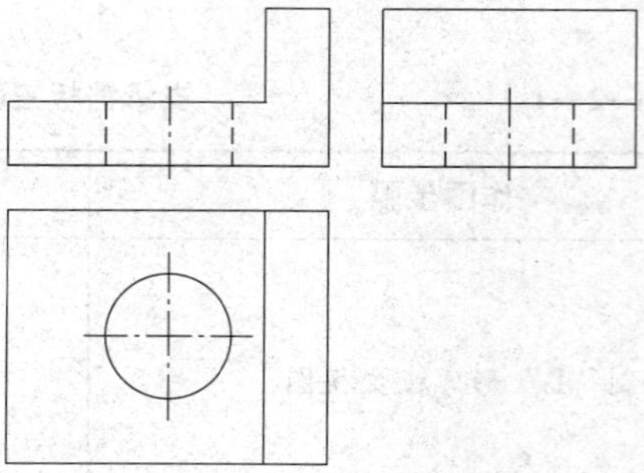
6. 检查，校对，按规定描深	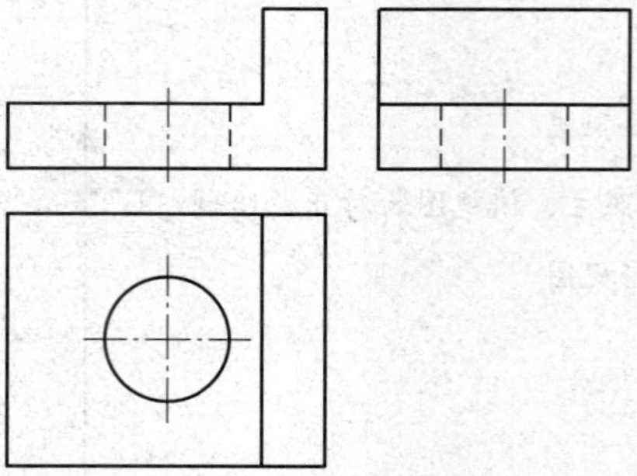

3. 补画视图

对于比较简单的物体，知道了任意两个视图，遵照三视图的投影规律，即可画出第三个视图。

工程应用

如图 1—2—10 所示为由 5 个一样大小的立方体所组成物体的俯视图和左视图，试补画其主视图。

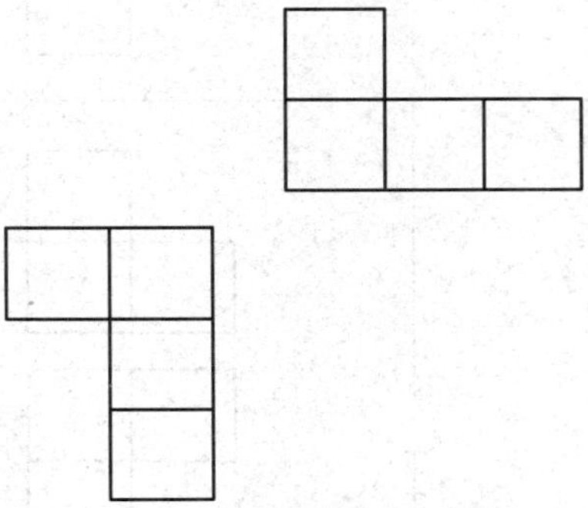

图 1—2—10　俯视图和左视图

分析图 1—2—10，该物体可分为两大部分，即下面四个立方体组成的 L 形和上面的小立方体，其主视图的作图步骤见表 1—2—2。

表 1—2—2　　补画主视图的步骤

作图步骤	图例
1. 按照主俯视图“长对正”，主、左视图“高平齐”的投影规律绘制下面“L”形的主视图	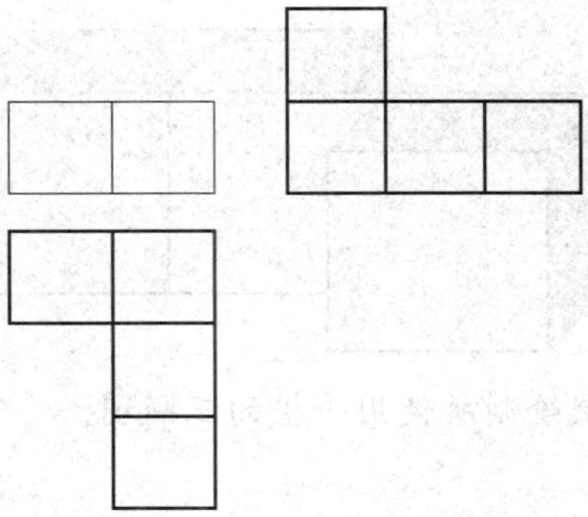

续表

作图步骤	图例
2. 根据投影规律绘制上面小立方体的主视图	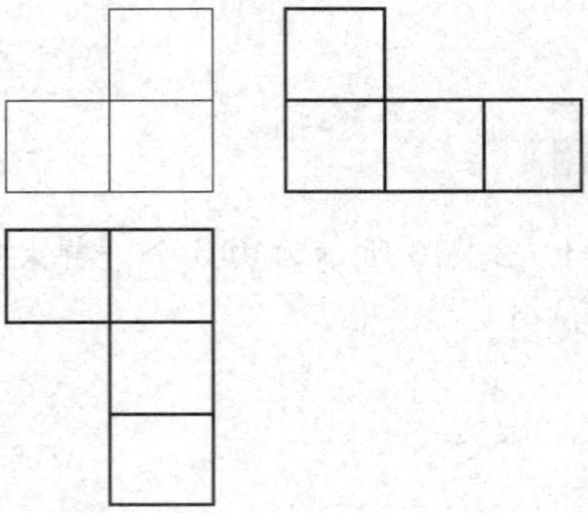
3. 检查，按规定描深	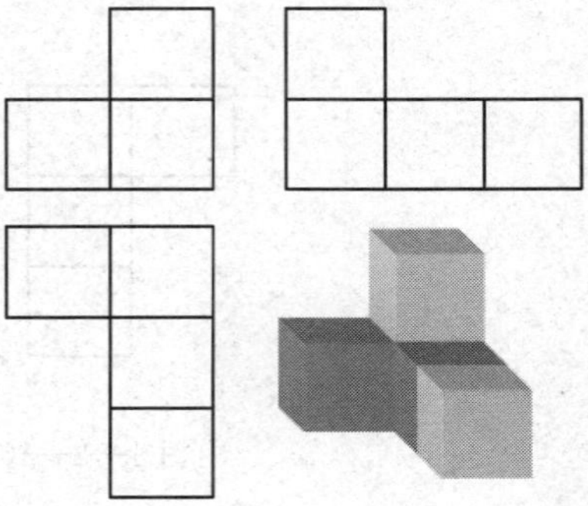

教学互动

1. 试绘制下图的正投影图。

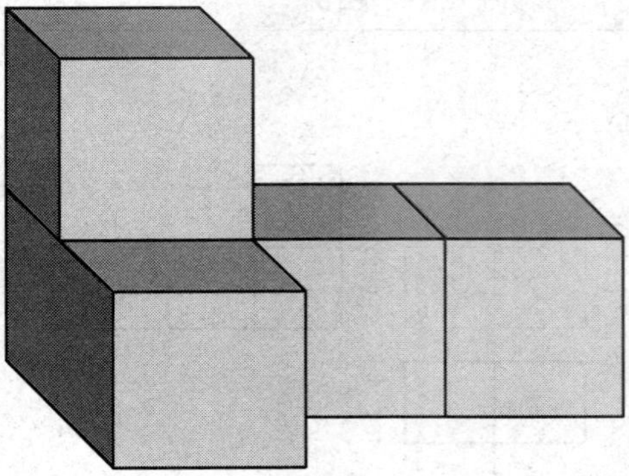

2. 试绘制所使用手机的三视图。

课题三　点、线、面的投影

学习目标

◆ 了解点、线、面的投影特性及投影规律。

◆ 能够正确判断线、面的类型。

想一想

俗话说“聚沙成塔，集腋成裘”，那么，如图 1—3—1 所示的小车是不是可以看作由不同的面、线、点组成的呢？掌握了点、线、面的投影规律对于分析和绘制视图会有很大的帮助。那么点、线、面的投影规律又是什么呢？

图 1—3—1　小车

一、点的投影

1. 点的三面投影

空间一点 A 在三投影面体系中分别向三个投影面 V、W、H 作投射线，投射线在 V 面、W 面、H 面的垂足 a'、a''、a 称为点 A 的三面投影，如图 1—3—2 所示。

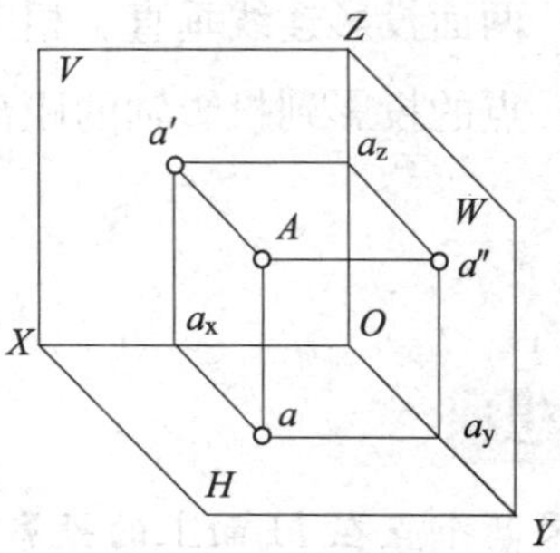

图 1—3—2　点的三面投影

资料卡片

空间点用大写字母表示，如 A；水平投影用相应的小写字母表示，如 a；正面投影用相应的小写字母带“′”表示，如 a'；侧面投影用相应的小写字母带“″”表示，如 a''。

2. 点的投影图

如图 1—3—3a 所示，保持点的三面投影中的 V 面不动，H 面和 W 面沿 OY 轴分开而形成 OY_H 和 OY_W，水平面 H 和水平投影一起绕 OX 轴往下旋转与正面 V 重合，侧面 W 连同侧面投影一起绕 OZ 轴往右旋转与正面 V 重合，得到展开后的投影图，如图 1—3—3b 所示。在点的投影图中一般不画出投影面的边界线，也不标出投影面的名称。常见的点的投影图如图 1—3—3c 所示。

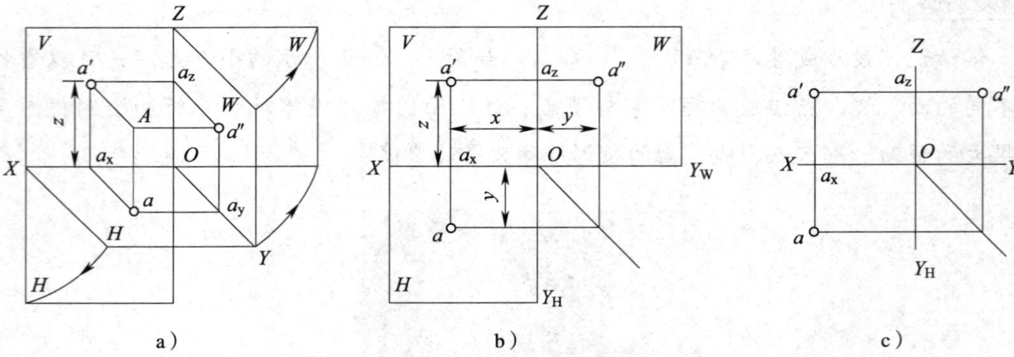

图 1—3—3　点的投影图

3. 点的投影规律

由图 1—3—3 可见：$Aa=a'a_x=a''a_y=z$ 坐标，反映点 A 到 H 面的距离；$Aa'=aa_x=a''a_z=y$ 坐标，反映点 A 到 V 面的距离；$Aa''=aa_y=a'a_z=x$ 坐标，反映点 A 到 W 面的距离。同时有：$a'a$ 垂直于 OX 轴，$a'a''$ 垂直于 OZ 轴，aa'' 垂直于 OY 轴。

点的三面投影规律如下：

（1）两面投影连线垂直于相应的投影轴。

（2）点的投影到投影轴的距离等于该点到相应投影面的距离，等于该点的相应坐标。

想一想

如果两个点在 H 面上的投影重合，那么这两个点在空间也重合吗？已知点的任意两个投影，一定能确定它的第三个投影吗？

工程应用

已知空间点 A（11，8，15），求作它的三面投影图。

空间点 A 的三面投影图具体作图步骤见表 1—3—1。

表 1—3—1　　**绘制点的投影步骤**

<table>
<tr>
<td>1. 由原点 O 向左沿 OX 轴量取 11 mm 得 a_x，过 a_x 作 OX 轴的垂线，在垂线上自 a_x 向前量取 8 mm 得 a，向上量取 15 mm 得 a'</td>
<td>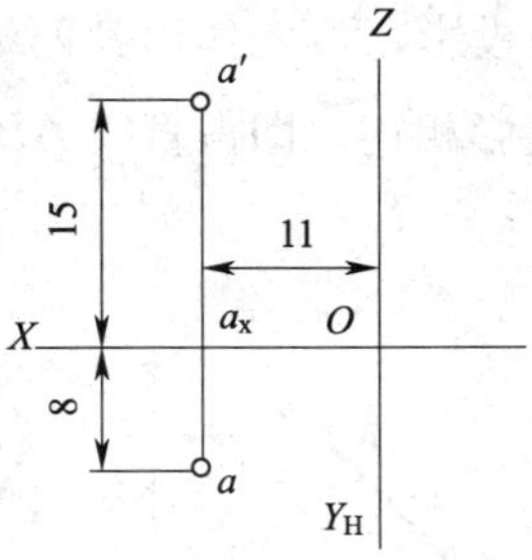</td>
<td>2. 过 a' 作 OZ 轴的垂线交 OZ 轴于 a_z，在垂线上自 a_z 向前量取 8 mm 得 a''</td>
<td>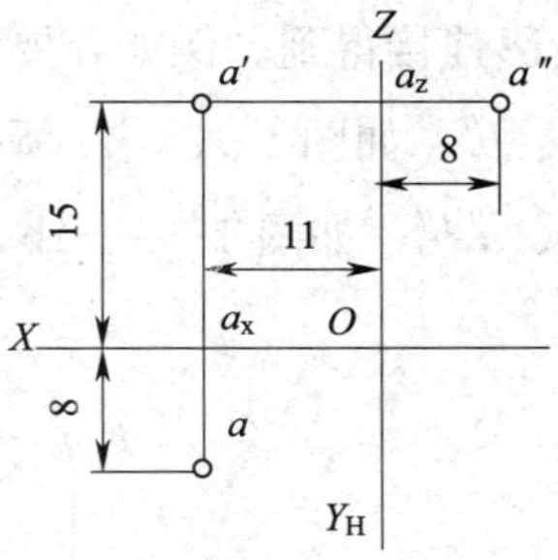</td>
</tr>
<tr>
<td>3. 可以看到，点的投影符合三视图的投影规律</td>
<td colspan="3">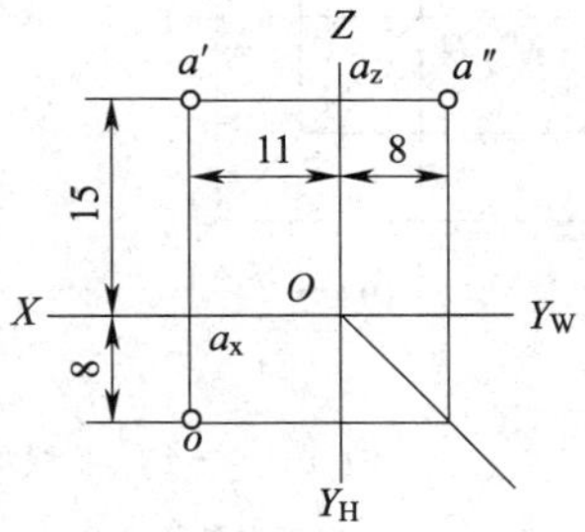</td>
</tr>
</table>

教学互动

1. 已知点的两面投影，求作第三面投影。

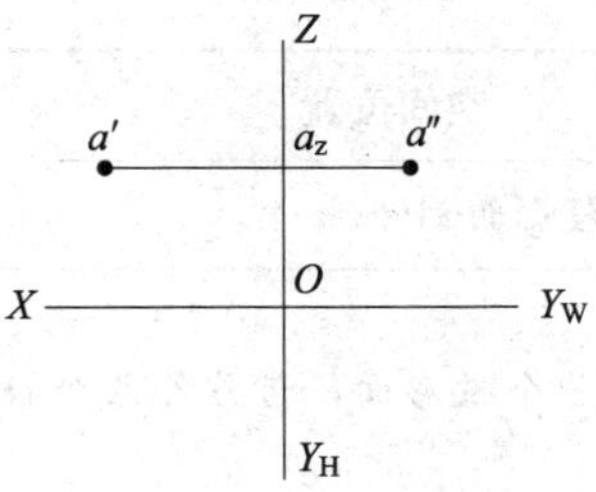

2. 如果点在投影面或投影轴上，又有什么特性呢？

想一想

拿两本厚一点的书和课桌就可以组成三投影体系，把笔当作直线，通过变换笔的位置，研究直线的投影有几种。直线的投影都是直线吗？

二、直线的投影

直线的空间位置可由线上任意两点确定。所以直线的投影可由直线上两点的同面投影连接得到。例如，要作出直线 AB 的三面投影，可先作出其两端点 a、a'、a''和 b、b'、b''，如图 1—3—4a 所示，然后将其同面投影相连，即得直线 AB 的三面投影 ab、$a'b'$、$a''b''$，如图 1—3—4b 所示。

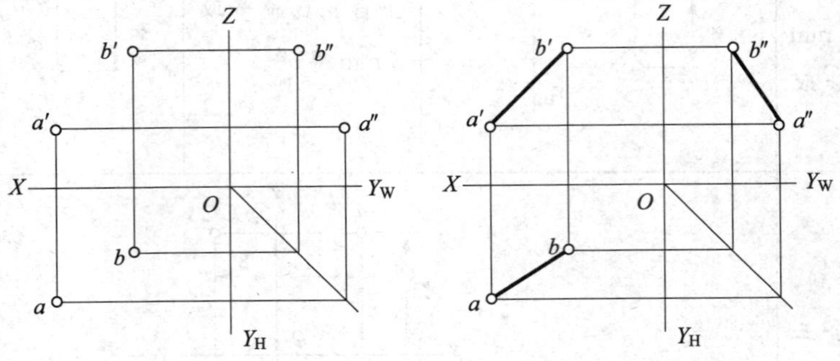

图 1—3—4　直线的三面投影

a）两点的投影　b）直线的投影

直线的投影特性是由其对投影面的相对位置决定的，在机械制图中，根据直线所处投影空间位置的不同把空间直线分为三类，见表 1—3—2。

表 1—3—2　　空间直线的分类

类别	空间位置	种类
一般位置直线	直线与三个投影面都倾斜	
投影面平行线	直线平行于一个投影面，与另外两个投影面倾斜	正平线——平行于 V 面 水平线——平行于 H 面 侧平线——平行于 W 面
投影面垂直线	直线垂直于一个投影面，与另外两个投影面平行	正垂线——垂直于 V 面 铅垂线——垂直于 H 面 侧垂线——垂直于 W 面

1．投影面平行线的投影特性

投影面平行线的投影特性见表 1—3—3。

表 1—3—3　　　　　　　　投影面平行线的投影特性

名称	水平线	正平线	侧平线
立体图	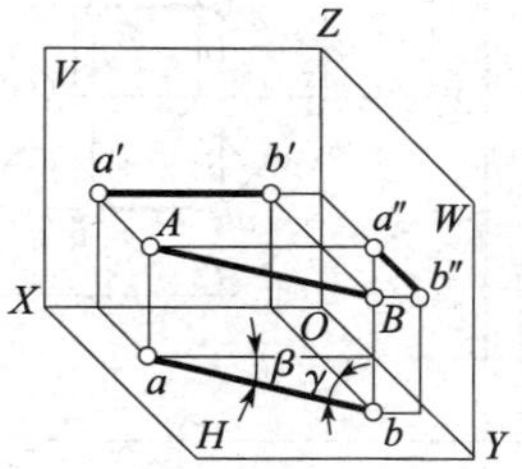	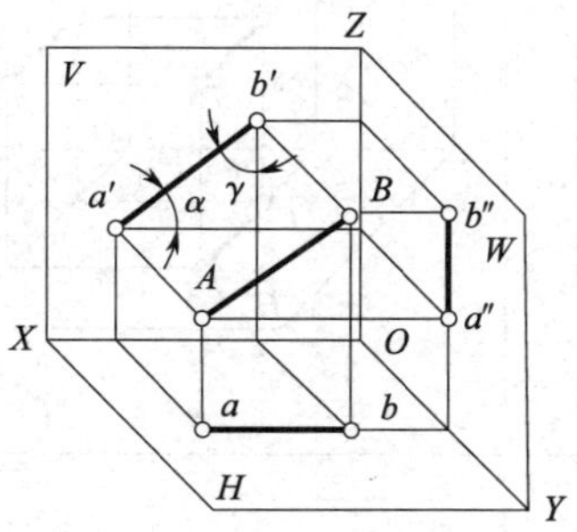	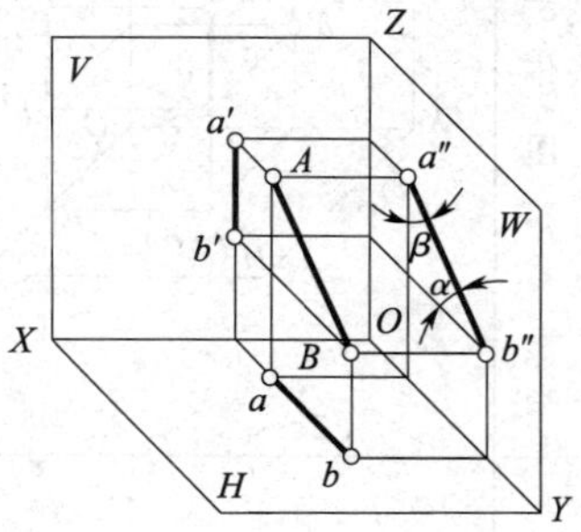
投影图	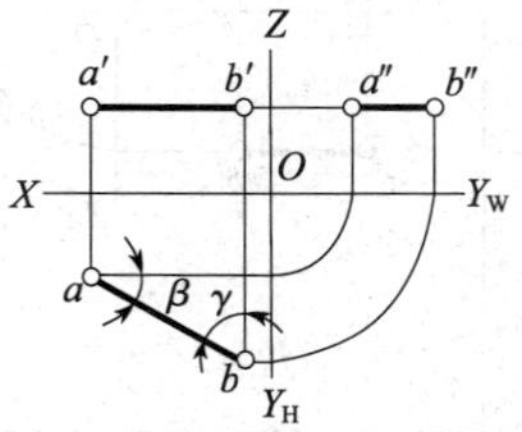	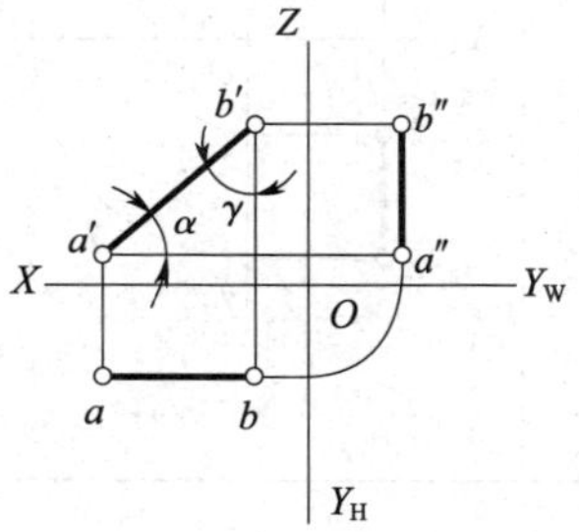	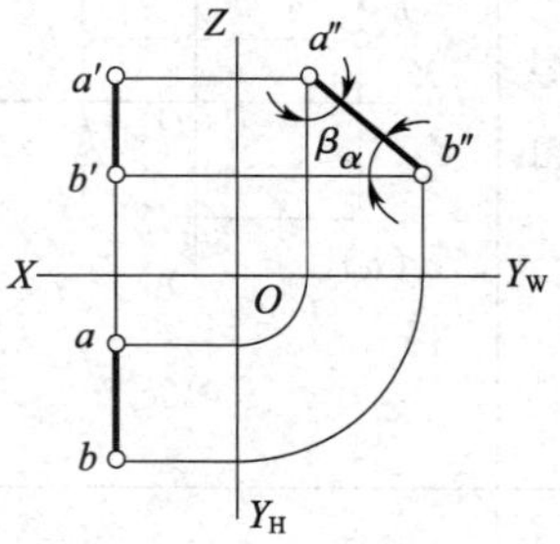
投影特性	1. 水平投影反映实长，与 X 轴夹角为 β，与 Y 轴夹角为 γ 2. 正面投影平行于 X 轴 3. 侧面投影平行于 Y 轴	1. 正面投影反映实长，与 X 轴夹角为 α，与 Z 轴夹角为 γ 2. 水平投影平行于 X 轴 3. 侧面投影平行于 Z 轴	1. 侧面投影反映实长，与 Y 轴夹角为 α，与 Z 轴夹角为 β 2. 正面投影平行于 Z 轴 3. 水平投影平行于 Y 轴

2．投影面垂直线的投影特性

投影面垂直线的投影特性见表 1—3—4。

表 1—3—4　　　　投影面垂直线的投影特性

名称	铅垂线	正垂线	侧垂线
立体图	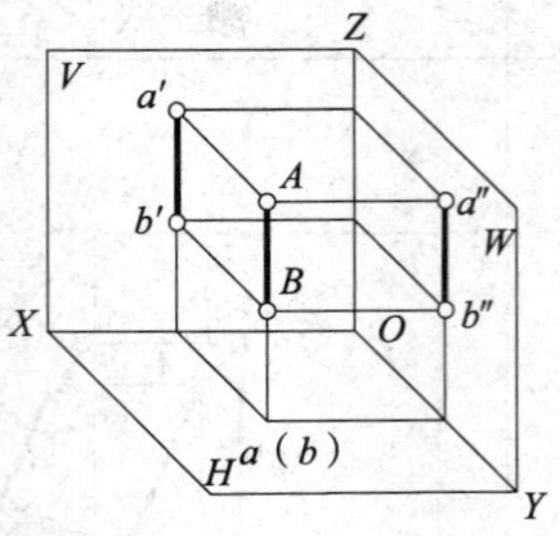	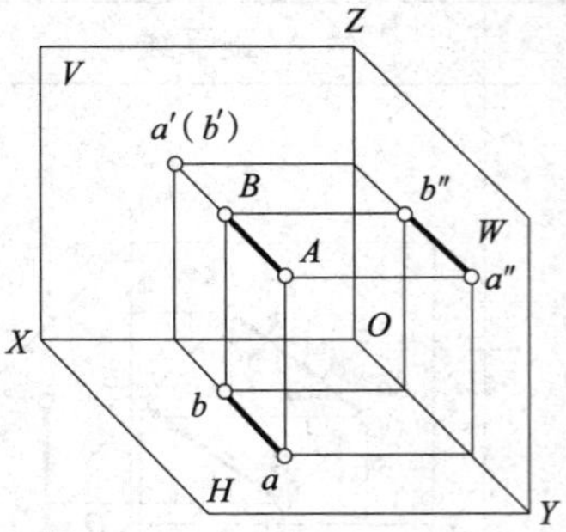	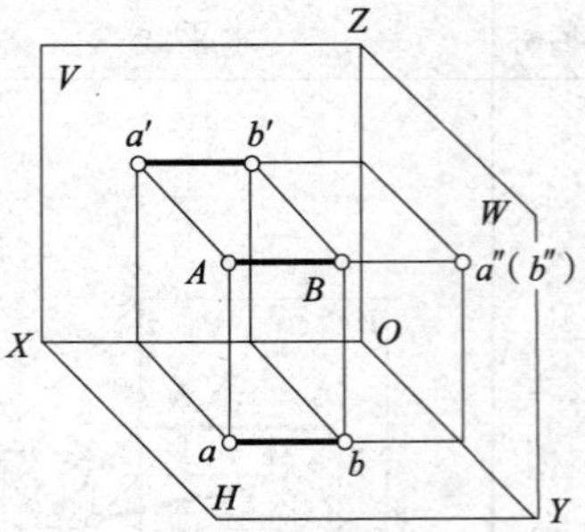
投影图	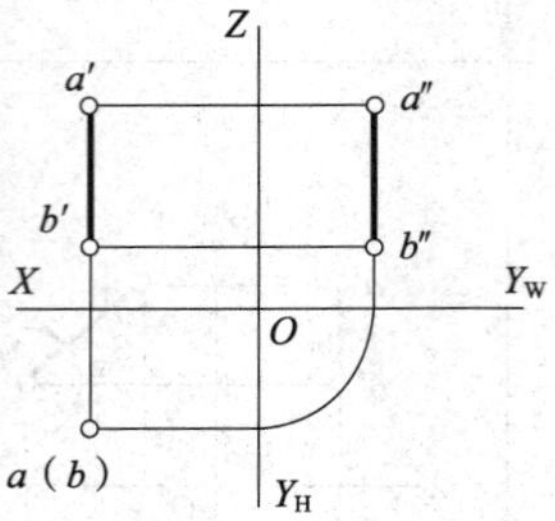	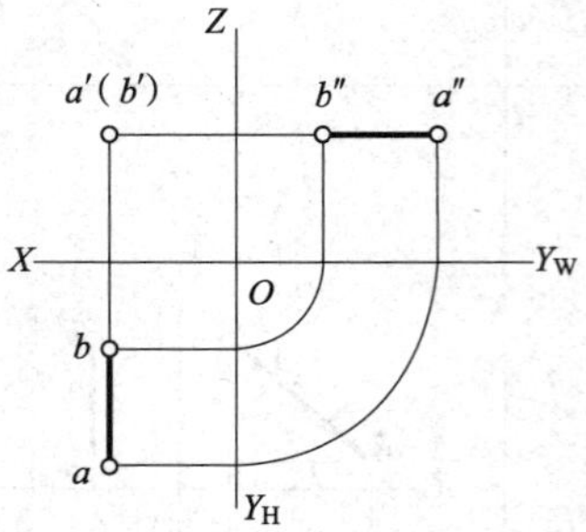	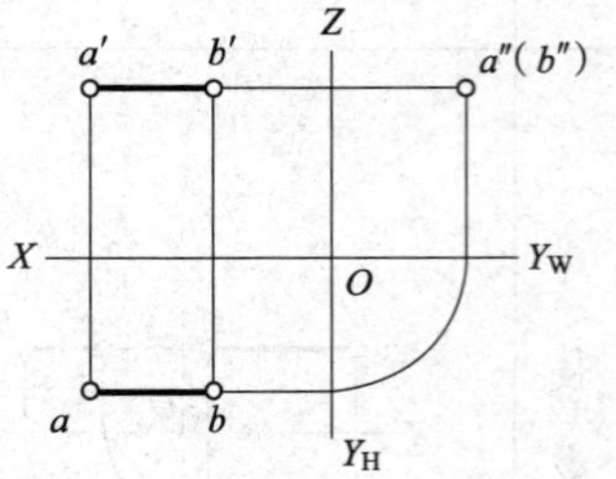
投影特性	1. 水平投影积聚成一点 2. 正面投影和侧面投影都平行于 Z 轴，并反映实长	1. 正面投影积聚成一点 2. 水平投影和侧面投影都平行于 Y 轴，并反映实长	1. 侧面投影积聚成一点 2. 正面投影和水平投影都平行于 X 轴，并反映实长

3. 一般位置直线的投影特性

一般位置直线的投影图如图 1—3—5 所示，其投影规律如下：

（1）它的三个投影仍为直线，且都小于线段的实长。

（2）它的三个投影都倾斜于投影轴，且与投影轴的夹角均不反映空间直线与投影面倾角的真实大小，如图 1—3—5 中的 α_1 不等于 α。

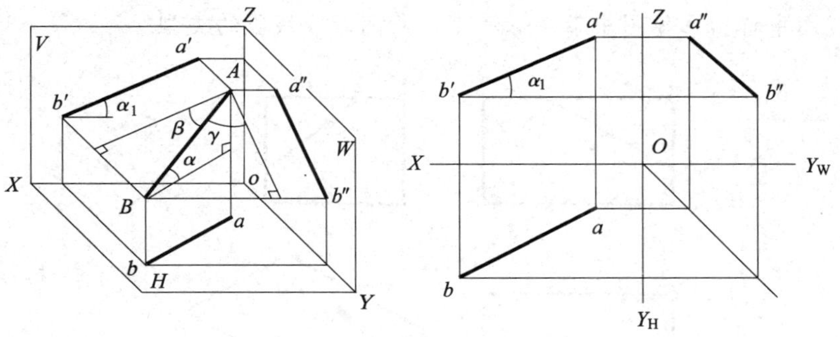

图 1—3—5　一般位置直线

工程应用

如图 1—3—6 所示为长方体及其三视图，试判断长方体中各棱边的类型。

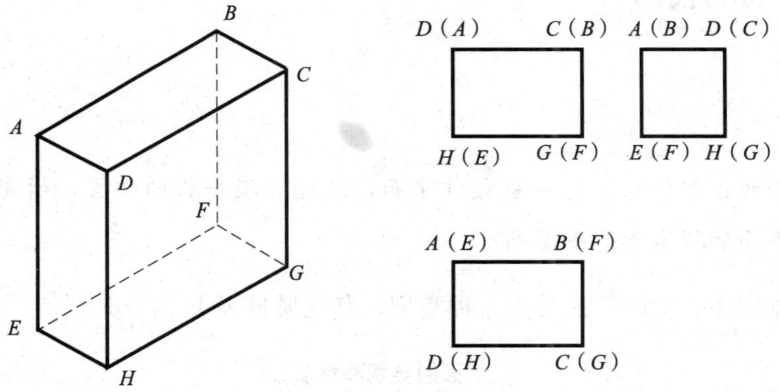

图 1—3—6　长方体

经判断，各棱边的类型见表 1—3—5。

表 1—3—5　　　　**棱边的类型**

棱边	类型	棱边	类型	棱边	类型
DC	侧垂线	*DA*	正垂线	*DH*	铅垂线
AB	侧垂线	*GF*	正垂线	*AE*	铅垂线
EF	侧垂线	*CB*	正垂线	*CG*	铅垂线
HG	侧垂线	*HE*	正垂线	*BF*	铅垂线

教学互动

在三视图中标出立体图中带字母的点，并判断各线段的类型？

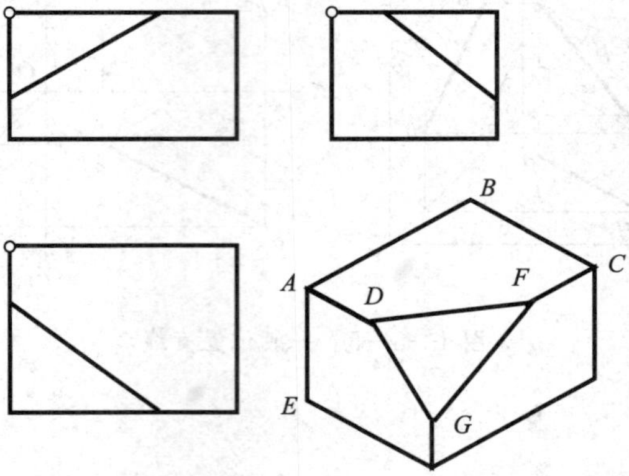

三、平面的投影

想一想

利用上面的投影体系，把手机当作平面，通过变换手机的位置，研究平面的投影有哪几种。平面的投影都是平面吗？

在机械制图中，空间平面分为三种类型，其性质见表 1—3—6。

表 1—3—6　　平面的类别和性质

类别	位置	分类
投影面平行面	平行于某个投影面，而垂直于另外两个投影面	正平面——平行于 V 面而垂直于 H、W 面 水平面——平行于 H 面而垂直于 V、W 面 侧平面——平行于 W 面而垂直于 H、V 面
投影面垂直面	只垂直于一个投影面，而对另外两个投影面倾斜	正垂面——垂直 V 面而倾斜于 H、W 面 铅垂面——垂直 H 面而倾斜于 V、W 面 侧垂面——垂直 W 面而倾斜于 V、H 面
一般位置平面	对三个投影面都倾斜	

1．投影面平行面的投影特性

投影面平行面的投影特性见表 1—3—7。

资料卡片

空间平面与投影面之间的夹角称为平面与投影面的倾角。平面对 H 面的倾角用 α 表示，平面对 V 面的倾角用 β 表示，平面对 W 面的倾角用 γ 表示。

表 1—3—7　　投影面平行面的投影特性

名称	水平面	正平面	侧平面
立体图	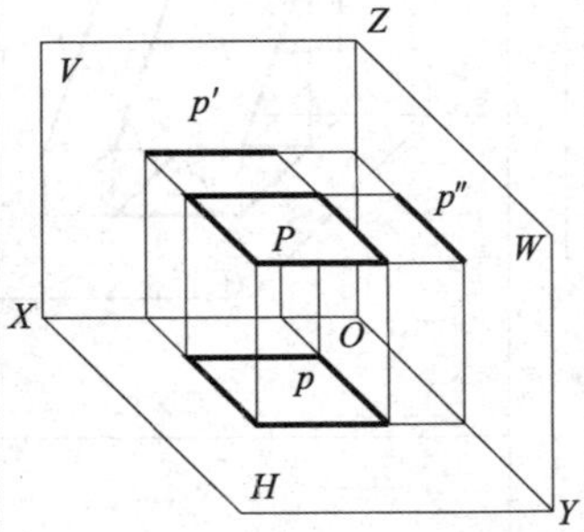	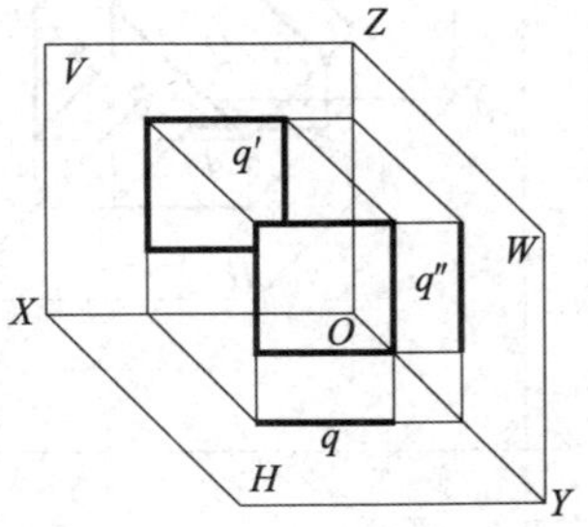	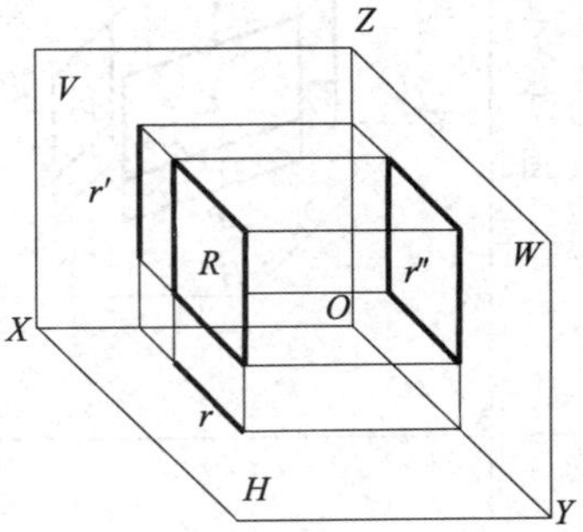
投影图	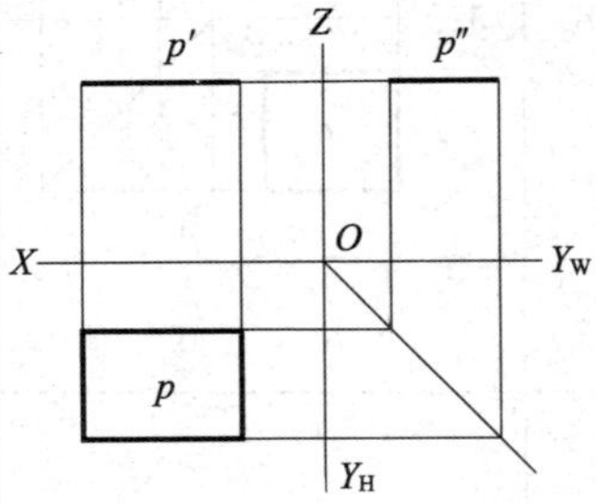	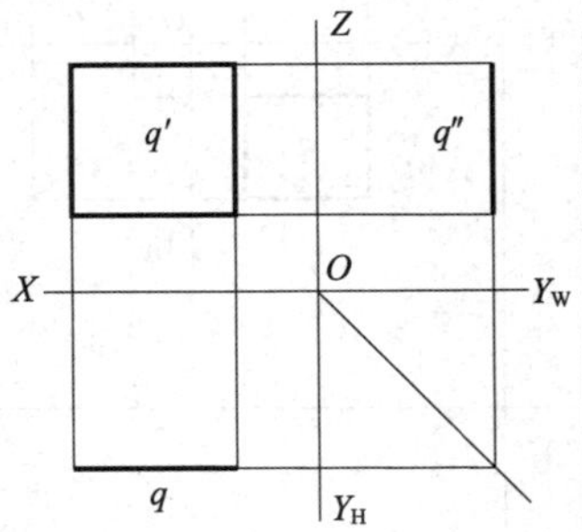	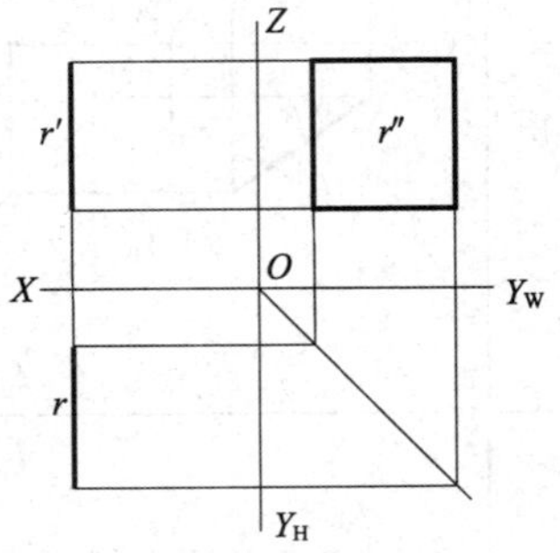
投影特性	1. 水平投影反映实形 2. 正面投影积聚成平行于 X 轴的直线 3. 侧面投影积聚成平行于 Y 轴的直线	1. 正面投影反映实形 2. 水平投影积聚成平行于 X 轴的直线 3. 侧面投影积聚成平行于 Z 轴的直线	1. 侧面投影反映实形 2. 正面投影积聚成平行于 Z 轴的直线 3. 水平投影积聚成平行于 Y 轴的直线

2．投影面垂直面的投影特性

投影面垂直面的投影特性见表 1—3—8。

表 1—3—8　　投影面垂直面的投影特性

名称	铅垂面	正垂面	侧垂面
立体图	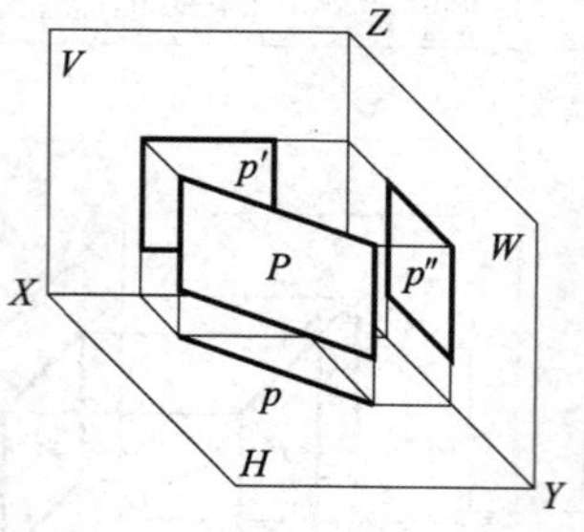	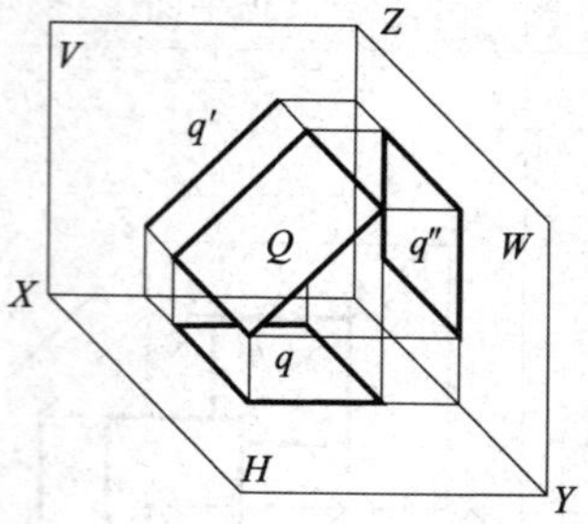	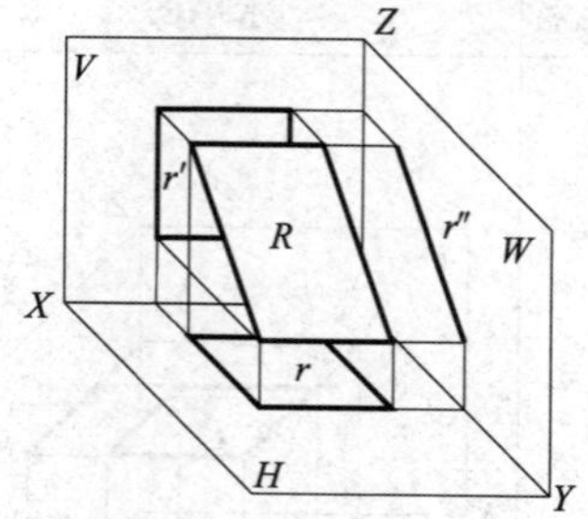
投影图	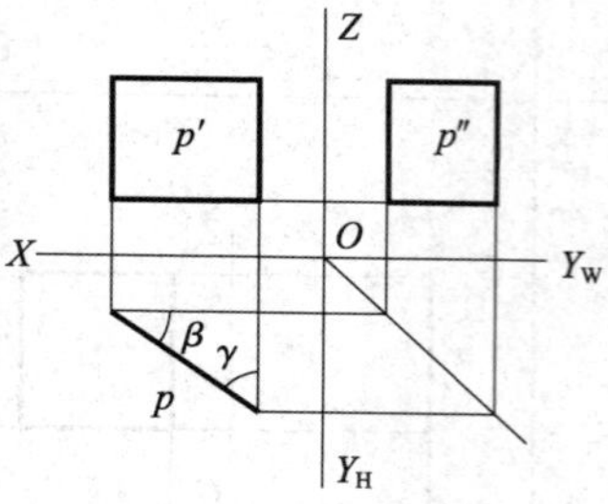	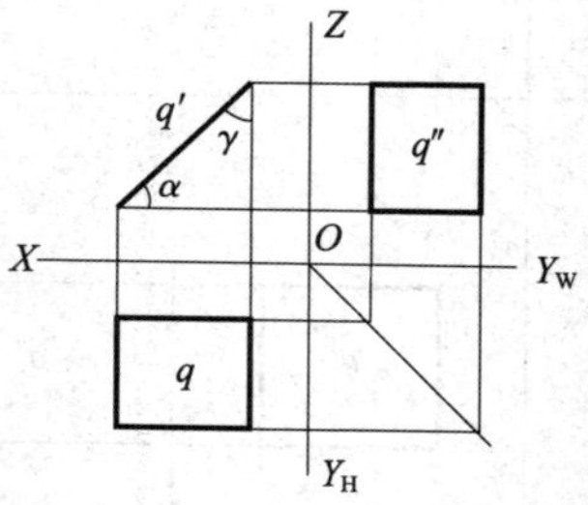	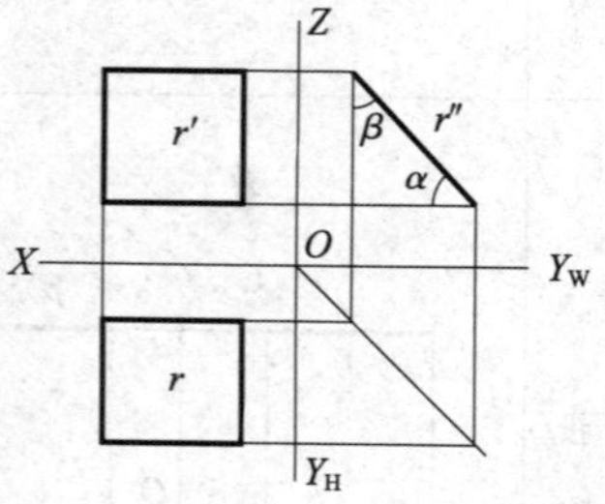
投影特性	1．水平投影积聚成直线，与 X 轴夹角为 β，与 Y 轴夹角为 γ 2．正面投影和侧面投影具有类似性	1．正面投影积聚成直线，与 X 轴夹角为 α，与 Z 轴夹角为 γ 2．水平投影和侧面投影具有类似性	1．侧面投影积聚成直线，与 Y 轴夹角为 α，与 Z 轴夹角为 β 2．正面投影和水平投影具有类似性

3．一般位置平面的投影特性

凡与三个投影面都倾斜的平面称为一般位置平面，如图 1—3—7 所示。它的三个投影既没有积聚性，也不反映实形，而是小于实形的类似形。

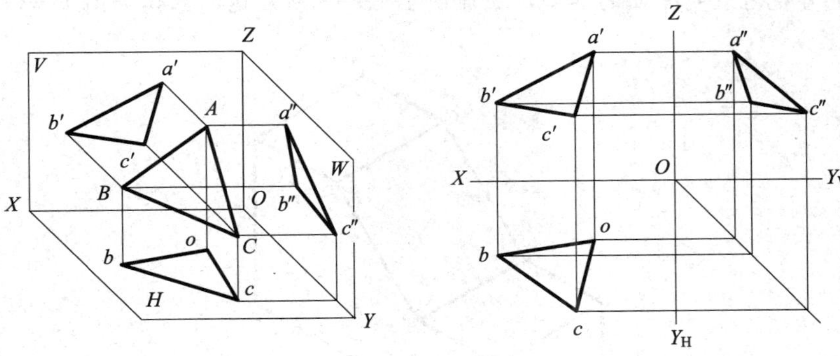

图 1—3—7　一般位置平面

工程应用

图 1—3—8 所示物体有几个平面？试判断各视图中可见面的类型。

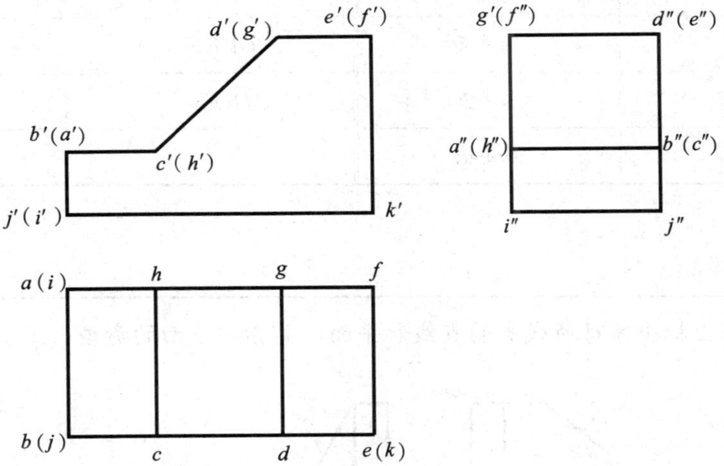

图 1—3—8　三视图

分析三视图，可知该物体共有 8 个平面。

(1) 面 $ABJI$ 平行于 W 投影面，而垂直于另外两个投影面，是投影面平行面，它的正面投影积聚成平行于 Z 轴的直线，水平投影积聚成平行于 Y 轴的直线，侧面投影反映实形，所以面 $ABJI$ 为侧平面。

(2) 面 $ABCH$ 平行于 H 投影面，而垂直于另外两个投影面，是投影面平行面，它的水平投影反映实形，正面投影积聚成平行于 X 轴的直线，侧面投影积聚成平行于 Y 轴的直线，所以面 $ABCH$ 为水平面。

(3) 可见平面的类型见表1—3—9。

为了更直观地表明平面的类型，还原图1—3—8所表达的立体如图1—3—9所示。

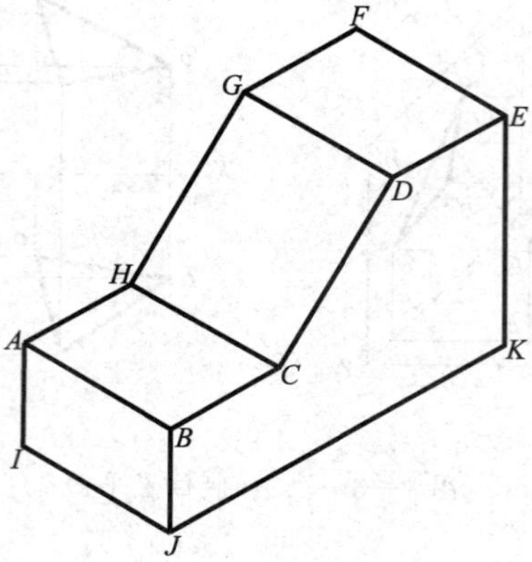

图1—3—9　立体

表1—3—9　平面的类型

平面	类型	平面	类型
ABJI	侧平面	*GDEF*	水平面
ABCH	水平面	*BJKEDC*	正平面
HCDG	正垂面		

教学互动

在立体图上标出字母所代表的直线和平面，并指出平面的类型。

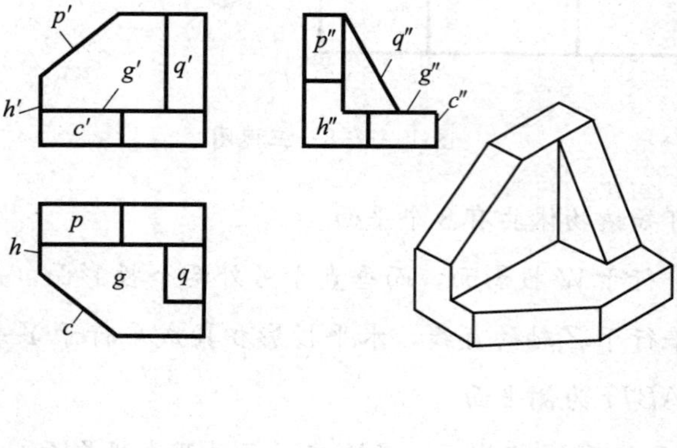

课题四　绘制基本几何体的三视图

学习目标

◆ 了解基本几何体的概念和分类。

◆ 掌握基本几何体的投影规律。

◆ 能够正确绘制基本几何体的三视图。

想一想

仔细观察图 1—4—1 所示的小车，可以发现它是由一个个类似圆柱、棱柱等形状单一的几何体组合而成的，掌握这些几何体的投影规律对于今后绘制复杂形体的三视图有很大帮助。那么，圆柱、棱柱这样的几何体的投影规律又是什么呢？

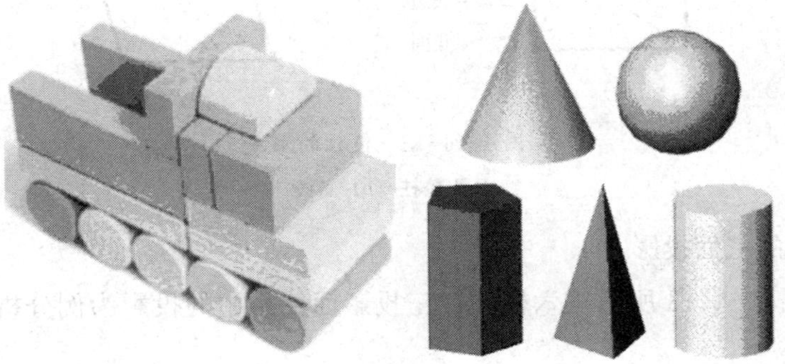

图 1—4—1　基本几何体及其组合

实际上，绝大多数物体都可以看作由若干个形状单一的几何体组合而成的。这种单一的几何形体称为基本体。根据表面的几何性质，立体分为平面立体和曲面立体。

一、绘制平面立体

像立方体、棱柱这样表面为平面的基本体称为平面基本体，简称平面体。平面体的表面由底面和棱面组成，各棱面的交线称为棱线。常见的有棱柱和棱锥两种。

绘制平面立体可以归结为绘制其各个表面的投影图，而表面——平面多边形是由直线段组成的，每条直线段皆可由两个端点确定，因此，作平面立体的投影图又可归结为绘制棱线（各表面的交线）及各顶点（棱线的交点）的投影。

想一想

绘制平面立体的投影时，对于处在不可见位置的表面和棱线应该怎样表示呢？

1．绘制棱柱的三视图

（1）棱柱的形成

棱柱由平面图形沿直线路径延伸而形成。如果直线路径与平面图形垂直，则形成正棱柱（简称棱柱），如图 1—4—2a 所示；如果直线路径与平面图形倾斜，则形成斜棱柱，如图 1—4—2b 所示。棱柱通常按它的底面边数命名，如底面为三角形，就称为三棱柱。

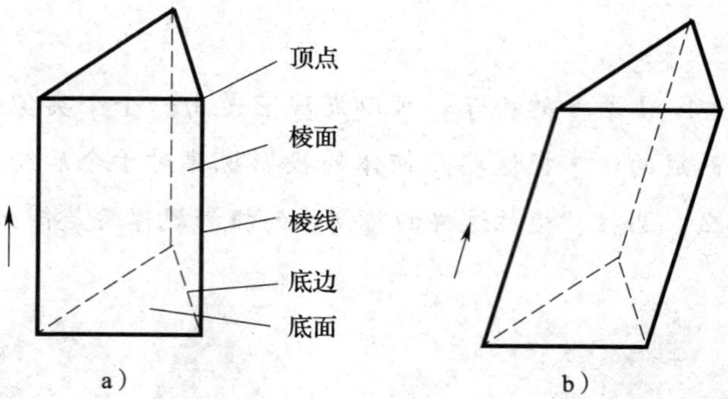

图 1—4—2　棱柱的形成

a）正棱柱　b）斜棱柱

（2）棱柱的三面投影

下面以图 1—4—3 所示正六棱柱在三投影面体系中的投影为例分析棱柱的三面投影。

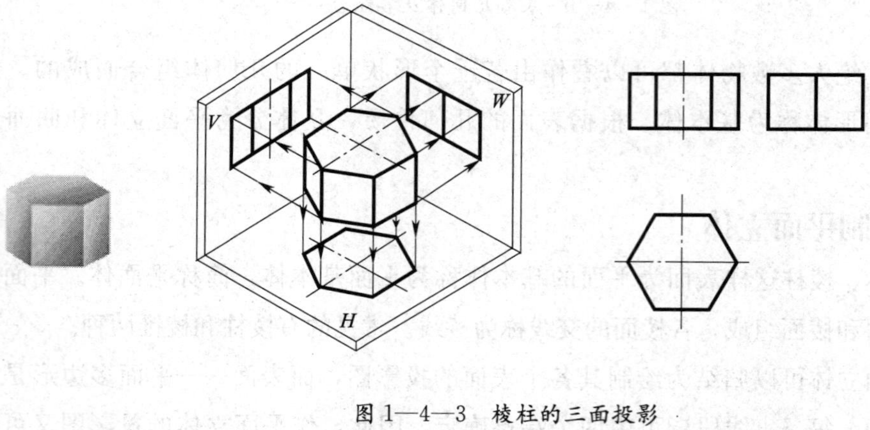

图 1—4—3　棱柱的三面投影

1）上、下底面平行于水平投影面 H，其水平投影（俯视图）反映实形；其正面投影（主视图）、侧面投影（左视图）积聚成水平直线。

2）前棱面和后棱面与正面 V 平行，其正面投影反映实形；其水平投影和侧面投影积聚成直线。

3）其他四个侧棱面与水平投影面 H 垂直，它们的水平投影都积聚成直线；其正面投影和侧面投影为类似形。

提示：当棱柱垂直于投影面时，一个视图反映上、下底面的实形，其他两个视图反映棱线的实际长度。

工程应用

设正六棱柱正六边形底面的外接圆直径为 16 mm，高为 8 mm，绘制正六棱柱的三视图并标注尺寸。

（1）绘图

正六棱柱三视图的绘制步骤见表 1—4—1。

提示：画图时要从最能反映物体形体特征的视图入手，本例应从俯视图入手。

表 1—4—1　　　　　　　　正六棱柱三视图的绘制步骤

步骤	图例
1. 在俯视图的适当位置绘制直径为 16 mm 的圆	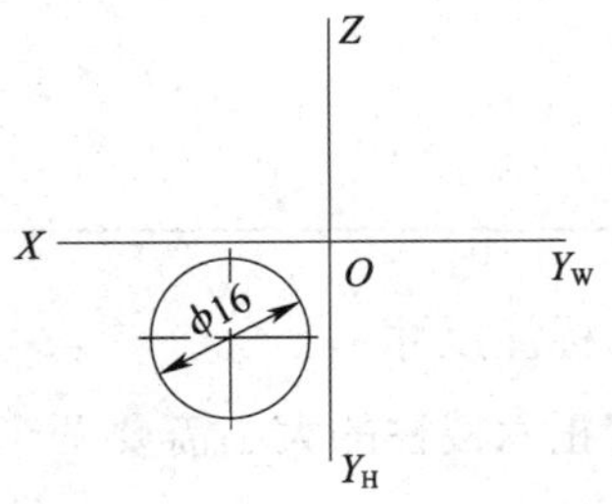
2. 绘制圆内接正六边形	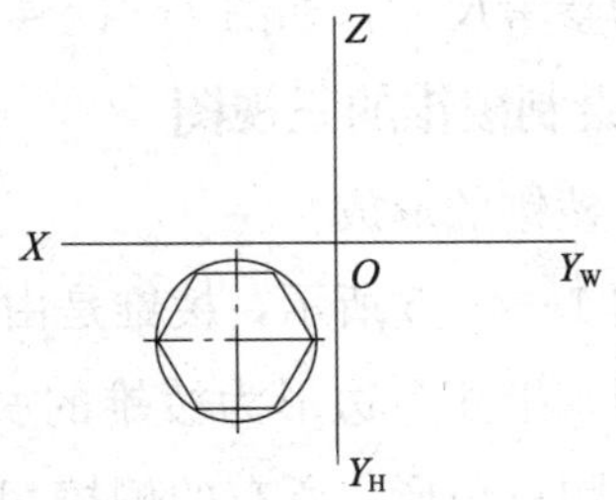

续表

步骤	图例
3. 按照“长对正”的投影规律绘制主视图，高为 8 mm	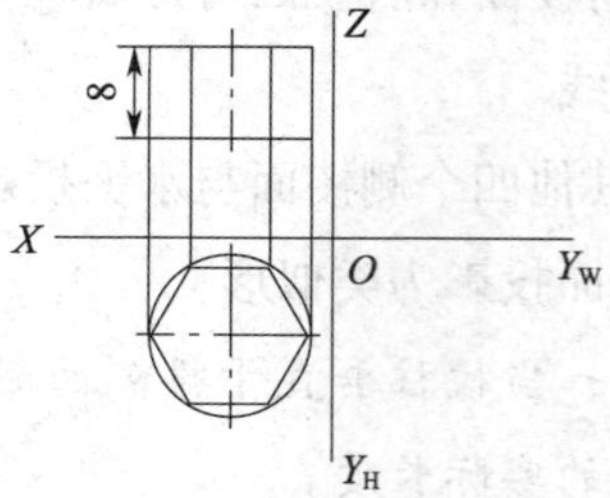
4. 按照“高平齐、宽相等”的投影规律绘制左视图	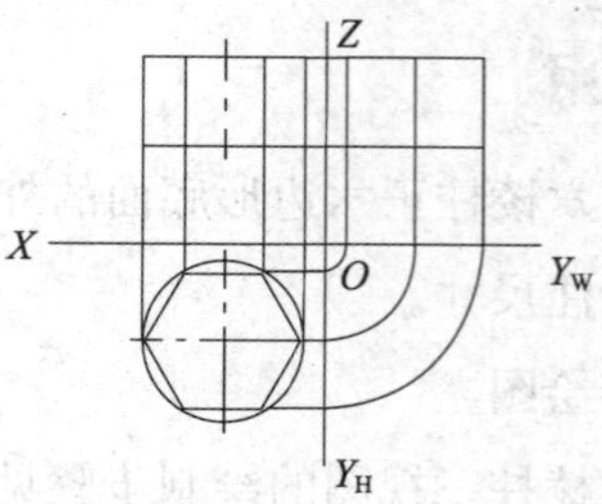
5. 擦去多余图线，按规定描深图线，完成三视图	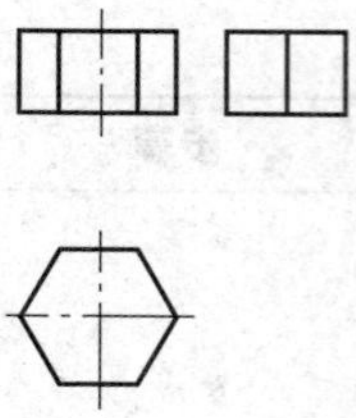

（2）标注尺寸

确定正六棱柱的大小需要两个尺寸，一个是正六棱柱的高，一个是正六棱柱底面的大小。从理论上讲，底面的尺寸可以标注正六边形的外接圆直径，也可以标注对边距。在实际标注尺寸时，一般两个尺寸都标注，并且把外接圆直径用括号括起来表示该尺寸为参考尺寸，如图 1—4—4 所示。

2．绘制棱锥的三视图

（1）棱锥的形成

如图 1—4—5 所示，棱锥是由空间一点连接平面多边形的各顶点而形成的，此点称为锥顶，平面多边形为棱锥的底面，各侧面为三角形，正棱锥的底面是正多边形，侧面为等腰三角形。所有的侧棱相交于一点。棱锥通常也按底面的边数命名，如底面为四边形，就称为四棱锥。

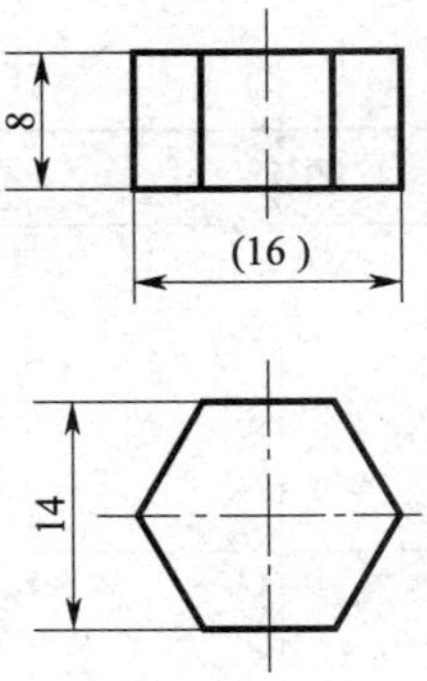

图 1—4—4　正六棱柱的尺寸标注

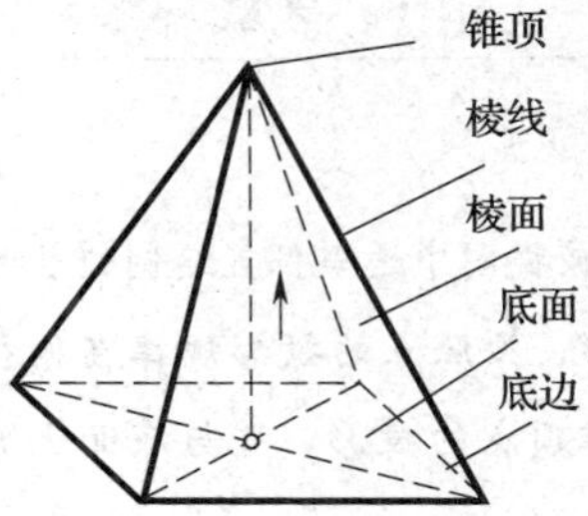

图 1—4—5　棱锥的立体图

(2) 棱锥的三面投影

将正三棱锥放在三投影面体系中，并向三个投影面投影，得到三视图，如图 1—4—6 所示。

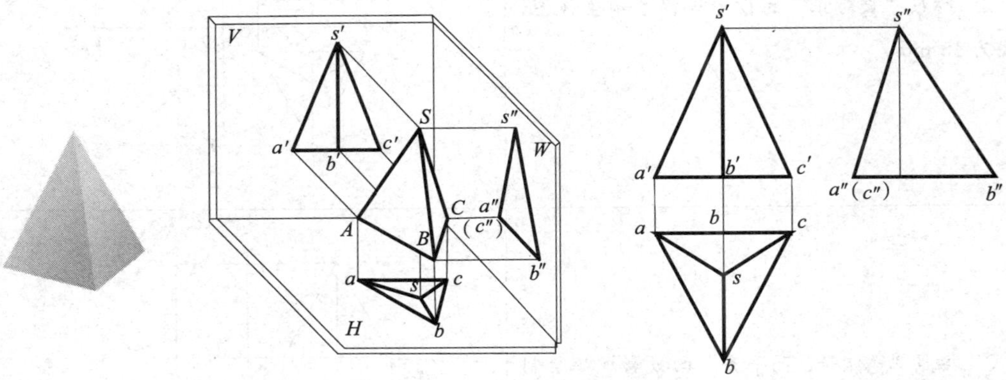

图 1—4—6　正三棱锥的三面投影

1) 底面为水平面，其水平投影反映实形，正面投影和侧面投影积聚为直线。

2) 棱面 *SAC* 为侧垂面，它的侧面投影积聚为一直线，水平投影和正面投影均为类似形；棱面 *SAB* 和 *SBC* 与三个投影面均倾斜，为一般位置平面，它们的三面投影均为类似形。

提示：棱锥的视图特点是一个视图为多边形，另两个视图为三角形线框。

工程应用

设正三棱锥底面正三角形的边长为 18 mm，高为 15 mm，绘制其三视图并标注尺寸。

(1) 绘图

正三棱锥三视图的绘制步骤见表 1—4—2。

表 1—4—2　　　　正三棱锥三视图的绘制步骤

步骤	图例
1. 在俯视图中适当位置绘制边长为 18 mm 的正三角形；按照点的投影规律在俯视图中绘制正三棱锥顶点的投影，并与底面上的三个顶点相连	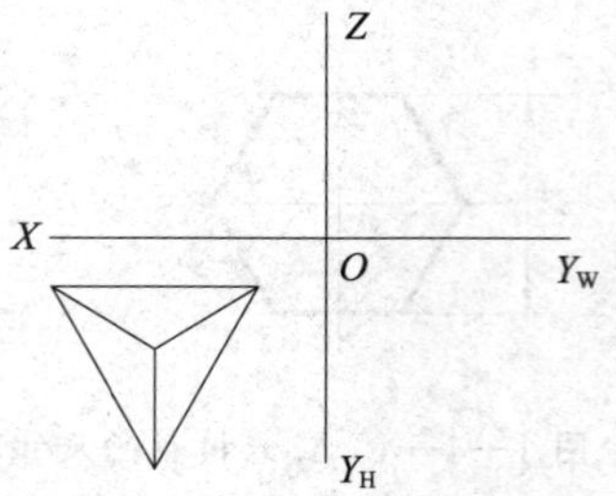
2. 按照“长对正”的投影规律绘制主视图，高为 15 mm	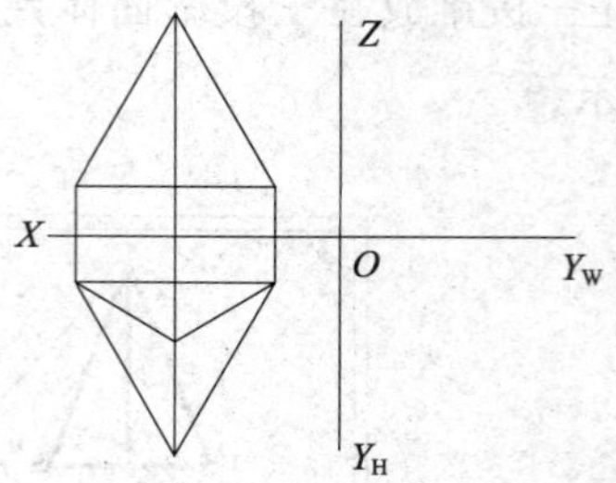
3. 按照“宽相等、高平齐”的投影规律绘制左视图	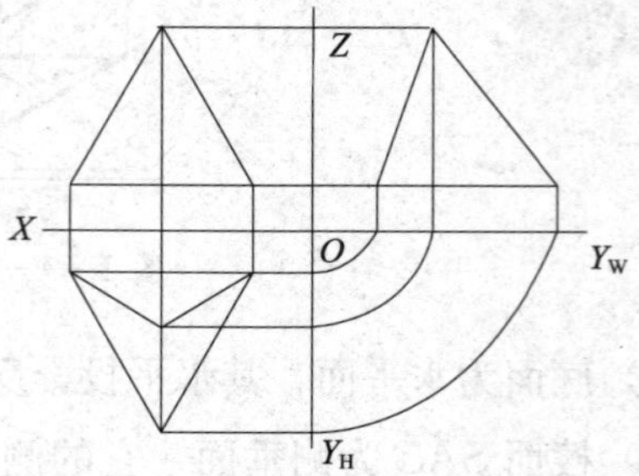
4. 擦去多余图线，按规定描深图线，完成三视图	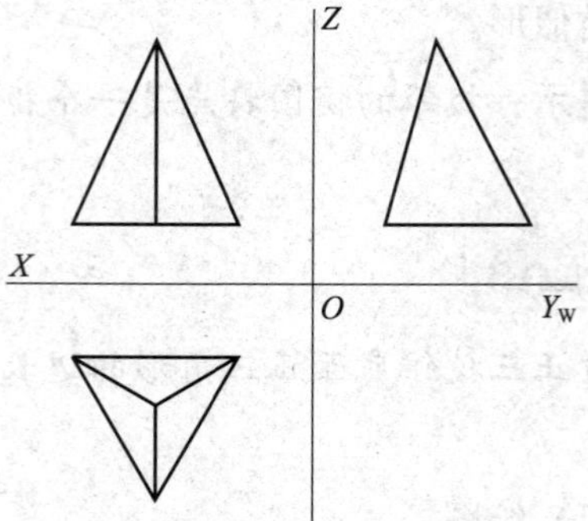

（2）标注尺寸

标注正三棱锥需要两个尺寸，一个是正三棱锥的高，另一个是正三棱锥底面正三角形的边长，尺寸标注如图 1—4—7 所示。

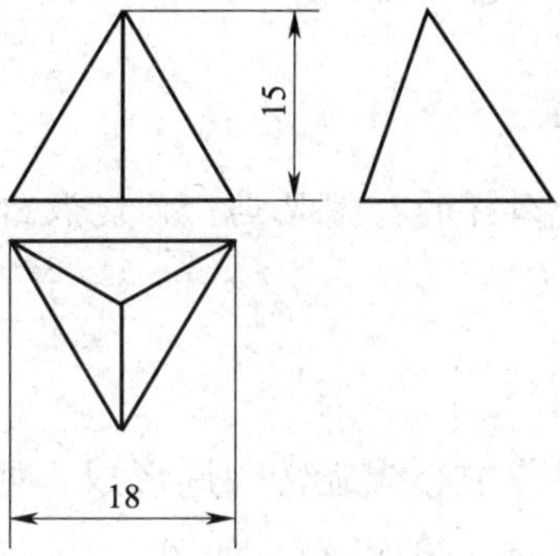

图 1—4—7　正三棱锥的尺寸标注

教学互动

1. 试画出边长为 15 mm、高 12 mm 的正四棱柱的三视图。

2. 试画出边长为 15 mm、高 12 mm 的正四棱锥的三视图。

二、回转体

由曲面或曲面与平面所围成的形体称为曲面立体。常见的曲面立体是回转体，它由回转面或回转面与平面组成。一条动线（直线或曲线）绕轴线旋转所形成的曲面叫作回转面，形成曲面的动线称为母线，母线在回转面上的任意位置称为素线。由一个动面绕一直线回转形成回转体，回转体表面是回转面或回转面与平面。常见的回转体有圆柱、圆锥、圆球等。

想一想

轴线是曲线的回转体是什么样的？常见吗？你能做出来吗？

1. 圆柱

（1）圆柱的形成

圆柱由一长方形绕它的对称中心线旋转一周形成，如图 1—4—8a 所示。它有两个底面（圆形表面）和一个回转面（圆柱面），如图 1—4—8b 所示。

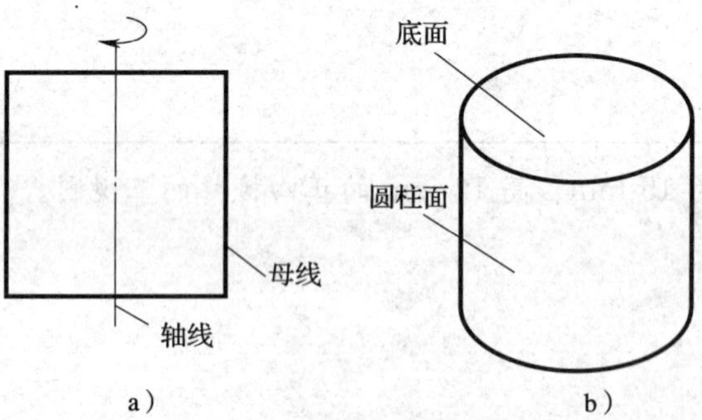

图 1—4—8　圆柱的形成

（2）圆柱的三视图

如图 1－4－9 所示，圆柱在三投影面体系中的位置是圆柱的轴线垂直于水平投影面。圆柱面上最左、最右、最前、最后的这四条特殊位置素线分别是其 V 面和 W 面投影的四条轮廓素线。

1）由于圆柱的轴线垂直于水平投影面，因此它的顶面和底面均是水平面，其水平投影反映实形，为圆。

2）圆柱面垂直于水平面，其水平投影积聚为圆，与顶面和底面的水平投影重合。

3）圆柱的正面投影为矩形线框，其中两条竖线为圆柱面最左、最右素线的投影（最左、最右素线是圆柱面前后分界线），其长度等于圆柱的高。两条横线分别为圆柱顶面和底面的投影，其长度等于圆的直径。

4）圆柱的侧面投影和主视图相同。其中两条竖线为圆柱面最前、最后素线的投影（最前、最后素线是圆柱面左右分界线），其长度等于圆柱的高。两条横线分别为圆柱顶面和底面的投影，其长度等于圆的直径。

提示： 圆柱的视图特点：一个视图为圆，另两个视图为矩形线框。

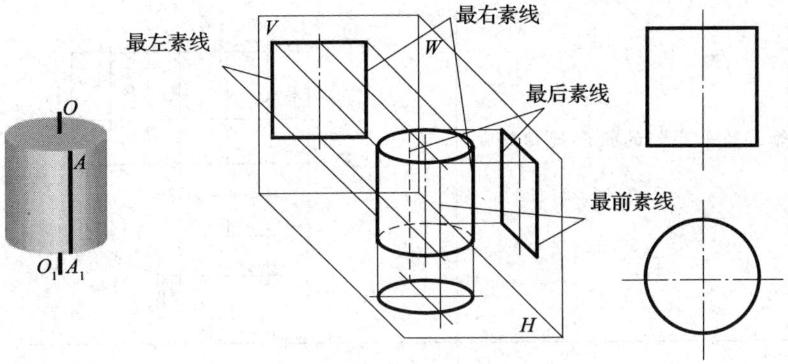

图 1—4—9　圆柱的三面投影

工程应用

设圆柱的底圆直径为 14 mm，高为 12 mm，试绘制其三视图并标注尺寸。

(1) 绘图

圆柱三视图的绘制步骤见表 1—4—3。

表 1—4—3　　**圆柱三视图的绘制步骤**

步骤	图例
1. 在俯视图中适当位置绘制直径为 14 mm 的圆	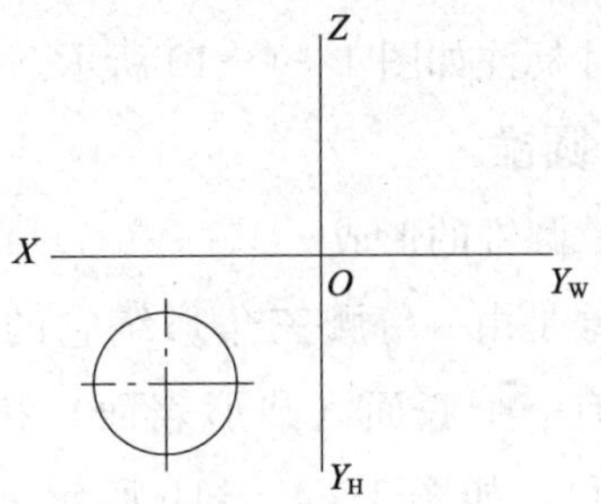
2. 按照“长对正”的投影规律绘制主视图，高为 12 mm	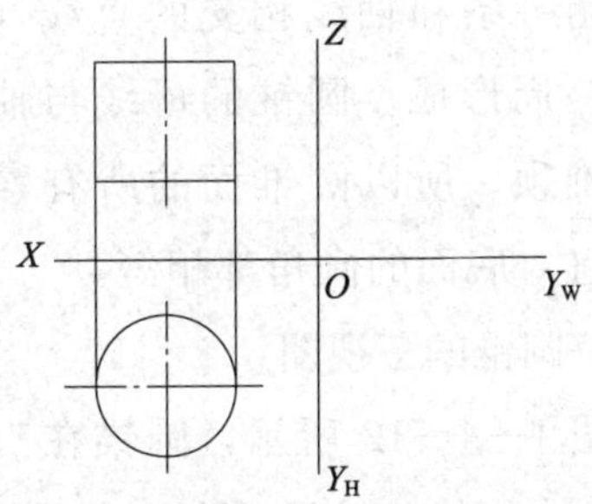

续表

步骤	图例
3. 按照“宽相等、高平齐”的投影规律绘制左视图	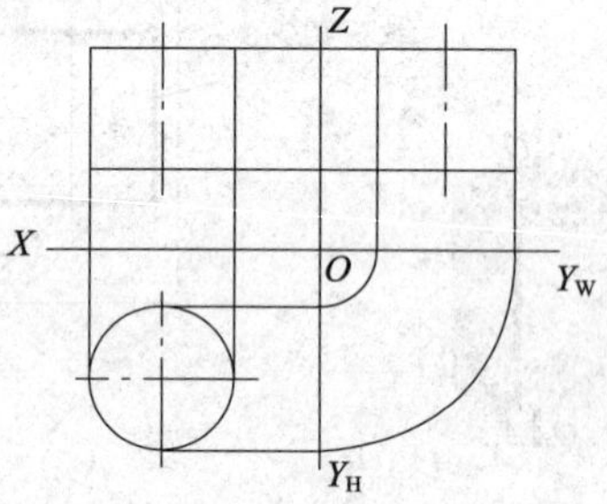
4. 擦去多余图线，按规定描深图线，完成三视图	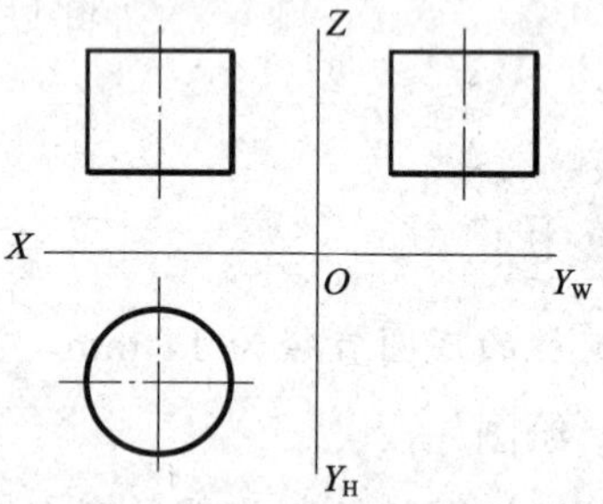

(2) 标注尺寸

确定圆柱体的大小需要两个尺寸，一个是圆柱体的高，另一个是圆柱体的底圆直径，尺寸标注如图 1—4—10 所示。

2. 圆锥

(1) 圆锥的形成

圆锥是由一等腰三角形绕它的对称中心线旋转一周形成的，如图 1—4—11a 所示。它有一个底面（圆形表面）和一个回转面（圆锥面），如图 1—4—11b 所示。圆锥面可以看成是由一条和轴线相交的直线（母线）绕轴线旋转一周形成。圆锥的母线与轴线相交的交点称为锥顶。所以圆锥面的所有素线都交于锥顶，并且对底面的倾角都相等。

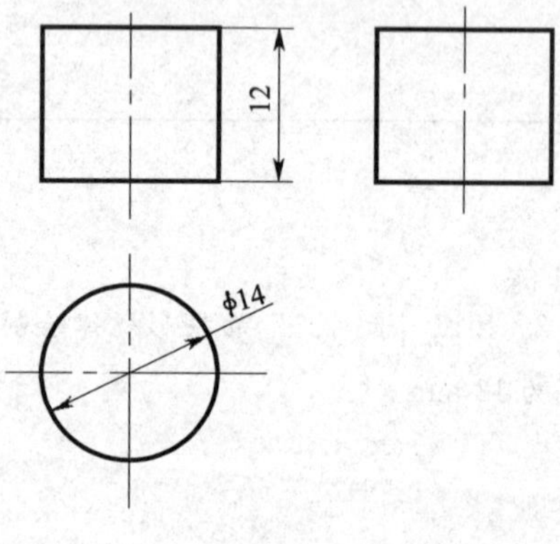

图 1—4—10　圆柱体的尺寸标注

(2) 圆锥的三视图

如图 1—4—12 所示，圆锥在三投影面体系中的位置是圆锥的轴线垂直于水平投影面。与圆

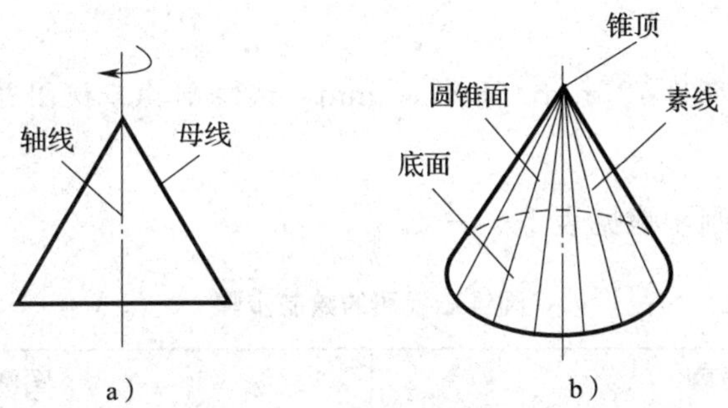

图 1—4—11　圆锥的形成

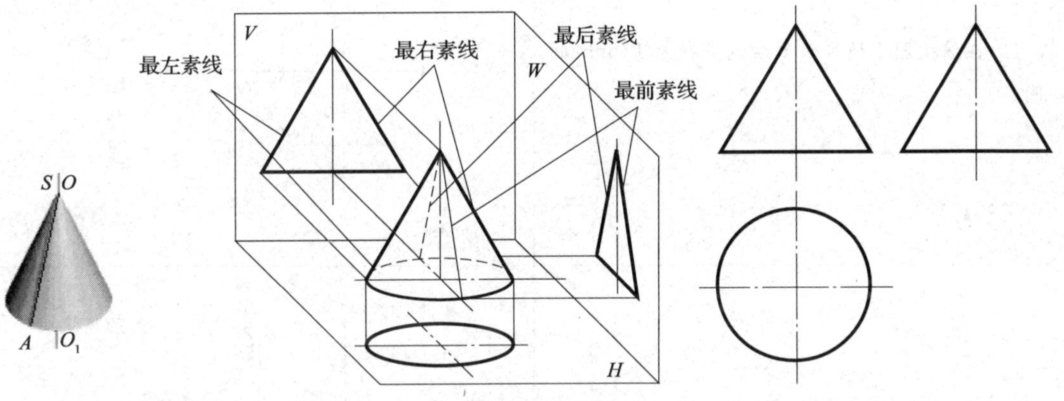

图 1—4—12　圆锥的三面投影

柱类似，圆锥面上最左、最右、最前、最后四条素线的投影构成圆锥体主、左视图的轮廓线。

1）由于圆锥的轴线垂直于水平投影面，故底圆是水平面，水平投影反映底面的实形，为圆。

2）圆锥面的水平投影重叠在底面投影的圆形内。

3）圆锥的主视图为等腰三角形线框，其中两条斜线为圆锥面最左、最右素线的投影（最左、最右素线是圆锥面前后分界线），横线为圆锥底面的投影，其长度等于圆的直径。

4）圆锥的左视图为等腰三角形线框，其中两条斜线为圆锥面最前、最后素线的投影（最前、最后素线是圆锥面左右分界线），横线为圆锥底面的投影，其长度等于圆的直径。

提示： 圆锥的视图特点：一个视图为圆，另两个视图为等腰三角形线框。

工程应用

设圆锥的底圆直径为 12 mm，高为 17 mm，试绘制其三视图并标注尺寸。

（1）绘图

圆锥三视图的绘制步骤见表 1—4—4。

表 1—4—4　　　　圆锥三视图的绘制步骤

步骤	图例
1. 在俯视图中适当位置绘制直径为 12 mm 的圆	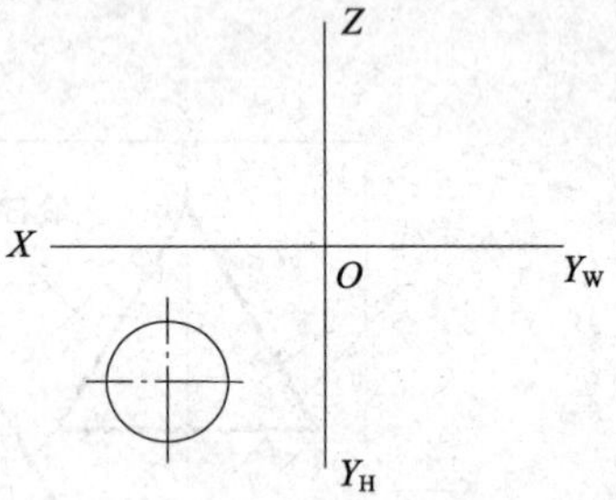
2. 按照“长对正”的投影规律绘制主视图，高为 17 mm	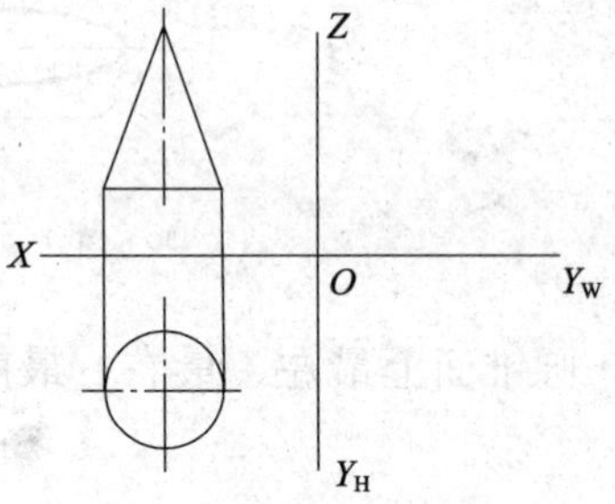
3. 按照“宽相等、高平齐”的投影规律绘制左视图	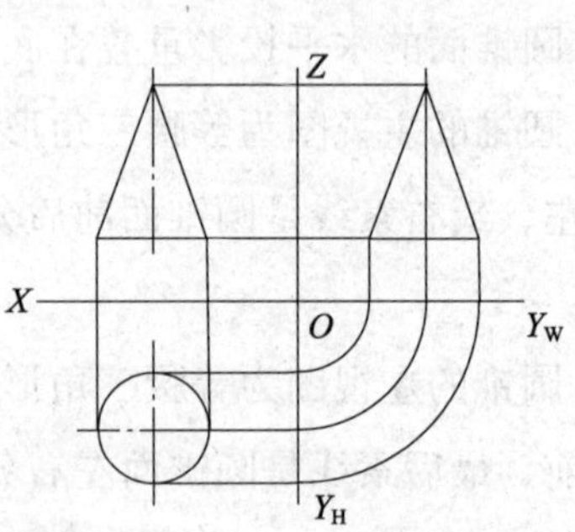

续表

步骤	图例
4. 擦去多余图线，按规定描深图线，完成三视图	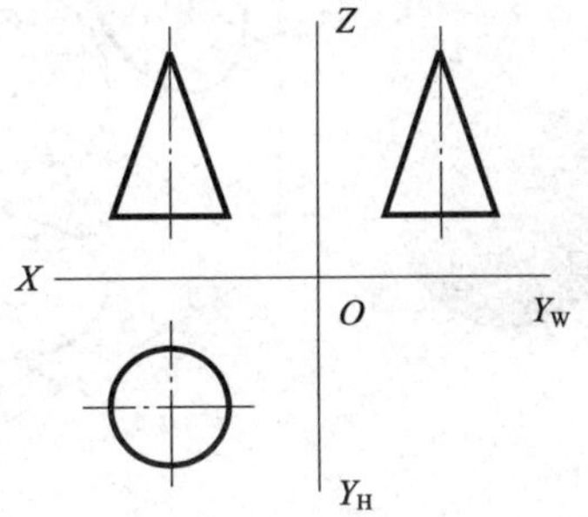

(2) 标注尺寸

确定圆锥的大小需要两个尺寸，一个是圆锥体的高，另一个是圆锥体的底圆直径，尺寸标注如图1—4—13所示。

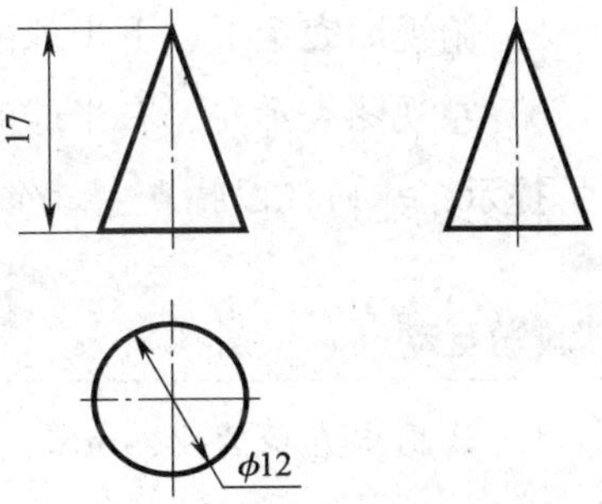

图1—4—13　圆锥的尺寸标注

3. 球

(1) 球的形成

如图1—4—14所示，一圆绕自身的一直径旋转一周即形成球。如果将圆的轮廓线看成是一母线，则形成的回转面称为球面。

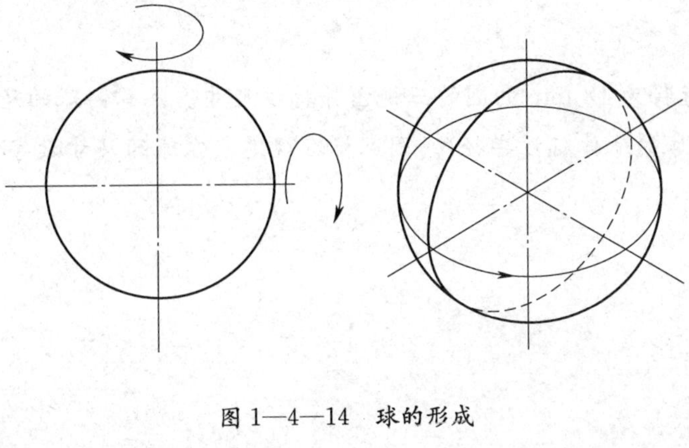

图1—4—14　球的形成

(2) 球的三视图

如图1—4—15所示，球从任意方向去看投影都是圆，因此其三面投影都是直径相同的圆。但三个投影面上的圆是不同的转向轮廓素线的投影。

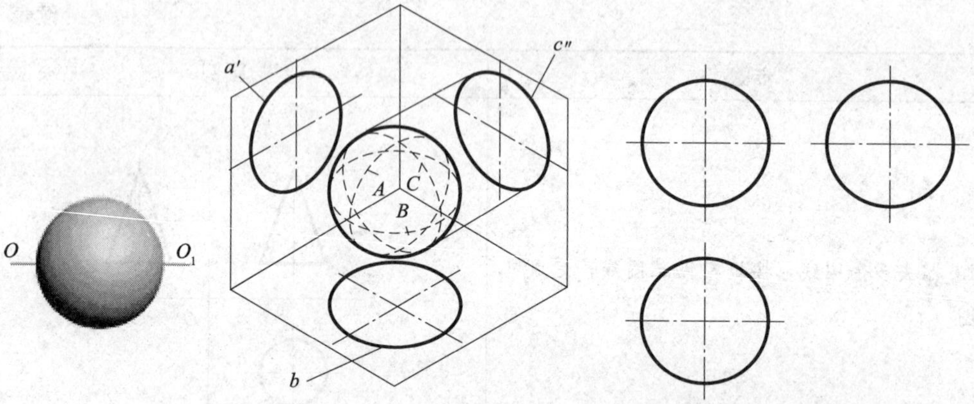

图 1—4—15　球的三面投影

1）球的主视图表示前、后半球的转向轮廓线（即 A 圆的投影）。

2）俯视图表示上、下半球的转向轮廓线（即 B 圆的投影）。

3）左视图表示左、右半球的转向轮廓线（即 C 圆的投影）。

提示：球的视图特点：三个视图均为圆。

教学互动

1. 试画出直径为 12 mm、高为 18 mm 的半圆柱的三视图。

2. 试画出直径为 12 mm 的圆的三视图并标注尺寸。注意：球的尺寸只需要标注球的直径（小于半球的球体标注半径）。国家标准规定，在球的尺寸数字前加注“$S\phi$”或“SR”。

模块二

绘制组合体的三视图

课题一　截交线和相贯线

学习目标

- 了解截交线和相贯线的形成。
- 掌握截交线和相贯线的性质。
- 掌握截交线和相贯线的绘图方法及步骤。
- 能够正确绘制截交线和相贯线。

想一想

在生产实际中，经常会看到平面立体或回转体的结构，如图 2—1—1 所示。但是这些立体常常不是完整的，而是在基本立体的基础上切掉一部分，这样的结构在投射时有什么性质，又该怎样绘制它们的投影呢？

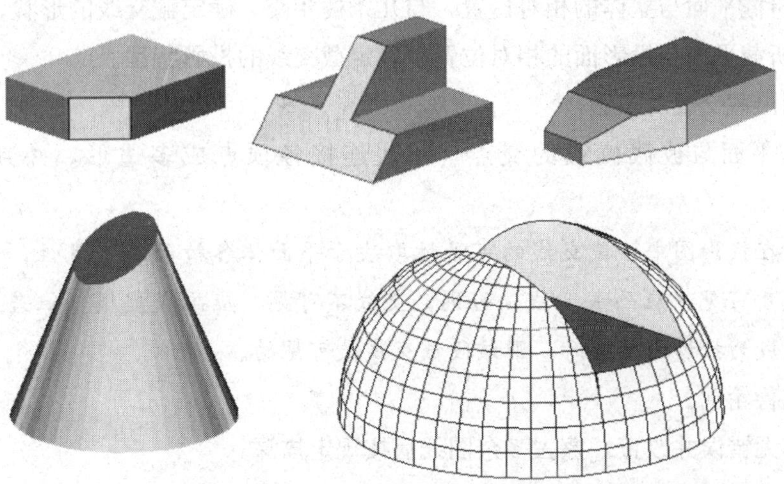

图 2—1—1　截切体

一、平面立体的截交线

1. 截交线

在实际中，一些机件常常是由一个几何体被一个和几个平面截切后得到的。截切后的形体称为截切体，截切几何体的平面称为截平面，截切后在几何体上所形成的平面图形称为截断面，在立体表面上所产生的交线称为截交线，如图 2—1—2 所示。

2. 平面体截交线的性质

从图 2—1—1 可以得到平面体截交线的性质：

（1）截交线是截平面与平面体表面的共有线。

（2）平面体的截断面一定是封闭的多边形。

（3）截交线的形状与截平面的位置、数量及与形体各表面相交情况有关。

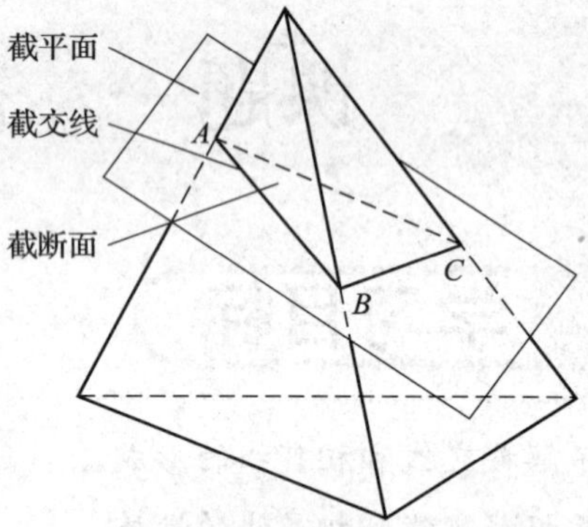

图 2—1—2 截切体的形成过程

因为平面立体的截断面一定是一封闭的多边形，截断面的各顶点一定是截平面与平面立体被截各棱的交点，也就是说立体被截断几条棱，那么截断面就是几边形。因此，求平面立体的截交线，其实质就是求截平面与立体上被截各棱的交点，然后依次连接而得。

3. 绘制平面体截交线的步骤

（1）空间及投影分析

1）分析截平面与立体的相对位置，与几条棱相交，确定截交线的形状。

2）分析截平面与投影面的相对位置，确定截交线的投影特性。

（2）画出截交线的投影

求出截平面与被截棱线的交点，依次连接各顶点成多边形，并判断其可见性。

提示： 在投影图中，截交线的可见性取决于平面体各棱面的可见性，位于可见棱面上的交线才可见，应画成实线；否则，交线不可见，应画成虚线。但若立体被截断后，截交线成为投影轮廓线时，则该段截交线是可见的。

（3）完善轮廓

检查有无错误并改正，擦去多余图线后按规定描深。

工程应用

补画图 2—1—3 所示正四棱锥被正垂面截切的俯视图和左视图。

通过分析可知，因截平面截断了四条侧棱，截平面和四棱锥的四条棱边都相交，截断面应是四边形，有四个顶点，如图 2—1—4 所示。

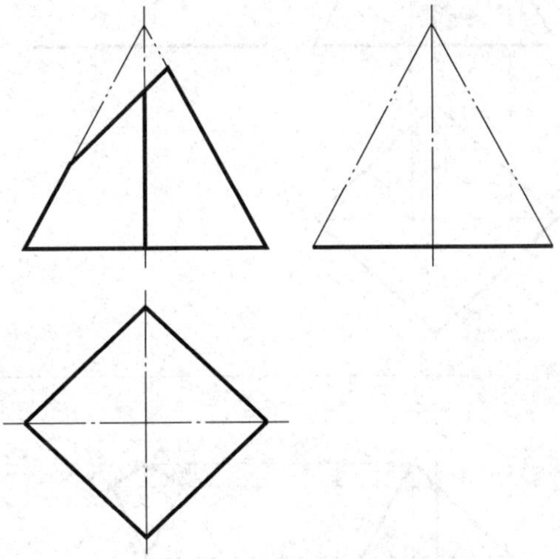

图 2—1—3　正四棱锥截切视图

图 2—1—4　正四棱锥截切体

补画图 2—1—3 中俯视图和左视图的具体作图步骤见表 2—1—1。

表 2—1—1　　**正四棱锥截交线绘图步骤**

步骤	图例
1. 因截断面的各顶点位于被截各侧棱上，故其投影必在各侧棱的同面投影上	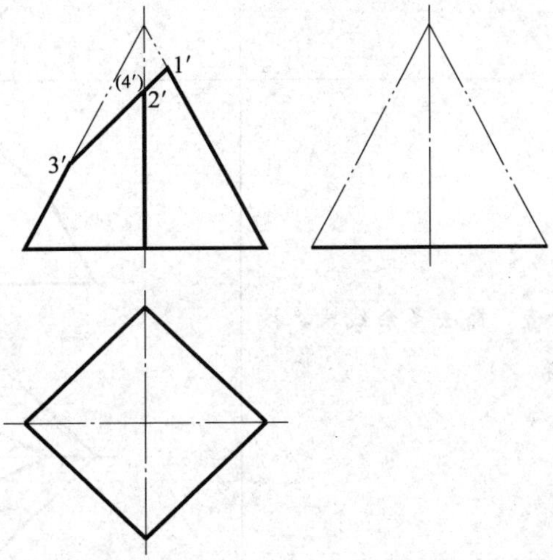

续表

步骤	图例
2．按投影规律，求出各棱线与截平面的交点	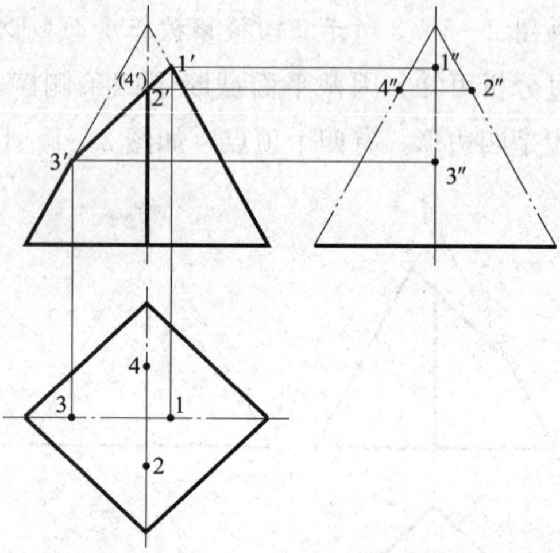
3．连接各顶点，得到截交线，分析各截交线的可见性	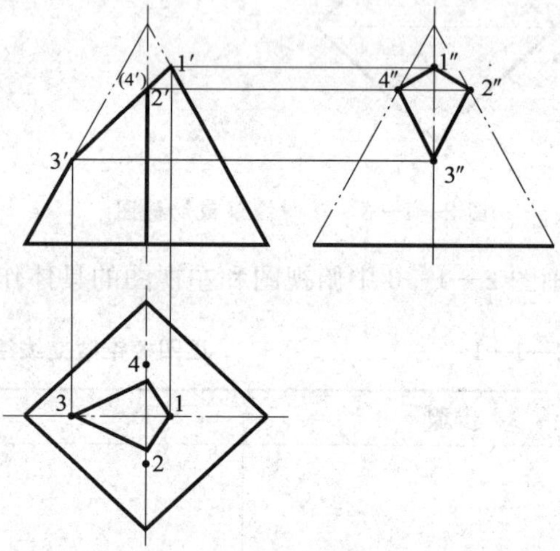
4．检查，擦去多余线段，按规定描深	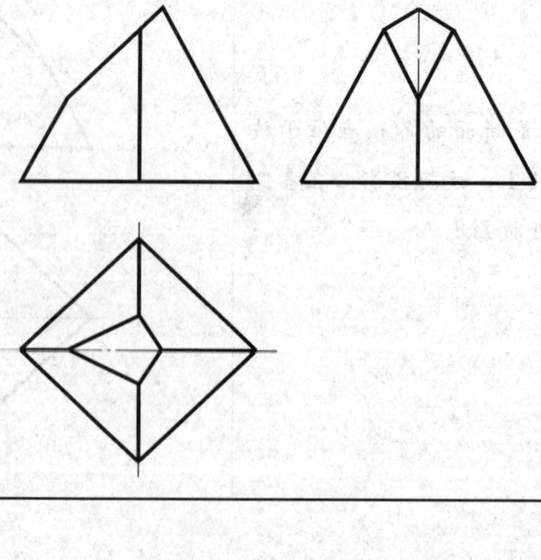

教学互动

试作出下图所示六棱柱被平面截切后的俯视图。

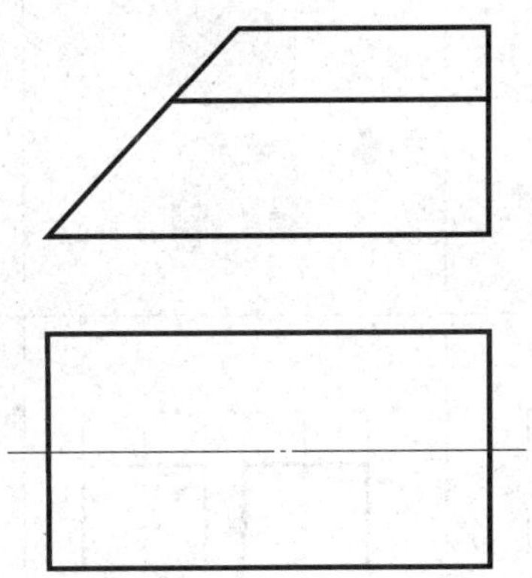

想一想

观察图 2—1—5，可见当平面截切回转体时，其截交线的形状并不都是直线或圆，对于这样的情况应该怎么处理呢？

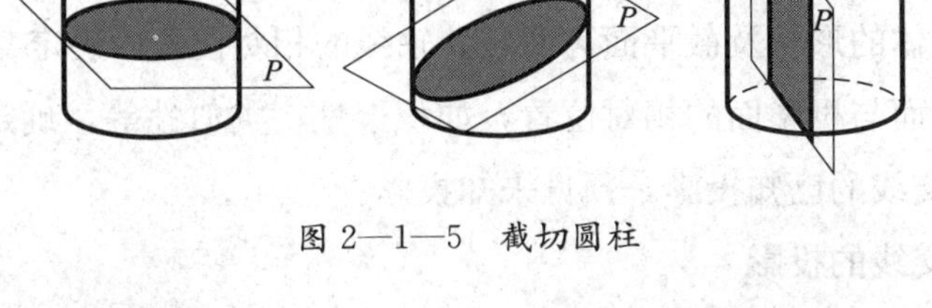

图 2—1—5　截切圆柱

二、回转体的截交线

根据截平面与圆柱轴线的相对位置不同，其截交线有三种不同的形状，见表 2—1—2。

表 2—1—2　　　　　　　　　　圆柱的截交线

截平面位置	平行于轴线	垂直于轴线	倾斜于轴线
立体图	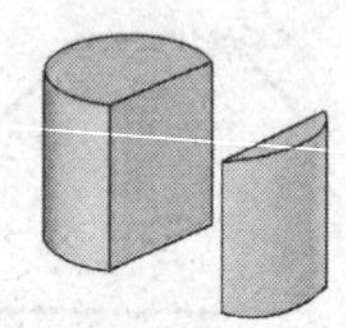	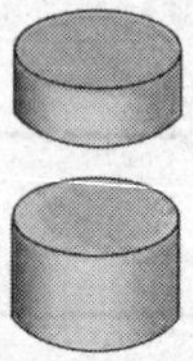	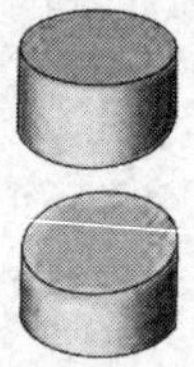
投影图	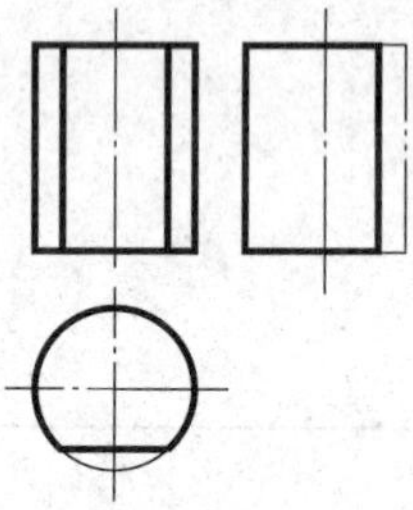	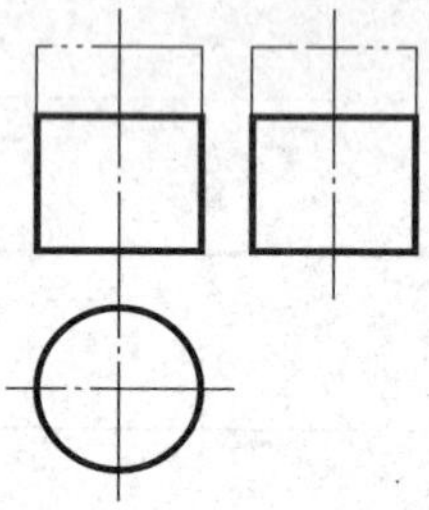	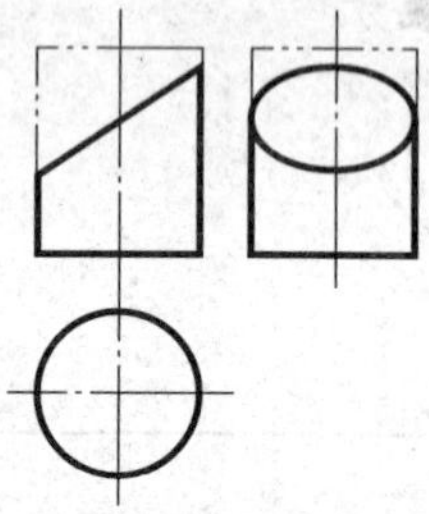
截交线形状	矩形	圆	椭圆

1．回转体截交线的性质

总结表 2—1—2，可以得到回转体截交线的性质。

（1）截交线是截平面与回转体表面的共有线。

（2）截交线的形状取决于回转体表面的形状及截平面与回转体轴线的相对位置。

（3）截交线围成封闭的平面图形（封闭曲线或由直线和曲线围成）。

2．绘制回转体截交线的步骤

（1）空间及投影分析

1）分析回转体的形状及截平面与回转体轴线的相对位置，确定截交线的形状。

2）分析截平面与投影面的相对位置，如积聚性、类似性等，确定截交线的投影特性，并且找出截交线的已知投影，预见未知投影。

（2）画出截交线的投影

如果截交线的投影为直线或圆，作图方法和前述平面立体一样，如果是非圆曲线时，其作图步骤如下：

1）先找出截交线上特殊点（如转向轮廓线上的点及最高点、最低点、最左点、最右点、最前点、最后点等）的投影。

2）补充截交线上一般点的投影。

3）光滑连接各点，并判断截交线的可见性。

（3）完善轮廓

检查有无错误并改正，擦去多余图线后按规定描深。

工程应用

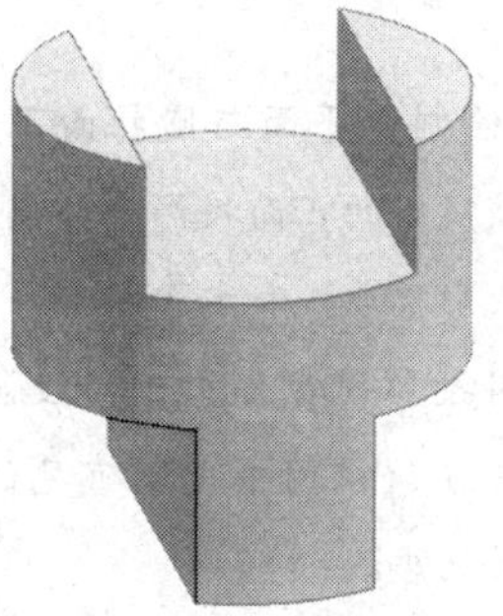

图 2—1—6　万向节

求作图 2—1—6 所示万向节的三视图。

圆柱下部有左右对称的切口，上部中间开有凹槽，凹槽、切口的各个侧面与圆柱轴线平行或垂直，它们与圆柱面的相交线为直线或平行于底面的圆弧。

万向节三视图的作图步骤见表 2—1—3。

表 2—1—3　　万向节三视图的作图步骤

方法和步骤	图例
1. 绘制圆柱的三视图 2. 先绘制出侧平面与圆柱面开槽部分截交线的正面投影（与侧平面的投影重合）和水平投影，然后利用投影规律作出侧面投影	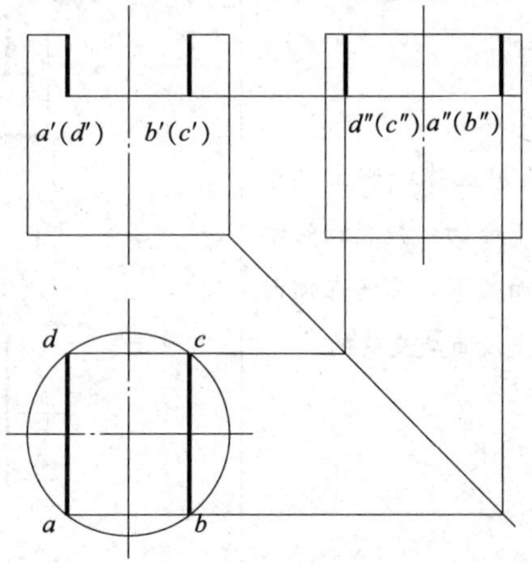
3. 先作出水平面与圆柱面开槽部分截交线（垂直于圆柱体的轴线）的水平投影和侧面投影，然后将其被圆柱面遮挡的部分画成细虚线，两端可见部分画成粗实线	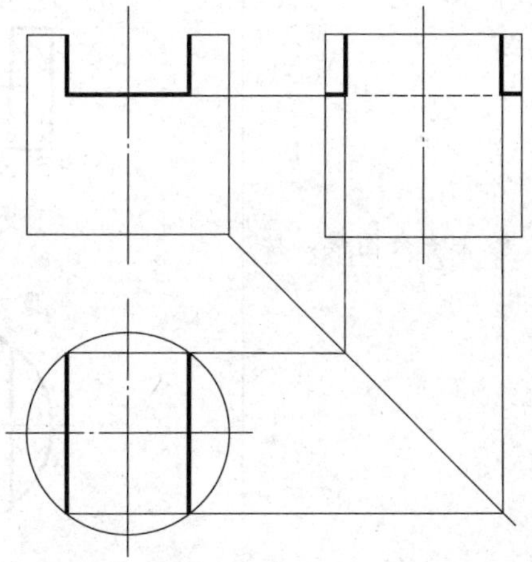

续表

方法和步骤	图例
4. 绘制侧平面与圆柱面下部切口截交线的正面投影（与侧平面的投影重合）和水平投影，然后利用投影规律作出侧面投影，注意其在俯视图中是不可见的，应画成细虚线	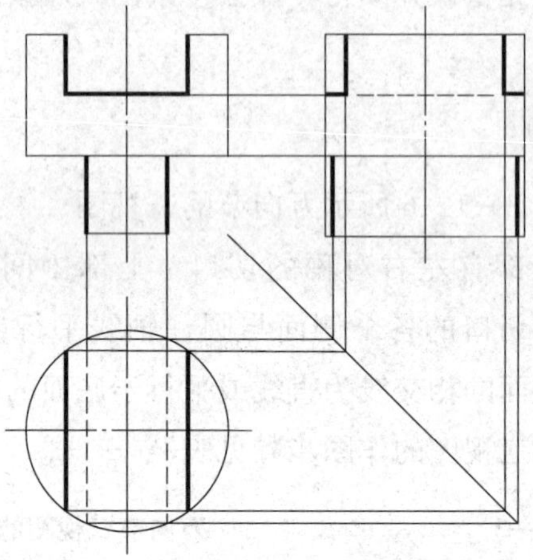
5. 利用投影规律绘制出水平面与圆柱面下部切口截交线的水平投影和侧面投影，注意在侧面投影中两侧是没有截交线的	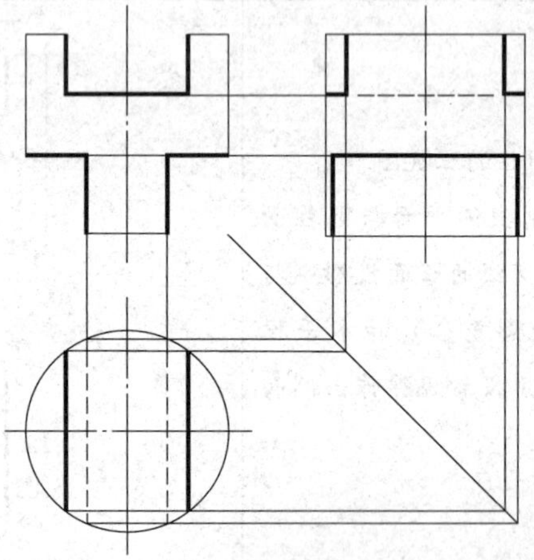
6. 检查，擦去多余图线，按规定描深	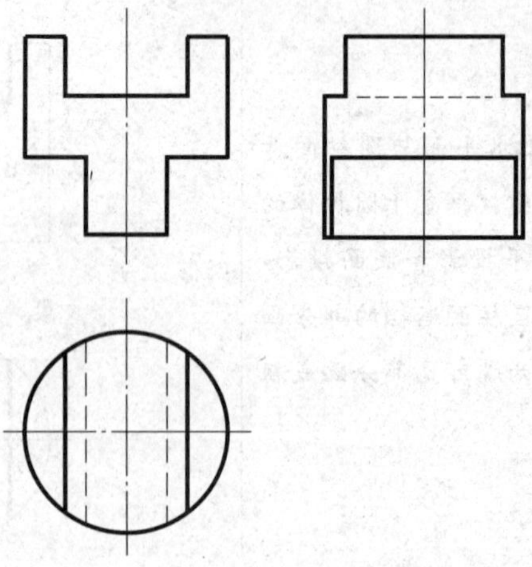

教学互动

作下图所示回转体的俯视图。

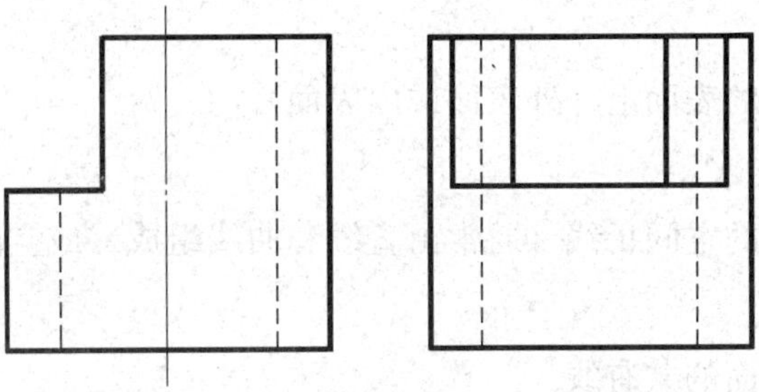

想一想

在生产实际中，同样会经常看到两个立体相交组合在一起的结构，如图 2—1—7 所示，这样的结构在投影时有什么性质，又该怎么画它们的投影呢?

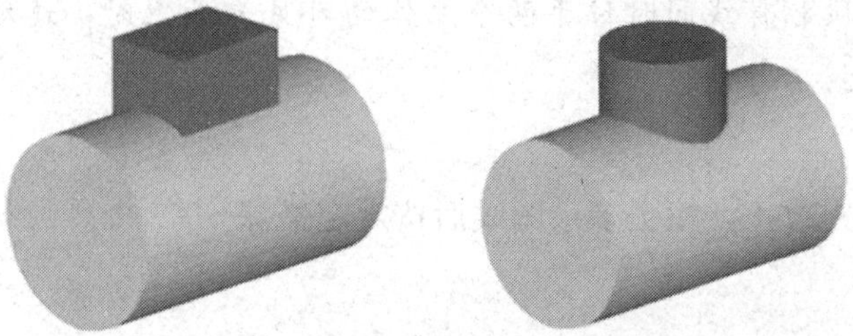

图 2—1—7　相贯体

三、相贯线

1．相贯线的概念

物体的形状通常是由多个基本立体通过不同的方式组合而成的。组合时常会产生两立体相交的情况，两立体相交又称两立体相贯。立体相贯时在立体表面形成的交线称为相贯线，而相交的两立体称为相贯体。

2．相贯线的性质

（1）表面性

相贯线位于两立体的表面上（外表面或内表面）。

（2）封闭性

相贯线一般是封闭的空间折线（通常由直线和曲线组成）或空间曲线。

（3）共有性

相贯线是两立体表面的共有线。

（4）空间性

相贯线一般是空间曲线，有时也为平面曲线或直线。

3．相贯线的作图步骤

（1）空间及投影分析

1）分析相贯体的形状及相贯体相交的位置，确定相贯线的形状。

2）分析相贯线与投影面的相对位置，确定相贯线的投影特性。

（2）画出相贯线的投影

求作两曲面立体相贯线的投影时，一般是先作出两曲面立体表面上一些共有点的投影，再连成相贯线的投影。其作图步骤如下：

1）先找出相贯线上的特殊点（如转向轮廓线上的点及最高点、最低点、最左点、最右点、最前点、最后点等）的投影。

2）补充相贯线上一般点的投影。

3）光滑连接各点，并判断相贯线的可见性。

提示：只有一段相贯线同时位于两个立体的可见表面上时，这段相贯线的投影才是可见的；否则，就不可见。

（3）完善轮廓

检查有无错误并改正，擦去多余图线后按规定描深。

工程应用

图 2—1—8 所示为两圆柱相贯，两圆柱直径不同，其中水平圆柱较细，两圆柱的轴线垂直相交。求作三视图。

如图 2—1—8 所示，两圆柱正交相贯，其相贯线是一条空间曲线。大圆柱的轴线垂直于水平投影面，所以大圆柱的水平投影为圆。因为相贯线是两立体表面的共有线，那么相贯线在水平投影面上的投影就重合在大圆柱的水平投影圆上。同样分析可知，相贯线的侧面投影应该在小圆柱的侧面投影圆上。正面投影反映了相贯线的实形，具体绘图步骤见表 2—1—4。

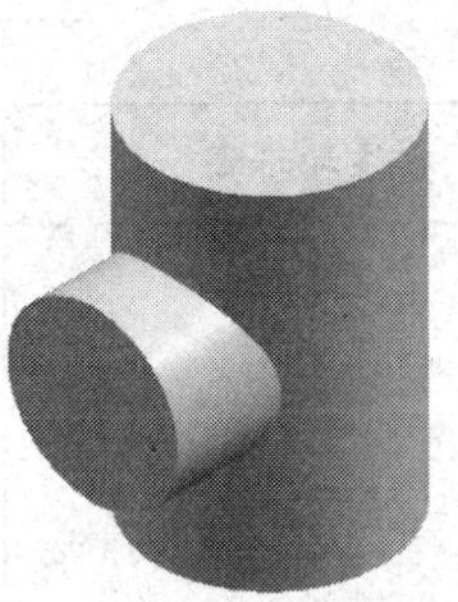

图 2—1—8　两圆柱正交相贯

表 2—1—4　　**两圆柱正交相贯的绘图步骤**

方法和步骤	图例
1. 绘制两圆柱的三视图 2. 绘制相贯线上的最高点 4、最低点 2、最前点 3、最后点 1 四个特殊点的投影	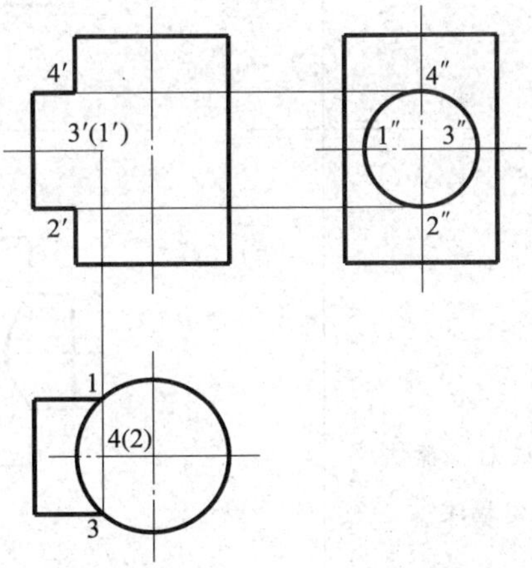
3. 在左视图上绘制一般点 5、6、7、8 的侧面投影，利用点的投影规律绘制出其在俯视图和主视图中相应的投影	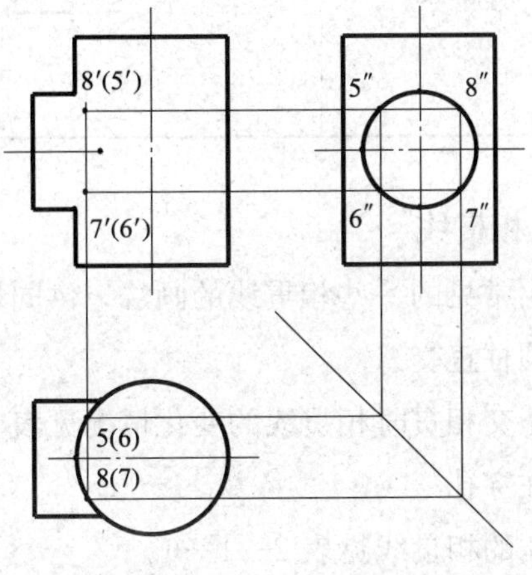

续表

方法和步骤	图例
4. 光滑连接各点	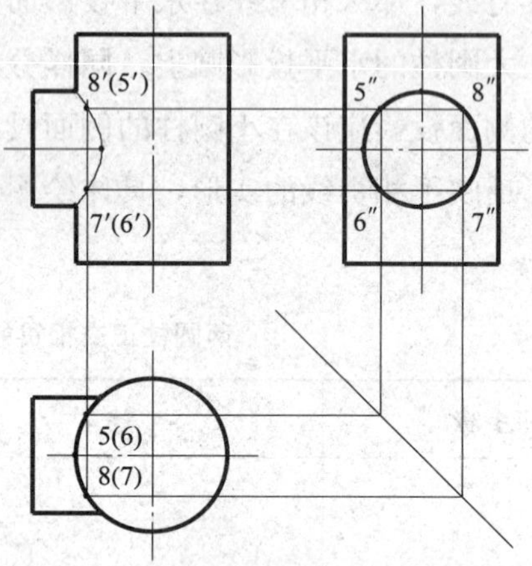
5. 检查无误后，擦去多余图线，按规定描深	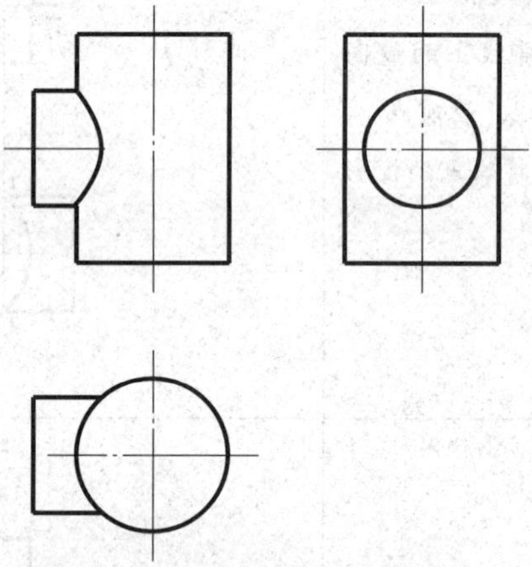

4．常见相贯线

下面给出常见的一些相贯线的画法，供同学们作图时参考。

（1）两圆柱正交

两圆柱正交相贯时相贯线的变化情况见表 2—1—5。

（2）圆柱穿孔

圆柱穿孔的相贯线见表 2—1—6。

表 2—1—5　两圆柱正交的相贯线

尺寸变化	水平圆柱较小	相等	水平圆柱较大
立体图			
三视图	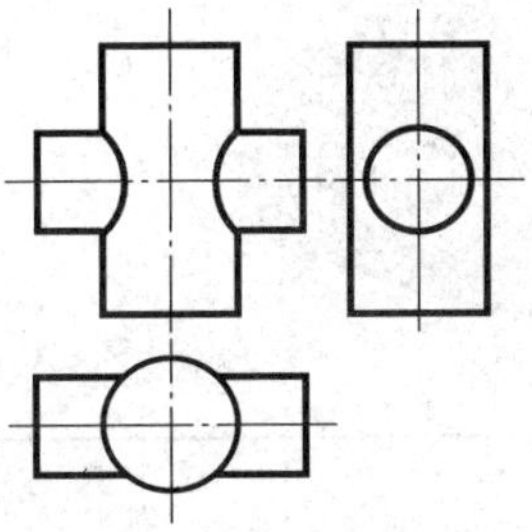	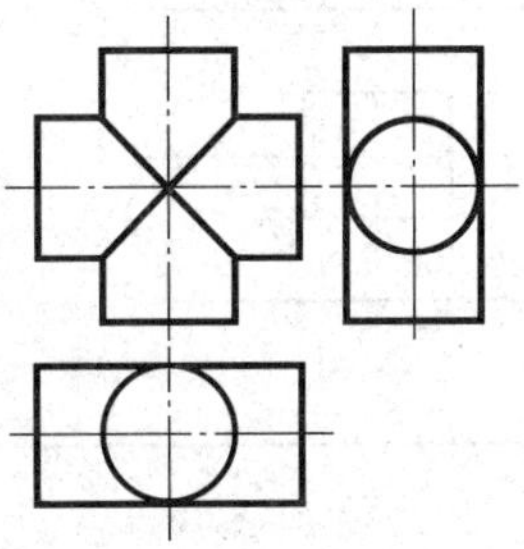	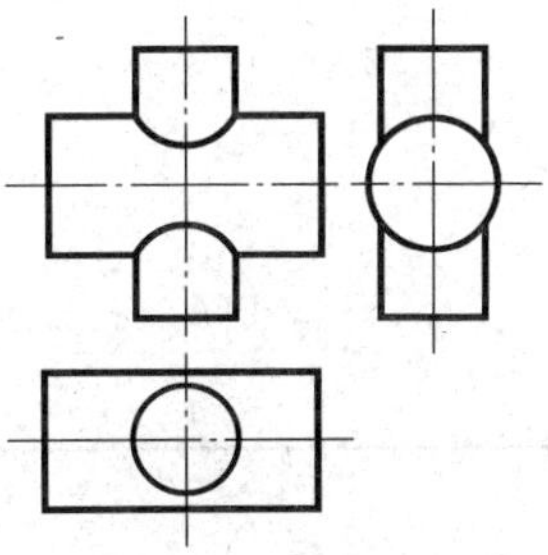
相贯线	左右两条空间曲线	两个互相垂直的椭圆	上下两条空间曲线

表 2—1—6　圆柱穿孔的相贯线

形式	轴上圆柱孔	不等径圆柱孔	等径圆柱孔
立体图			
三视图	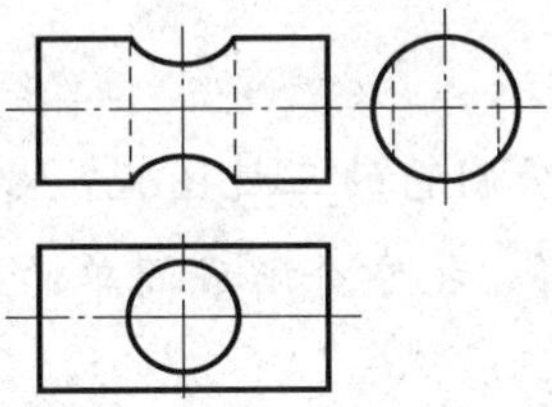	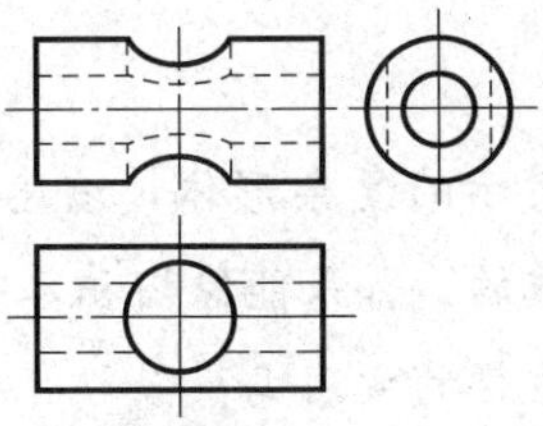	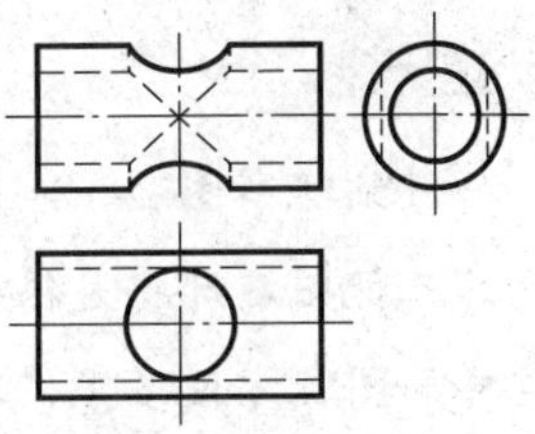

教学互动

当平面立体与回转体相贯时，其相贯线为封闭的空间折线。把平面立体的棱面与圆柱面的交线依次连接起来就能得到其相贯线，试补充完整下图的主视图。

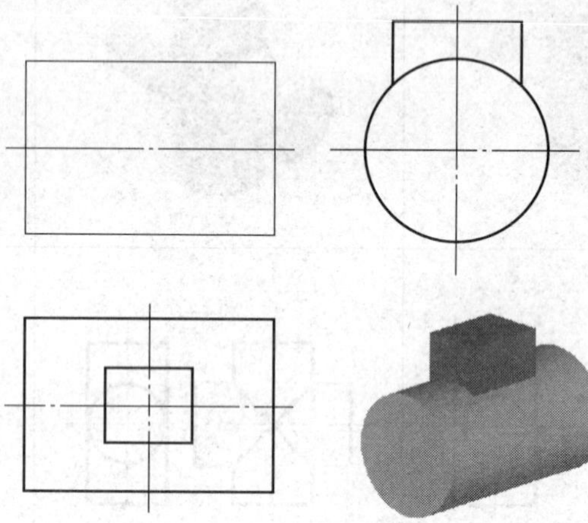

课题二　组合体的三视图

学习目标

◆ 了解组合体的组合方式。
◆ 了解形体之间的过渡方式。
◆ 掌握组合体的绘图步骤及注意事项。
◆ 能够正确绘制组合体的三视图。

想一想

仔细观察图 2—2—1 所示的复杂形体，该怎么绘制它的三视图呢？如果直接绘制它的三视图，那将是很困难的。如果能像搭积木一样，把它分解成简单的基本几何体，这样画图就方便多了，有这样的方法吗？

任何复杂的物体都可以看成是由若干个基本几何体组合而成的。这种由基本几何体叠加或切割而成的复杂形体称为组合体。组合体是由机械零件抽象出的一种几何模型。

图 2—2—1　复杂形体

一、组合体的组合形式

组合体的常见组合形式有叠加、切割，一般较复杂的机械零件往往由叠加和切割两种方式综合而成。

1．叠加类组合体

叠加类组合体是由若干简单几何形体按照一定的相对位置叠加而成的，如图 2—2—2 所示。

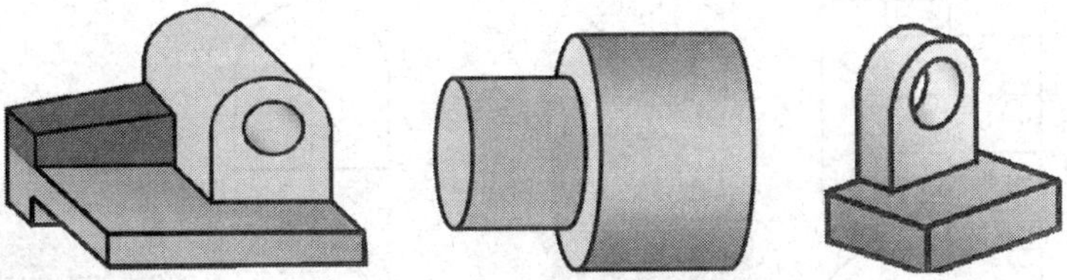

图 2—2—2　叠加类组合体

2．切割类组合体

切割类组合体是由一个基本几何形体切割而成的复杂形体，如图 2—2—3 所示。

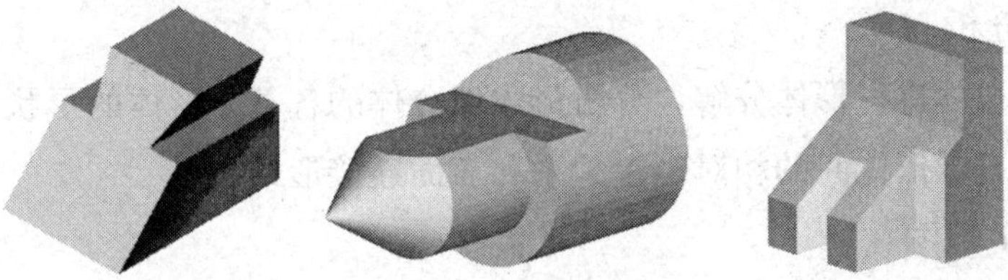

图 2—2—3　切割类组合体

二、形体之间表面的过渡方式

由基本几何体组合在一起后，形体表面之间的过渡关系如下：

1．平齐过渡

两个几何体以平面光滑过渡称为平齐过渡，此时两个几何体表面共面，垂直投影为一条直线，水平投影分界处无线，如图 2—2—4a 所示；而当两个几何体不平齐时，垂直投影为两条直线，水平投影分界处有线，如图 2—2—4b 所示。

2．相交过渡

两个几何体相交，其表面产生相贯线，具体作图方法见模块二课题一。

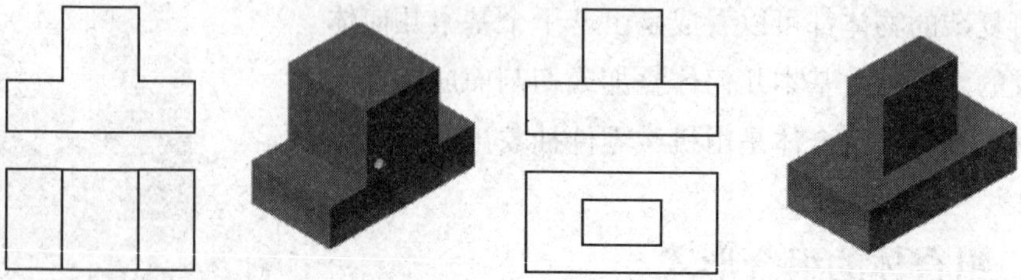

a）　　　　　　　　　　　　b）

图 2—2—4　平齐过渡

3．相切过渡

两个几何体连接时具有相切平滑过渡的表面，称为相切过渡。此时相切处不应画图线，如图 2—2—5 所示。

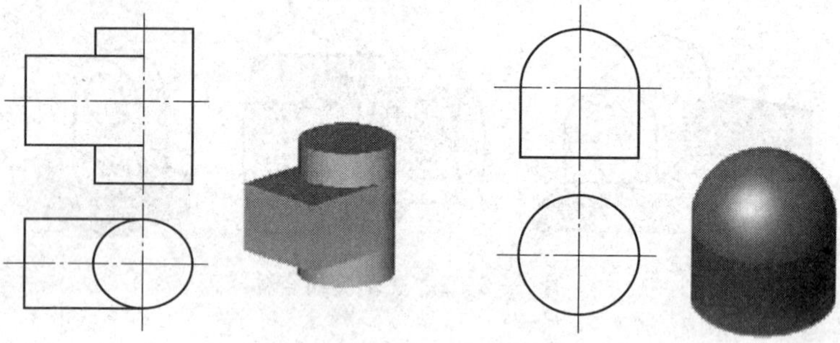

图 2—2—5　相切过渡

三、组合体的画图步骤

1．形体分析

（1）对组合体进行形体分解，分析形成组合体的各基本形体的形状。

（2）分析基本形体间的相对位置关系和表面连接形式。

2．确定主视图

主视图是最重要的视图，确定主视图是画三视图的关键。具体确定原则如下：

（1）应选择最能表达组合体形状特征的投射方向作为主视图的投射方向。

（2）将物体放正，并且尽量使形体上主要的表面平行或垂直于某一投影面。

（3）使主视图和其他视图中的虚线尽量少。

3．选比例，定图幅

尽量选用 1∶1 的比例，这样既便于直接估量组合体的大小，也便于画图。

4．布置视图，画基准线

（1）根据组合体的总长、总宽、总高确定各视图在图框中的具体位置，使三视图分布均匀，并要在视图之间留出标注尺寸的位置和适当的间距。

（2）画出各视图的对称中心线、轴线及重要的端面和底面等。

5．画底稿

根据各基本形体的形状，逐个画出每一个基本形体的三视图。当画出两个或多个基本形体时，就应考虑它们之间的相对位置，以及各形体表面间平齐、相交、相切的相互位置关系，对已画视图做必要的修改（主要考虑：基本形体之间是否相互遮挡？是否产生了多余的图线？是否产生了交线）。

6．检查，描深

改正底稿中的错误，并按规定线型描深图线。

四、绘制组合体视图时的注意事项

1. 一般先画较大的、主要的组成部分，再画其他部分；先画主要轮廓，再画细节；先画可见部分，再画不可见部分；先画反映真实形状的表面和具有积聚性的表面，再画其他表面。

2. 画每一个基本几何体时，先从反映实形或有特征的视图（椭圆、三角形、六角形）开始，再按投影关系画出其他视图。对于回转体，先画出轴线，再画轮廓线。

3. 画图过程中，应按“长对正、高平齐、宽相等”的投影规律，几个视图对应着画，以保持正确的投影关系。

五、绘制叠加类组合体视图

根据组合体的形状，将其分解成若干基本形体，并了解它们之间的组合形式和形体间相互位置关系，然后逐个按形体进行作图的方法称为形体分析法。组合体画图的主要方法就是形体分析法。

工程应用

试绘制图 2—2—6 所示轴承座毛坯的三视图。

图 2—2—6　轴承座毛坯

1．形体分析

轴承座毛坯由长方形底板Ⅰ、半圆端竖板Ⅱ和三角形肋板Ⅲ三个基本部分组成。每部分的外形和三视图见表 2—2—1。

表 2—2—1　　轴承座毛坯的形体分析

组成形体	外形	三视图
长方形底板Ⅰ		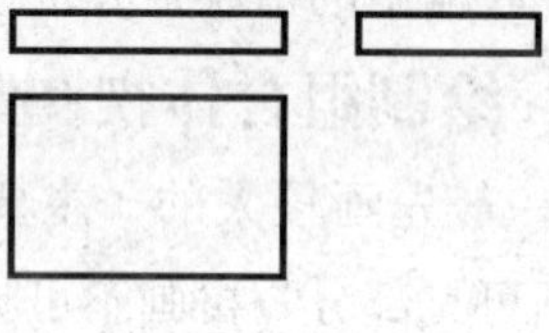
半圆端竖板Ⅱ		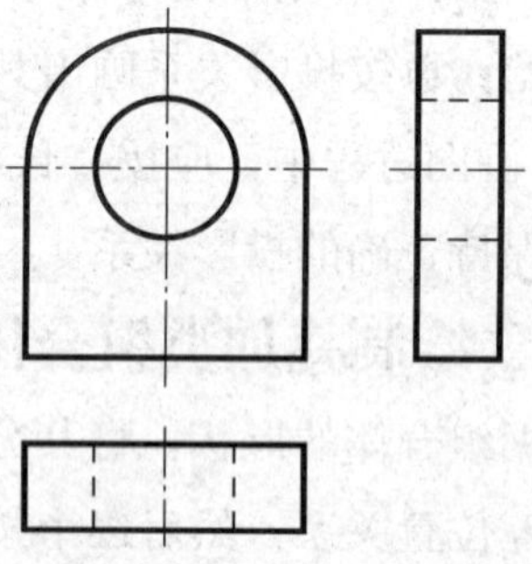
三角形肋板Ⅲ		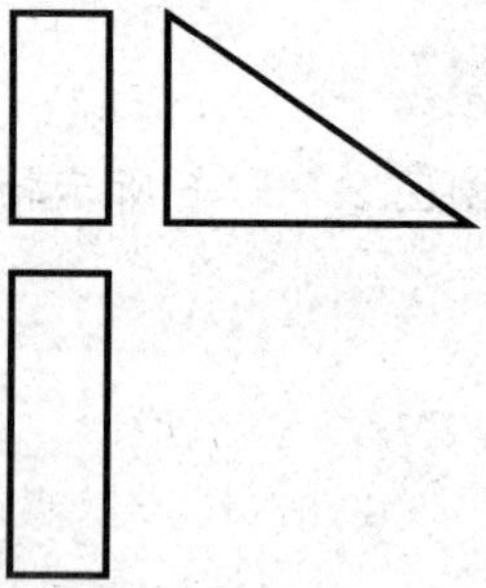

2．选择主视图

按照主视图的选择原则，选择底板水平放置，竖板平行于正投影面，肋板朝前放置。这样投射得到的主视图能够反映出轴承座毛坯的结构、形状和各基本形体之间的相对位置。

3. 作图步骤

如图 2—2—6 所示的轴承座毛坯三视图的具体绘图步骤见表 2—2—2。

表 2—2—2　　　　　　　轴承座毛坯三视图的绘图步骤

绘图方法和步骤	图例
1. 选择 1∶1 的比例，布置视图，画作图基准线	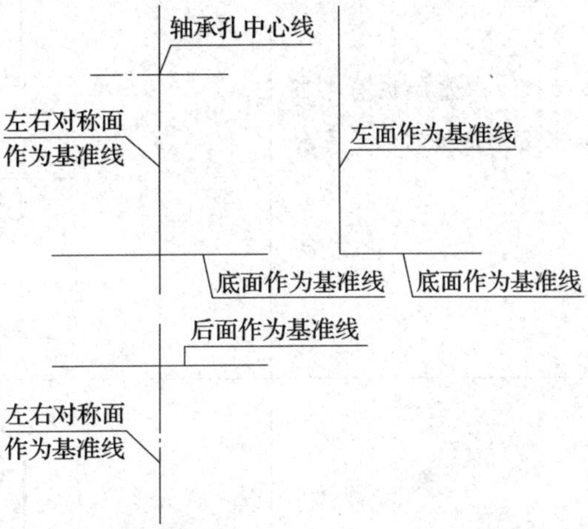
2. 画长方形底板。先画俯视图，再根据投影规律依次绘制其他视图	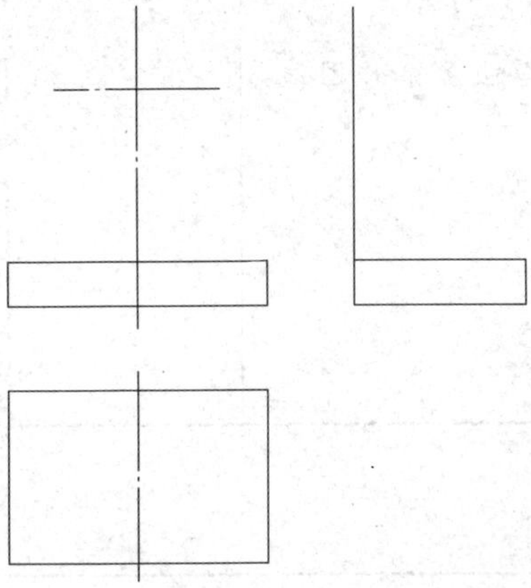
3. 画半圆端竖板。注意半圆端竖板和长方形底板的后表面平齐	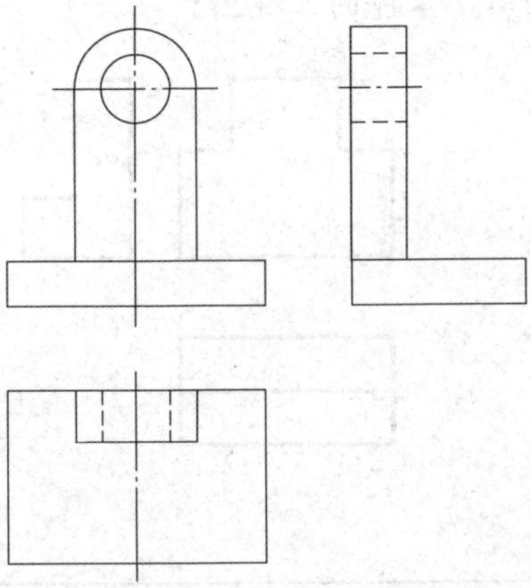

续表

绘图方法和步骤	图例
4. 画肋板。注意肋板与半圆端竖板和长方形底板的位置关系	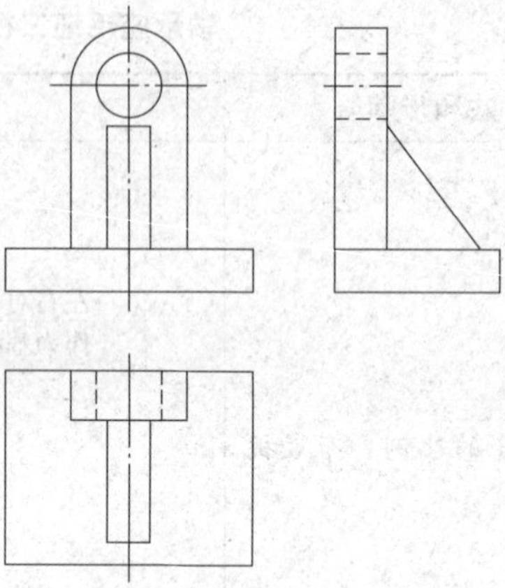
5. 校对，擦去多余作图线，按规定描深	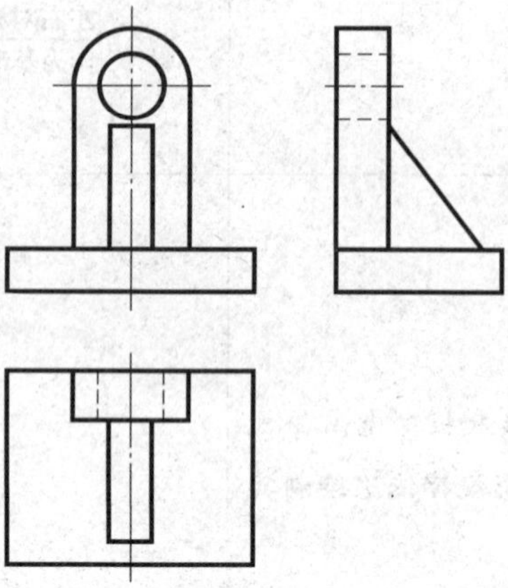

教学互动

补全下图所示零件的三视图。

六、绘制切割类组合体的三视图

在绘制切割类组合体的三视图时应从整体出发，把原形体看成是长方体或圆柱体等基本形体，然后按次序一块一块地切去多余的部分，最后得到所需要的形体。再利用“视图上的一个封闭线框一般情况下代表一个面的投影”的投影特性，对组合体主要表面的投影进行分析和检查。

工程应用

试绘制图 2—2—7 所示支架的三视图。

图 2—2—7　支架

1．形体分析

图 2—2—7 所示支架的切割过程见表 2—2—3。

表 2—2—3　　**支架的切割过程**

切割步骤	图例	切割步骤	图例
1. 原始形体为 L 形棱柱		3. 切去半圆柱	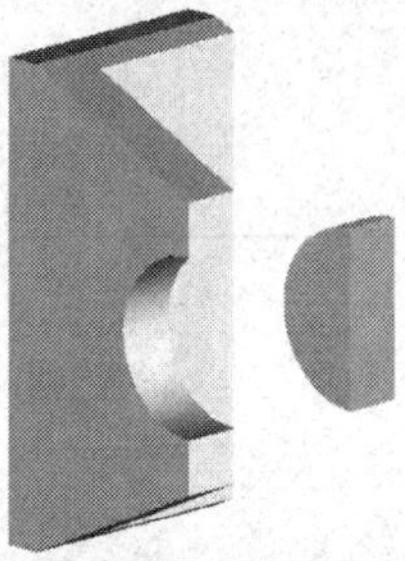
2. 切去左、右角		4. 切去梯形块	

续表

切割步骤	图例	切割步骤	图例
5. 切去两圆柱	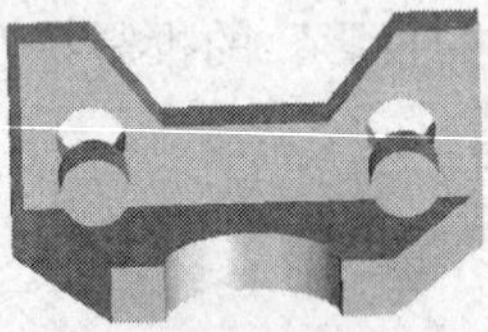		

2. 选择主视图

选择底板水平放置，竖板平行于正投影面的方向作为主视图的投射方向。

3. 作图步骤

支架的绘图步骤见表 2—2—4。

表 2—2—4　　支架的绘图步骤

方法和步骤	图例
1. 画 L 形棱柱三视图	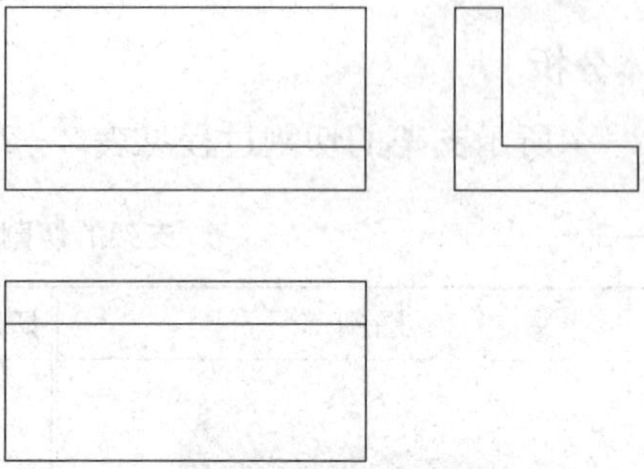
2. 切去左、右角	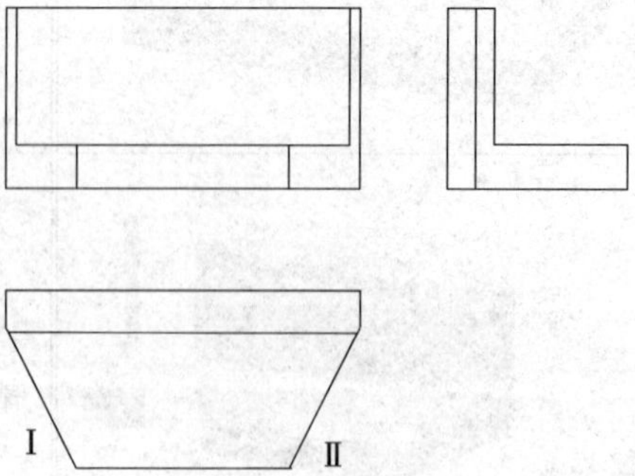

续表

方法和步骤	图例
3. 切去半圆柱	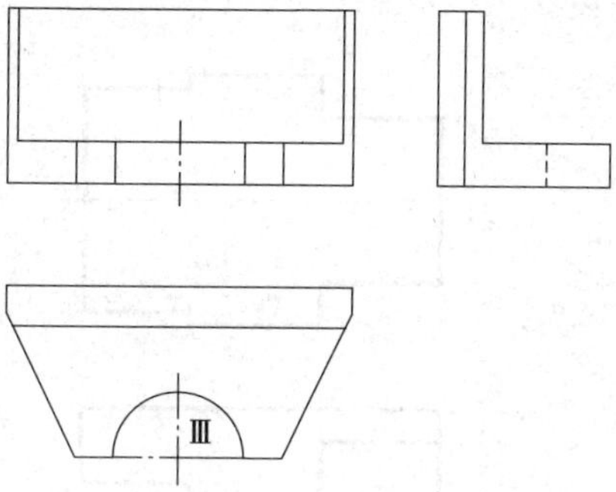
4. 切去梯形块	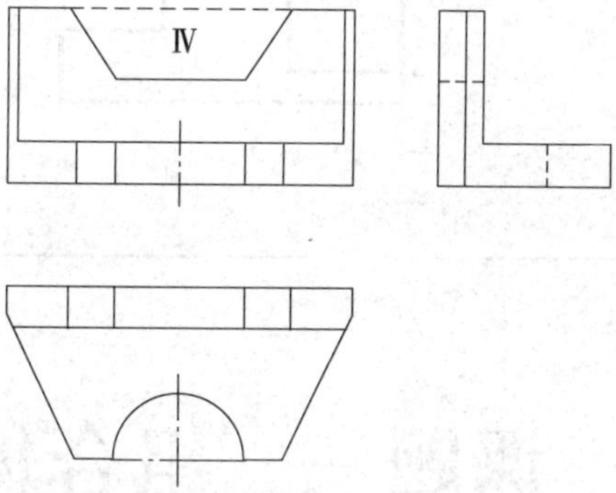
5. 切去两圆柱	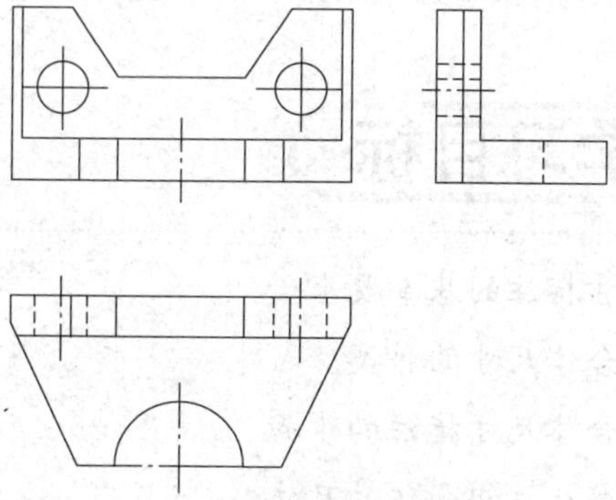
6. 检查，按规定描深	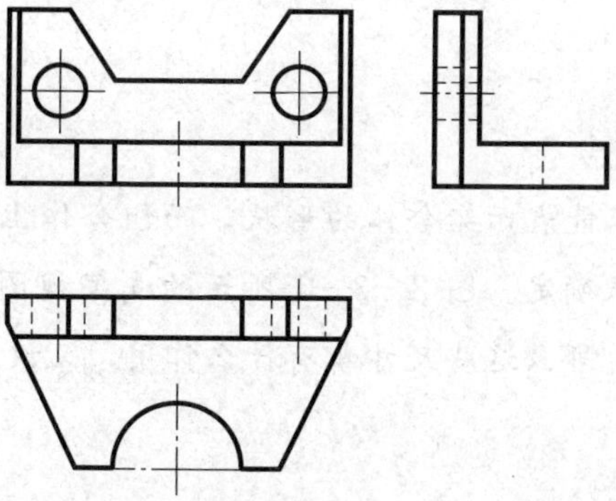

教学互动

补全下图所示形体的三视图。

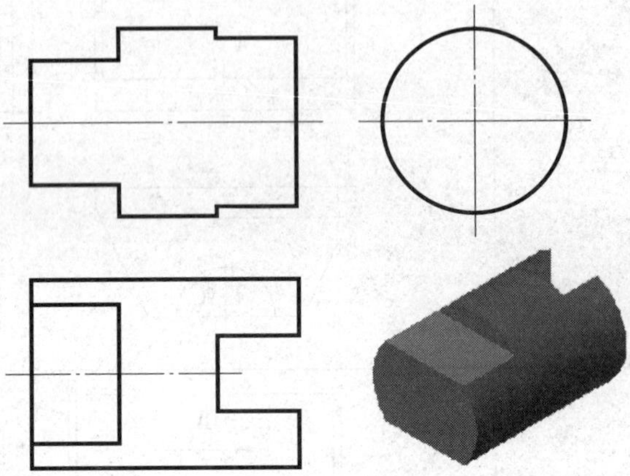

课题三　组合体的尺寸标注

学习目标

◆ 了解尺寸标注的基本要求。

◆ 掌握组合体尺寸的种类。

◆ 掌握组合体尺寸标注的步骤。

◆ 能够正确标注组合体的尺寸。

想一想

视图只能表示组合体的形状，而组合体上各形体的真实大小及准确的相对位置则要靠尺寸来确定。图 2—3—1 所示的支架视图中标注了尺寸，可以看出该支架的尺寸数量很多，那么这些尺寸都有什么作用，又该怎样标注组合体的尺寸呢？

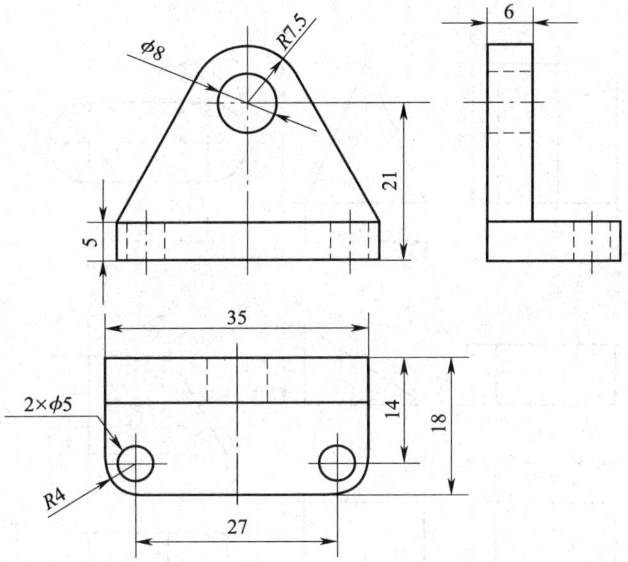

图 2—3—1　支架

一、尺寸标注的基本要求

1．正确

所注尺寸必须符合国家标准中有关尺寸注法的规定。

2．完整

所注尺寸必须把物体各部分的大小及相对位置完全确定下来，不能多，也不能遗漏。

3．清晰

尺寸布局要清晰恰当，既要方便看图，又要使图面清楚。

4．合理

尺寸标注应考虑设计与工艺上的要求。

二、尺寸的种类

1．定形尺寸

确定组合体中各个形体形状大小的尺寸称为定形尺寸。图 2—3—2 所示为常见基本形体定形尺寸的标注方法。

2．定位尺寸

确定组合体中各形体之间相对位置的尺寸称为定位尺寸。

3．尺寸基准

尺寸标注的起点称为尺寸基准。各形体的定位尺寸一般都应从相应方向的尺寸基准处开始标注。

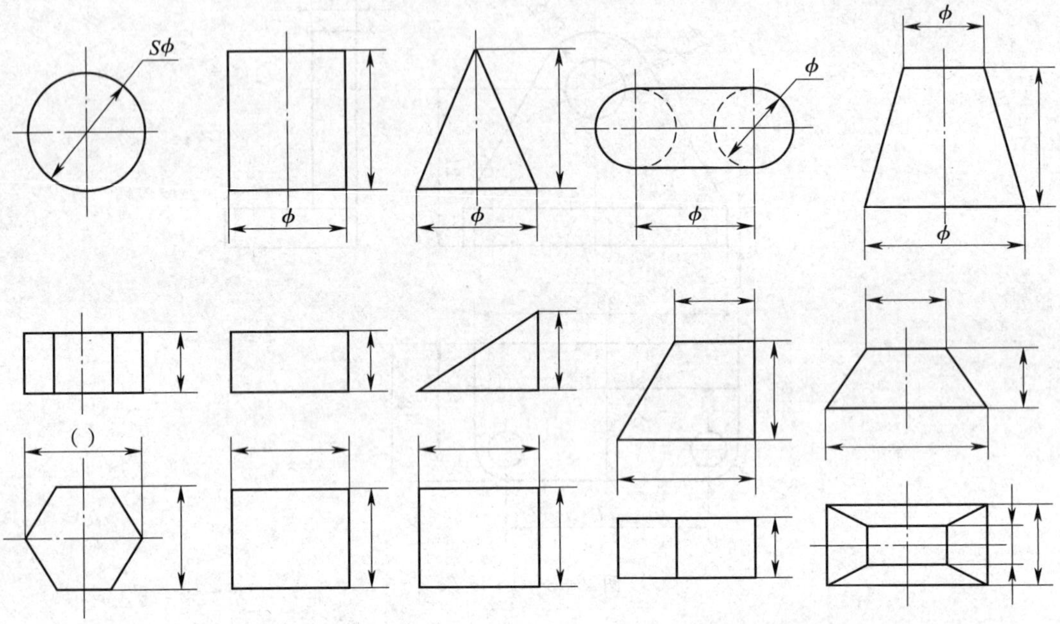

图 2—3—2　常见基本形体定形尺寸标注

提示： 通常以物体上的对称中心线、轴线、较大的平面或较长的轮廓线作为尺寸基准，如图 2—3—3 所示。

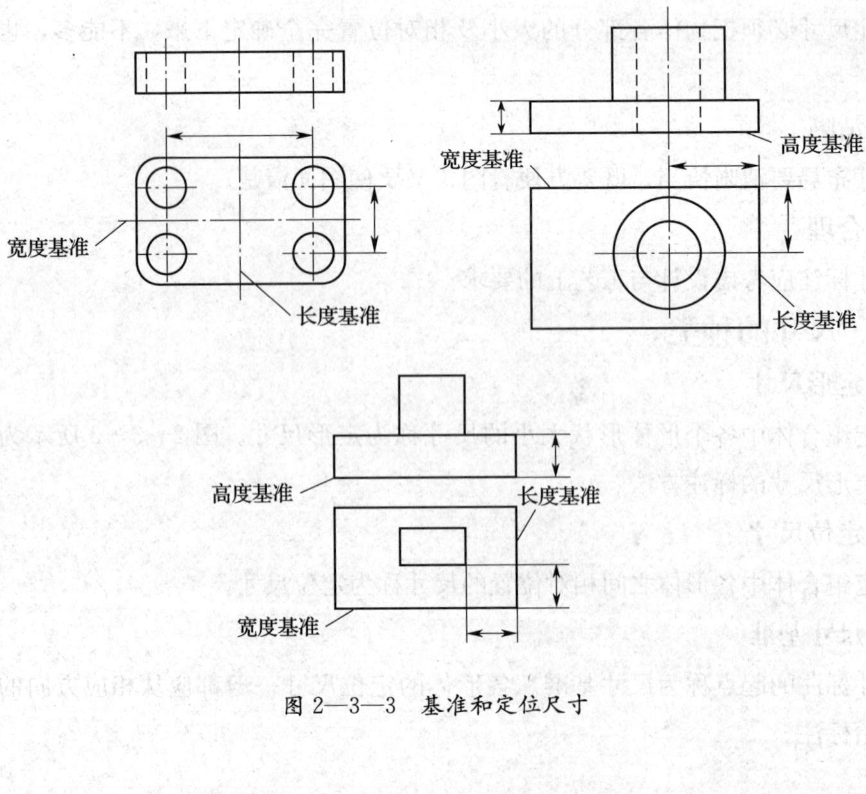

图 2—3—3　基准和定位尺寸

4. 总体尺寸

为了解组合体所占空间大小，一般需要标注组合体的外形尺寸，即总长、总宽和总高，这类尺寸称为总体尺寸。如图 2—3—1 中的“35”就是长度方向的总体尺寸。可以看到，有时各形体的尺寸就反映了组合体的总体尺寸，不必另外标注。否则，就需要对已标注的形体尺寸进行适当的调整，以免出现多余尺寸。

三、组合体尺寸清晰的要求

1. 尺寸应尽可能标注在形状特征最明显的视图上，半径尺寸应标注在反映圆弧的视图上，如图 2—3—1 中的半径 $R7.5$。要尽量避免从虚线或圆弧引出尺寸线。

2. 同一个基本形体的尺寸，应尽量集中标注。如图 2—3—1 俯视图中的 35 和 18。

3. 尺寸尽可能标注在视图外部，同方向连续的尺寸应共线，但为了避免尺寸界线过长或与其他图线相交，必要时也可注在视图内部。

4. 与两个视图有关的尺寸，尽可能标注在两个视图之间。如图 2—3—1 所示的主、俯视图间的 35 及主、左视图间的 21 和俯、左视图间的 14、18。

5. 尺寸布置要齐整，避免过分分散和杂乱。在标同一方向的尺寸时，应使小尺寸在内，大尺寸在外，以免尺寸线与尺寸界线相交，如图 2—3—1 俯视图中的 14、18。

6. 同心圆柱的尺寸尽量标注在非圆视图上。

7. 相贯线和截交线自然形成，不需标注尺寸。

8. 同轴回转体的尺寸尽量标注在反映轴线的视图上。

9. 尺寸线、尺寸界线、轮廓线之间尽量避免交叉。

四、组合体尺寸标注的步骤

1. 按照形体分析的方法将组合体分解为若干基本形体。

2. 选定尺寸基准。

3. 标注出各基本形体的定形尺寸。

4. 标注这些基本形体之间相对位置的定位尺寸。

5. 标注总体尺寸。

6. 按照尺寸标注的四个原则标准、完整、清晰、合理对标注的尺寸进行整理。

五、常见的尺寸标注

1. 常见薄板

图 2—3—4 列出几种常见薄板的尺寸注法，因为每块板在左（或右）方向都有回转面，所以各个板的总长尺寸都不必标注。

2. 具有斜截面或缺口的几何体

具有斜截面或缺口的几何体的尺寸标注如图 2—3—5 所示。

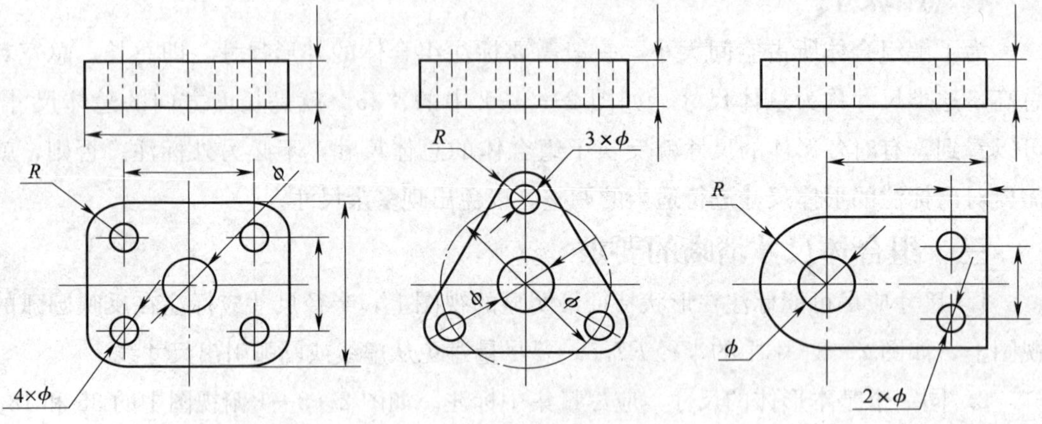

图 2—3—4　常见薄板的尺寸标注

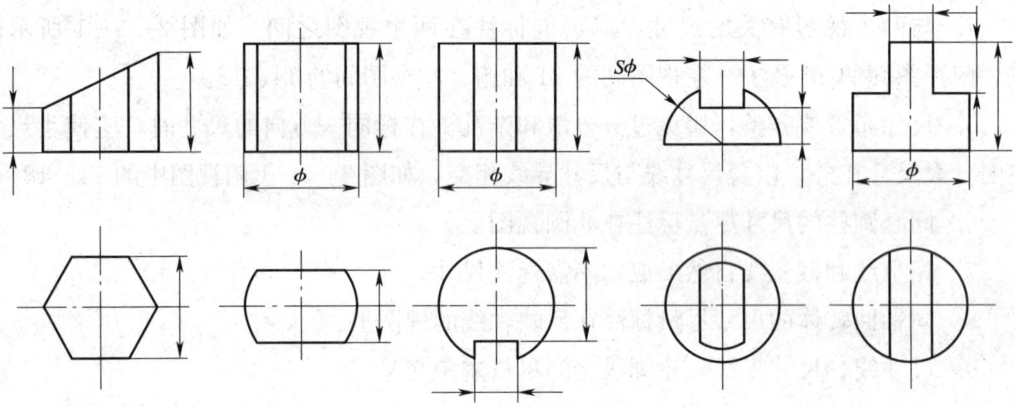

图 2—3—5　具有斜截面或缺口的几何体的尺寸标注

工程应用

标注如图 2—3—6 所示端盖组合体的几何尺寸。

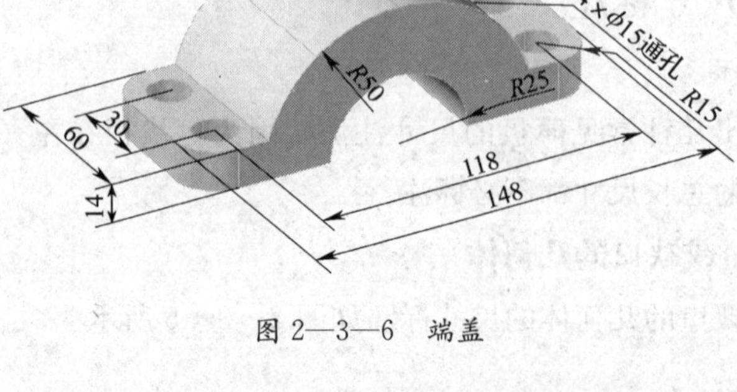

图 2—3—6　端盖

如图 2—3—6 所示端盖三视图的尺寸标注步骤见表 2—3—1。

表 2—3—1　　**轴承架三视图尺寸标注步骤**

步骤	图例
1. 绘制端盖三视图	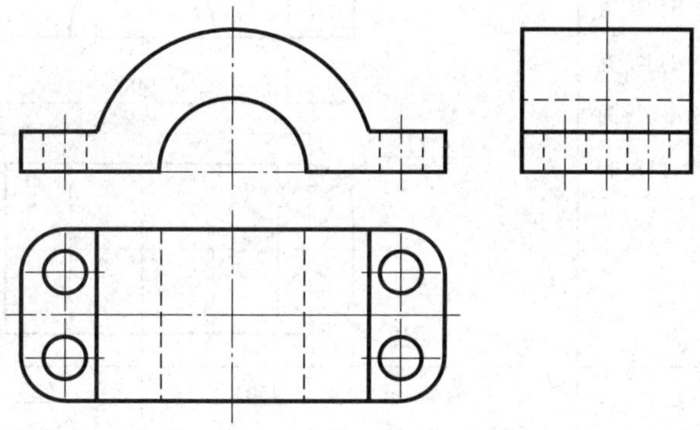
2. 选择尺寸基准。长度方向以左右对称面为基准，宽度方向以后端面面为基准，高度方向以底面为基准	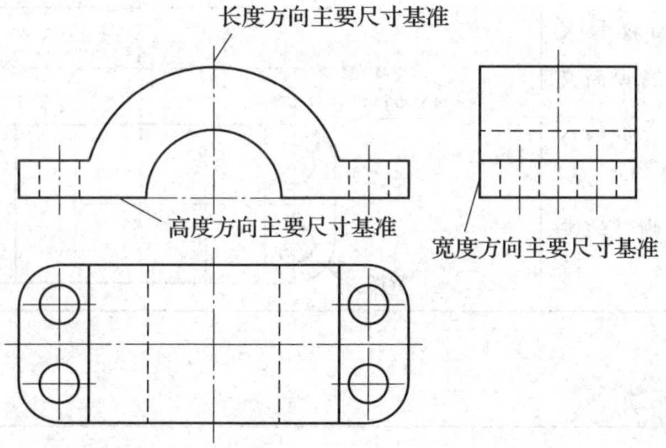
3. 标注底板。标注出底板的长 148，高 14，宽 60	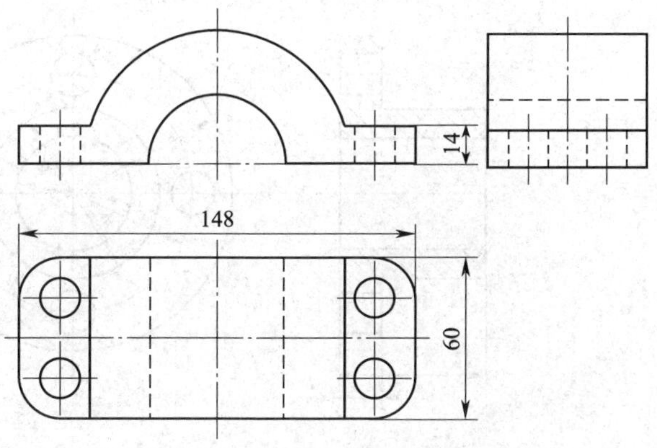

续表

步骤	图例
4. 标注倒圆角 $R15$，四个小圆直径 $\phi15$，四个小圆的定位尺寸 118 和 30	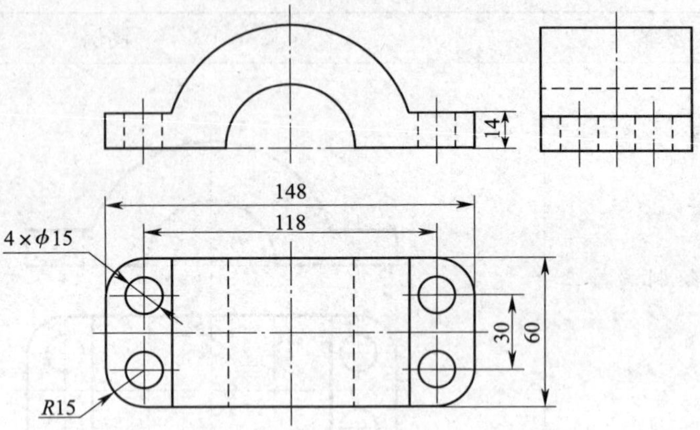
5. 标注半圆柱。标注小圆半径 $R25$，大圆半径 $R50$ 6. 全面校核尺寸，补全漏掉的尺寸，去掉多余的尺寸，达到“完整、正确、清晰”的要求	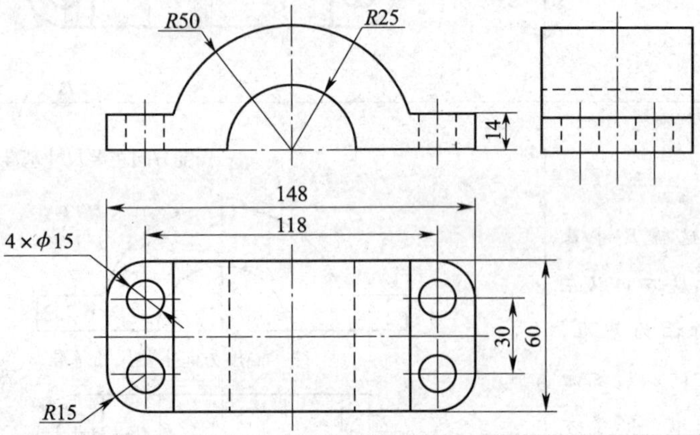

教学互动

指出下图所示组合体尺寸标注中的错误，并改正。

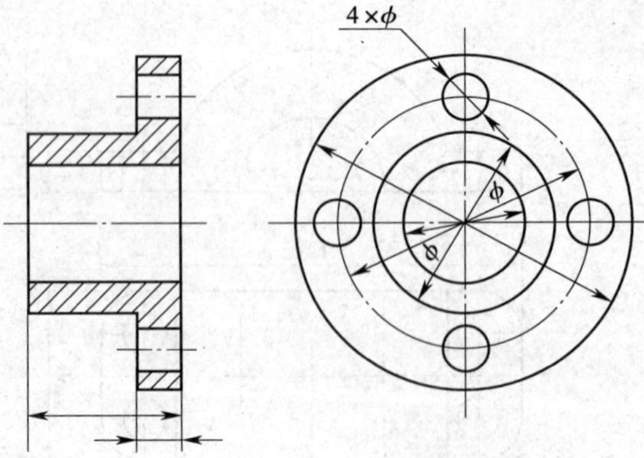

课题四　识读组合体的视图

学习目标

◆了解识读组合体时的注意事项。

◆掌握组合体的识读方法。

◆能够正确识读组合体的视图。

想一想

在掌握了组合体三视图的绘制方法后，能不能识读组合体的视图呢？针对图 2—4—1 所示的滑槽的三视图，是不是感觉图线很多，其中有虚有实，该从哪里下手识图呢？有没有识读视图的好方法呢？

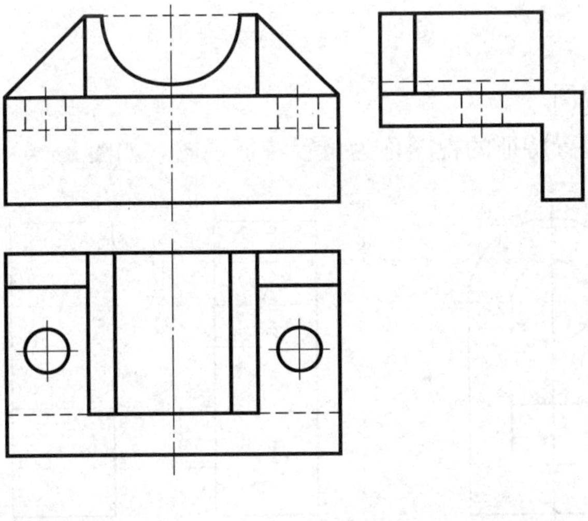

图 2—4—1　滑槽的三视图

一、识图时的注意事项

1．要把几个视图联系起来进行分析

读图时，无法根据立体的一个视图或两个视图确定其空间形状，因此必须将有关视图联系起来分析，如图 2—4—2 所示，主视图和俯视图是一样的，只有联系左视图才能确定组合体的空间形状。

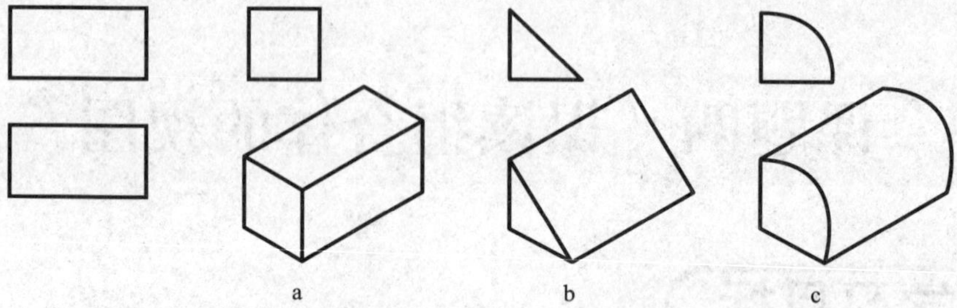

图 2—4—2　两个视图相同空间形状主要取决于第三视图

2. 抓特征视图

特征视图是识图的重点，它可分为以下两种：

（1）形状特征视图

最能反映物体形状特征的视图称为形状特征视图，如图 2—4—3 所示。

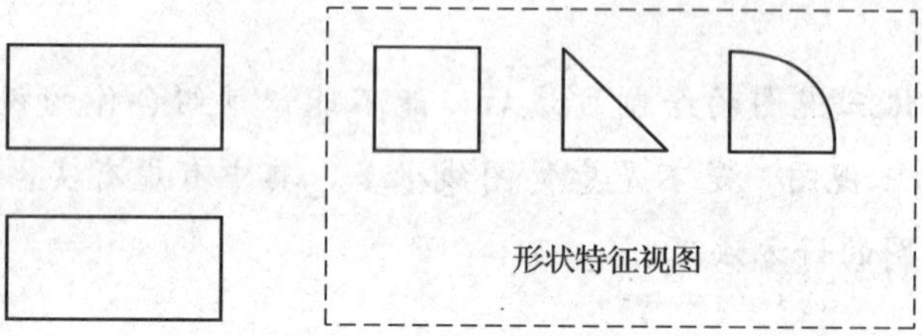

图 2—4—3　形状特征视图

（2）位置特征视图

最能反映物体位置特征的视图称为位置特征视图，如图 2—4—4 所示。

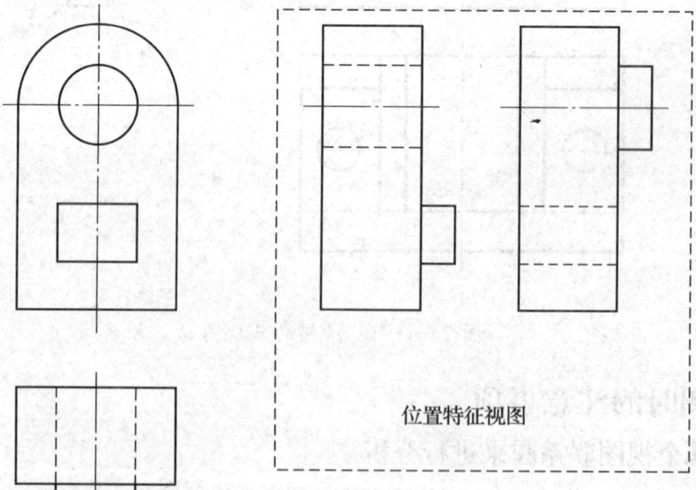

图 2—4—4　位置特征视图

3．利用线框

组合体视图中一个封闭的线框一般情况下表示一个面的投影，在分析组合体表面的相对位置关系时，要充分利用线框这一投影特点。

（1）线框套线框

两个线框相套通常是两个面凹凸不平或者是有打通的孔，如图 2—4—5 所示。

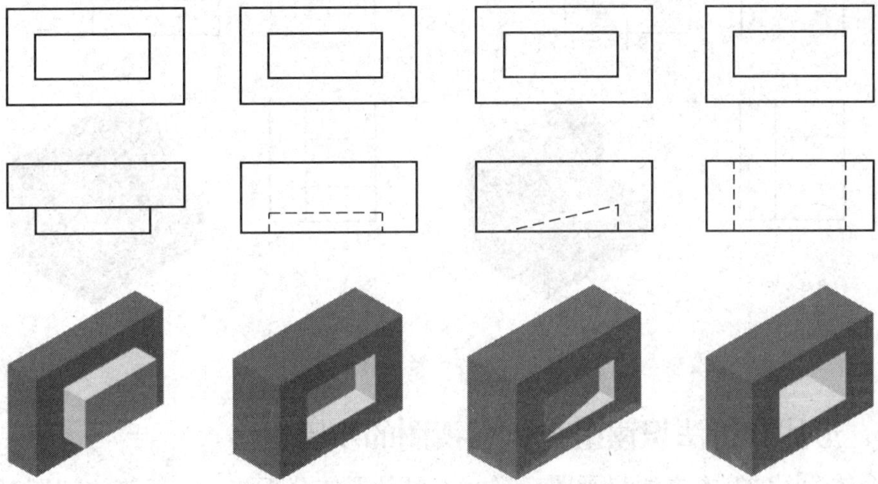

图 2—4—5　线框相套

（2）线框相邻

两个线框相邻，表示两个面高低不平或相交，如图 2—4—6 所示。

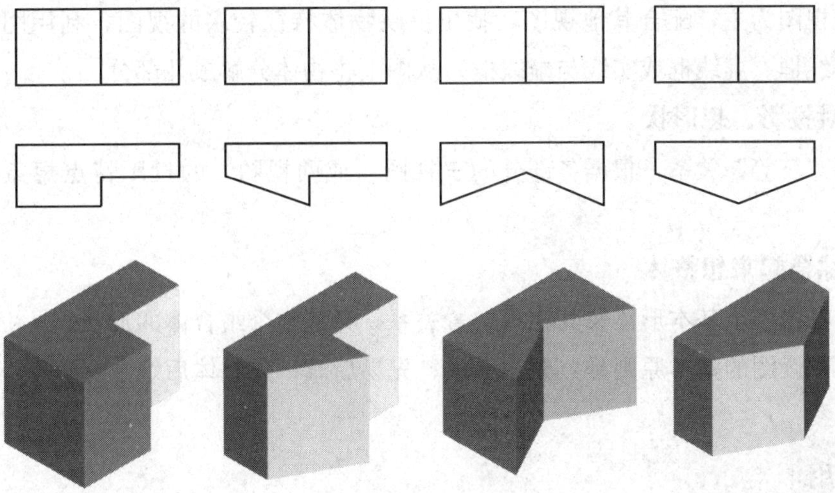

图 2—4—6　线框相邻

4．注意反映形体之间连接关系的图线

如图 2—4—7 所示，俯、左视图完全一样，主视图只是箭头所指的图线虚实不同，组合体的形状也不同。

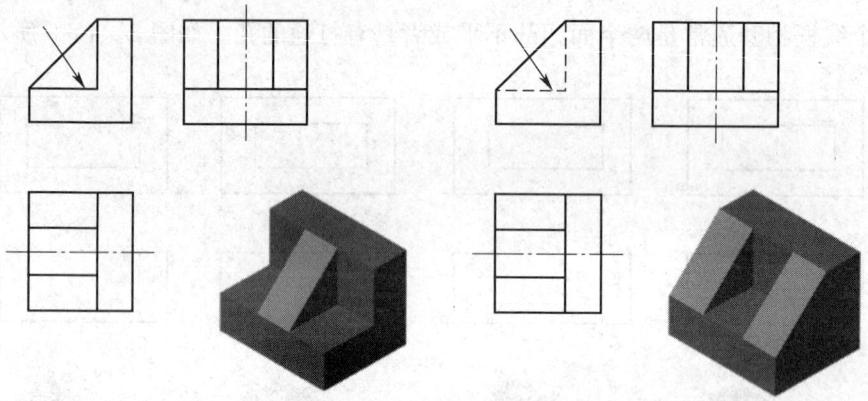

图 2—4—7　虚实线不同

二、形体分析法识读组合体三视图的步骤

组合体读图的基本方法与画图一样，主要是形体分析法。一般来说读图时要从最能反映形体特征的视图入手，运用三视图的投影规律，将几个视图联系起来进行识读。通过找出各基本形体在各个视图中的投影，确定它们之间的相互位置关系和表面的过渡关系，从而想象出完整形体的形状。

1．看视图，分形体

以主视图为主，配合其他视图，找出反映物体特征较多的视图，利用图中的封闭线框（实线框、虚线框或实线与虚线框）从图上将物体分解成几部分。

2．对投影，想形状

利用“三等”关系，根据各部分的三视图（或两视图）的投影特点想象出它们的具体形状。

3．综合起来想整体

综合考虑各个基本形体及其相对位置关系，弄清整个组合体的形状。

总之，读图的基本原则是：先主后次；先易后难；先整体后细节。

工程应用

识读图 2—4—1 滑槽的三视图。

用形体分析法识读图 2—4—1 滑槽三视图的步骤见表 2—4—1。

表 2—4—1　　　　形体分析法识图步骤

方法和步骤	图　　例	
1. 按线框分部分，从最能反映该组合形体特征的主视图入手，将其划分为Ⅰ、Ⅱ、Ⅲ三个部分	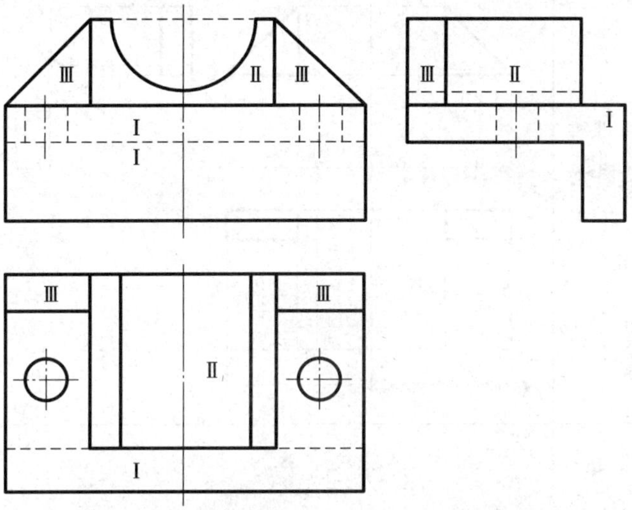	
2. 线框Ⅰ所对应的视图如图所示，其形状为“L”形，并在左右各有一个小孔	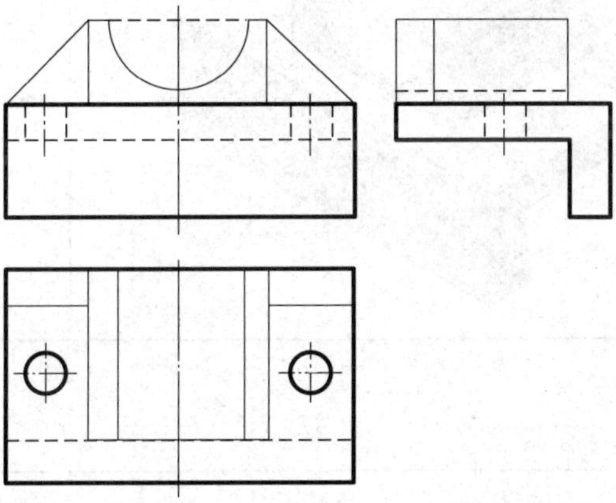	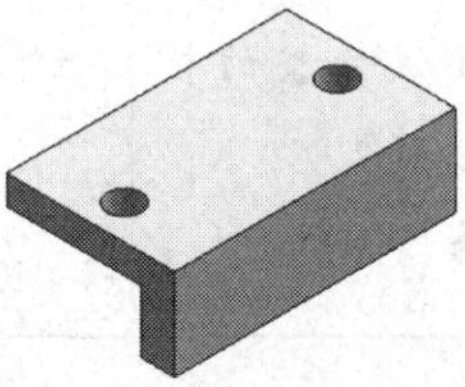
3. 线框Ⅱ所对应的视图如图所示，可知它是长方体内挖去半个圆柱	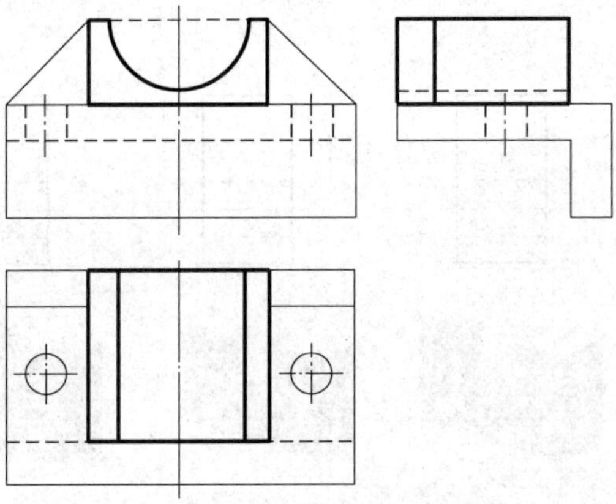	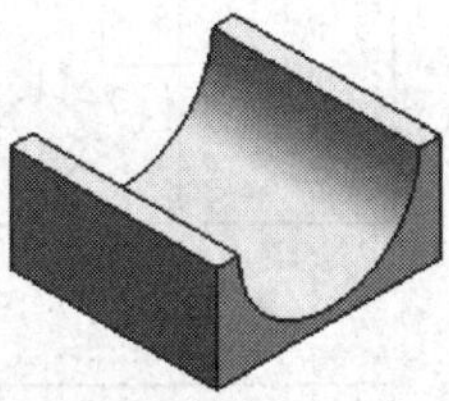

续表

<table>
<tr><th>方法和步骤</th><th colspan="2">图　例</th></tr>
<tr><td>4. 线框Ⅲ所对应的视图如图所示，其形状为三棱柱</td><td>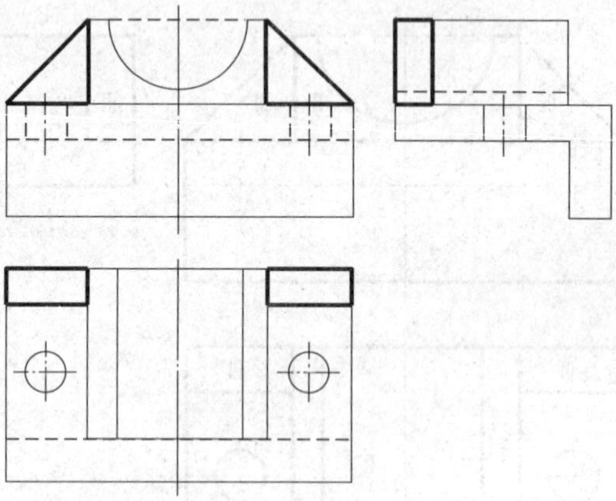</td><td>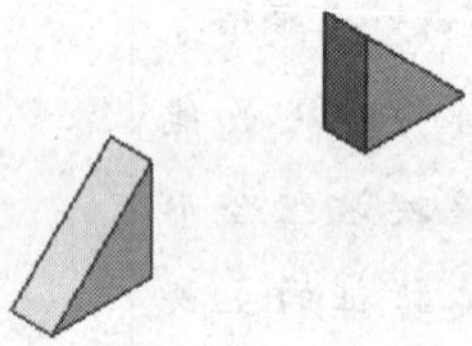</td></tr>
<tr><td>5. 把以上的各个形体综合起来想象它们的相互位置，形成完整的整体形象</td><td>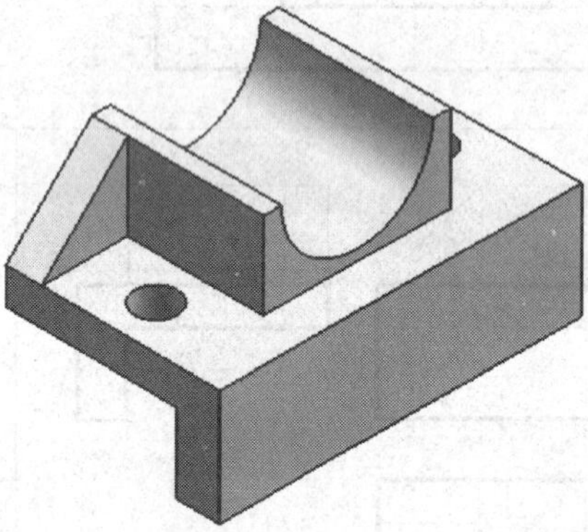</td><td></td></tr>
</table>

教学互动

下图所示物体的主视图和俯视图相同，左视图不同。试在左视图和其对应的物体间连线。

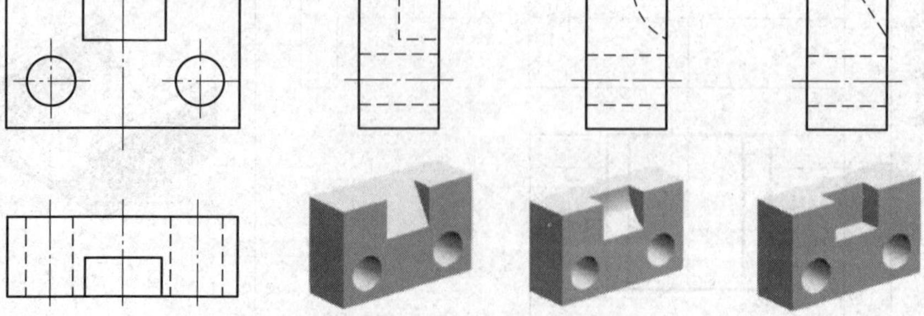

三、用线面分析法识读组合体的三视图

在形体分析法读图的过程中有的结构比较复杂，难以看清，此时可用线面分析法来作为补充。由于任何一个物体都是由许多不同几何形状的面、线组成，在一般情况下，视图中的一个封闭线框代表着物体上一个面的投影（平面或曲面），不同的线框代表不同面的投影。视图中的每一粗实线或细虚线或是代表面有积聚性的投影，或是两面的交线，或是曲面的轮廓线。利用这些规律去分析物体上各表面的形状、相对位置及投影特性的方法，即为线面分析法。线面分析法识图的步骤为：

1. 分线框，识面形

在主视图中从面的角度划分线框，然后对照其他视图中的投影关系以识别面的形状及其对投影面的相对位置。

提示：在视图中，"一框对两线"，则表示投影面平行面；"两框对一线"，则表示投影面垂直面；"三框相对应"，则表示一般位置平面。

投影面垂直面和一般位置平面的三个投影中都具有类似性的对应线框，其对应的线框呈类似形。所谓类似形，即对应的两线框边数相等，朝向相同（均可见的两线框或均不可见的两线框对应时）或朝向相反（一为可见，一为不可见的两线框对应时）。熟记这一规律，可以很快地识别两视图上相对的线框是否一一对应，从而弄清每一线框的空间形状和空间位置。

2. 识交线，想形位

再分析面与面的交线，也有助于识别各个面的空间形状和空间位置。

3. 形位明，想整体

将以上对各个面及其交线的空间形状和空间位置分析的结果综合起来，便可以想象出切割型组合体的整体形状。

线面分析法常用于切割类组合体的投影分析，特别是物体上面与面倾斜相交的地方。

工程应用

如图 2—4—8 所示为压块的三视图。

用线面分析法识读图 2—4—8 压块三视图的步骤见表 2—4—2。

四、补画视图

补画视图是培养和检验识图能力的一种重要方法。在补画视图的过程中，首先根据已知视图，运用形体分析和线面分析的方法，想象出组合体的形状，然后运用投影规律把第三视图补画出来。

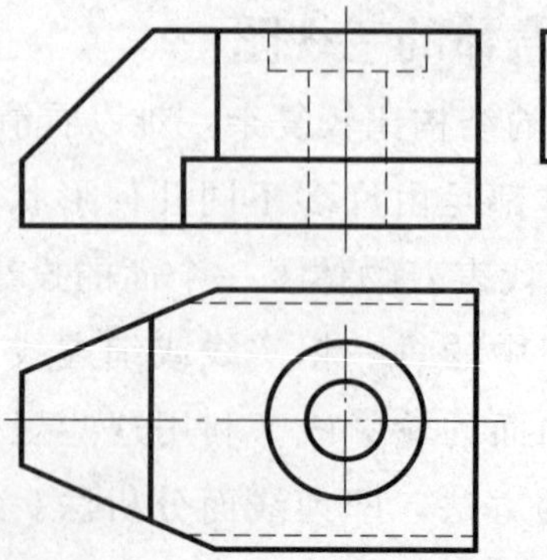

图 2—4—8　压块三视图

表 2—4—2　　线面分析法识图步骤

方法和步骤	图　例
1. 分析整体形状。由于压块的三个视图的轮廓基本上都是长方形（只缺掉了几个角），所以它的基本形体是一个长方体	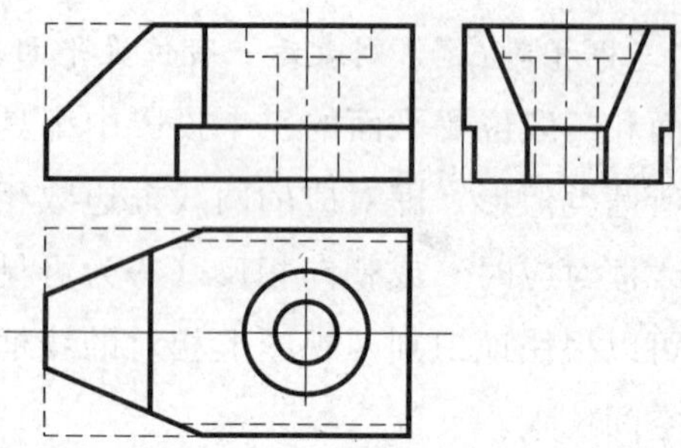
2. 观察视图，俯视图和左视图为类似形，主视图为斜线，可知是正垂面切割长方体	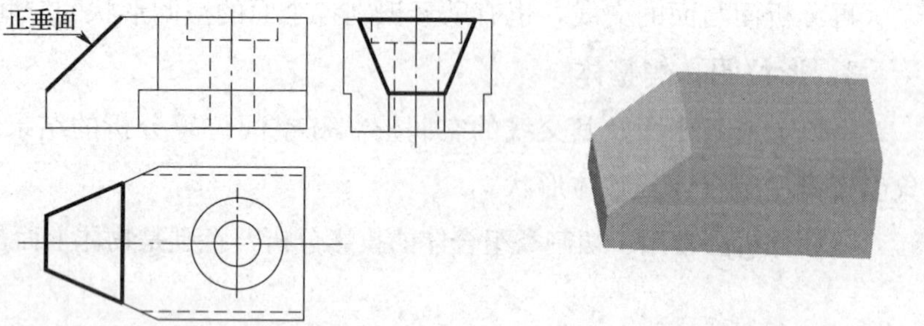
3. 主视图的七边形和左视图的两个七边形是相似形，俯视图积聚成线，可知是两铅垂面切割	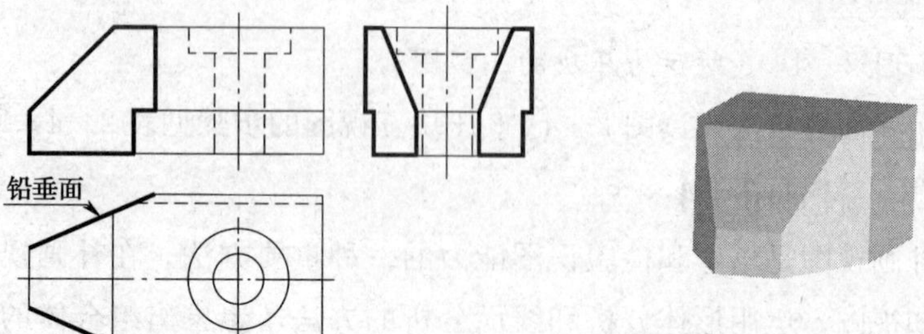

续表

方法和步骤	图例
4. 观察视图，可知在压块的底部两侧分别用正平面和水平面切割 5. 综合以上，想象出整体形状	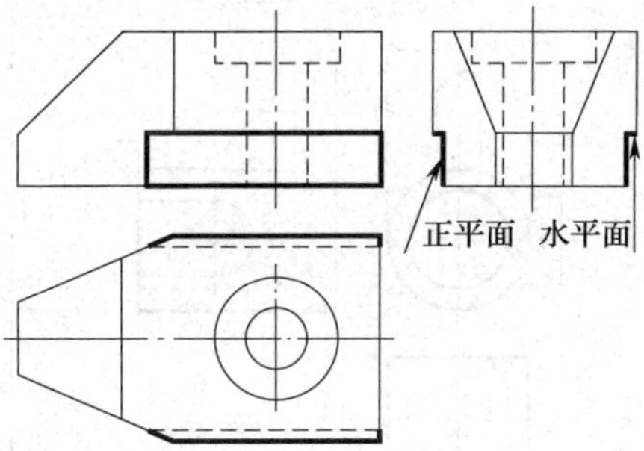 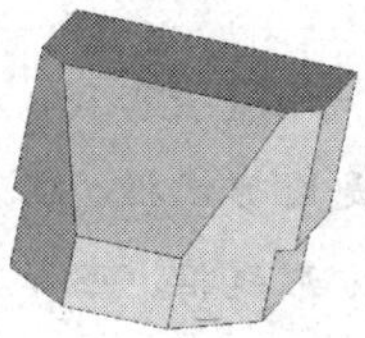

工程应用

图 2—4—9 为支座的主视图和左视图，试根据这两个视图补画第三视图。

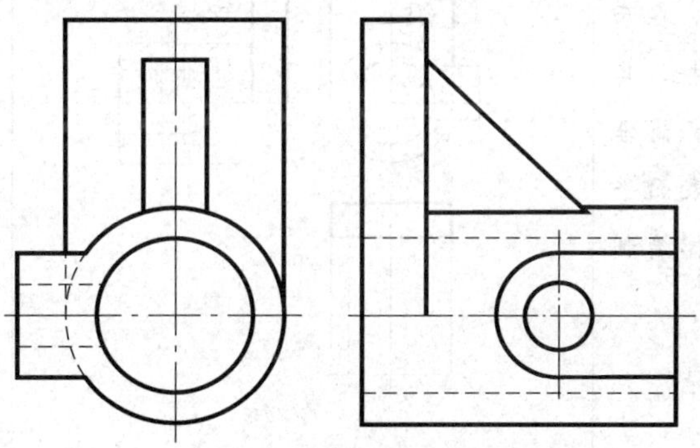

图 2—4—9 支座两视图

补画支座俯视图的具体步骤见表 2—4—3。

表 2—4—3 补画视图步骤

方法和步骤	图例	实体
1. 分析已知视图，想象物体形状。将视图按线框分为四个部分	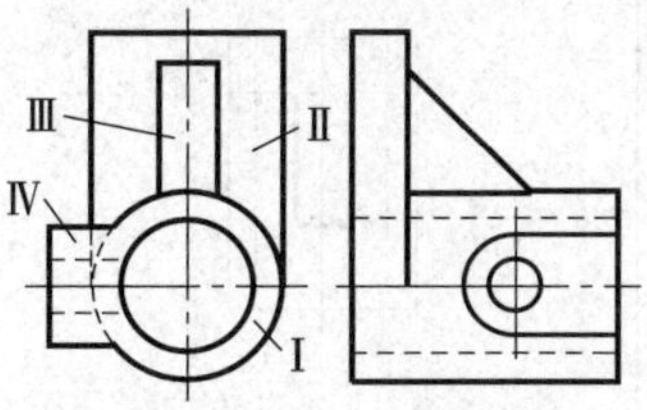	

续表

方法和步骤	图例	实体
2. 形体Ⅰ是套筒，在主视图上是圆形线框，在左视图上是方形线框，可知其形状是圆筒，按照投影规律绘制其俯视图	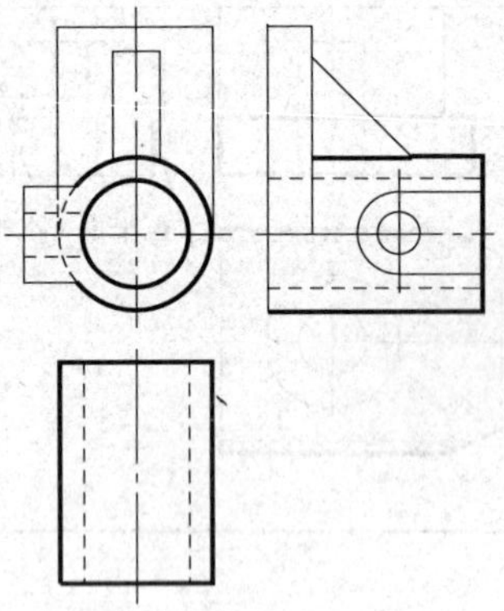	
3. 形体Ⅱ是支撑板，在两视图中都是长方形线框，其形状是长方体，并与套筒垂直，后表面与套筒后表面平齐，据此按照投影规律绘制其俯视图	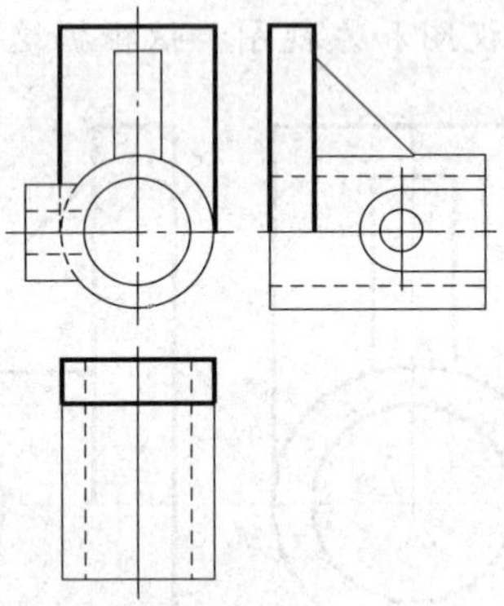	
4. 形体Ⅲ为肋板，在主视图上为长方形线框，并竖立在套筒上，在左视图上为三角形线框，其左边与支承板的右边平齐，据此按照投影规律绘制其俯视图	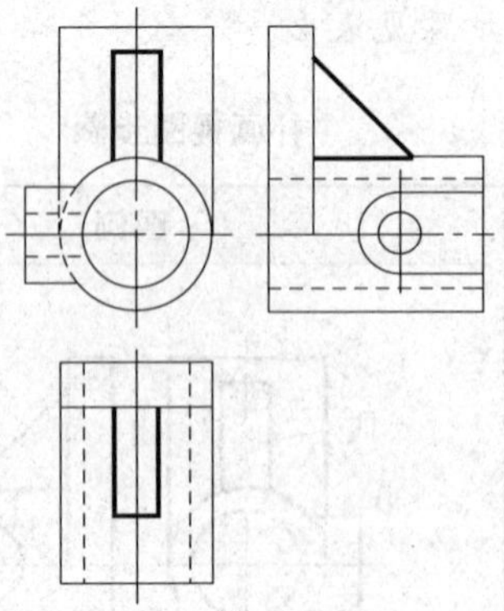	

续表

方法和步骤	图例	实体
5. 形体Ⅳ为凸台，在主视图上为长方形线框，位于套筒的左面，在左视图中为一左圆右方线框，其右表面与套筒的右表面平齐，再据已知视图可知凸台和套筒之间有一通孔，据此按照投影规律绘制其俯视图	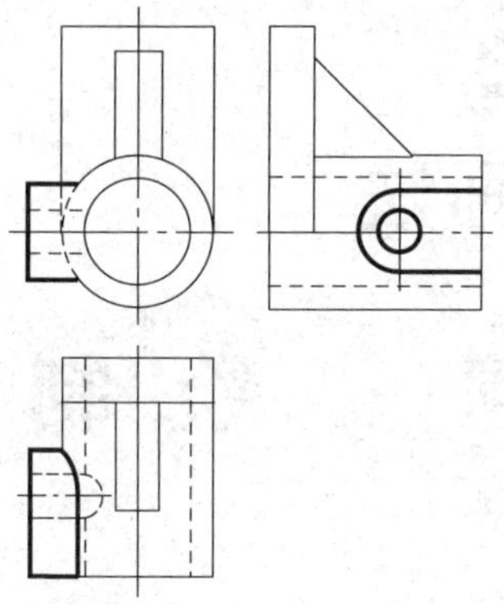	
6. 综合想象，检查校对，按照标准描深图线，想象出物体的形状	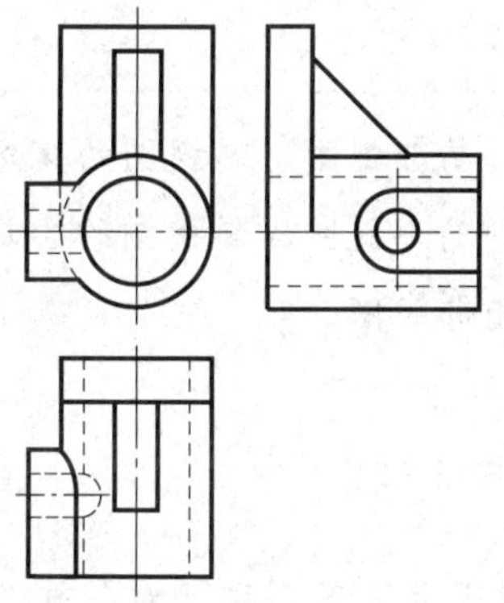	

教学互动

补画下图所示组合体的主视图。

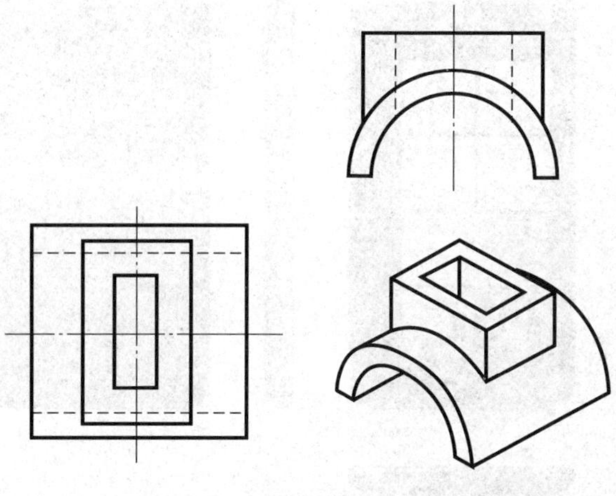

模块三 图样画法

课题一 绘制视图

学习目标

◆ 了解基本视图、向视图、局部视图、斜视图的概念。

◆ 掌握基本视图、向视图、局部视图、斜视图的绘制和标注方法。

◆ 能够正确绘制向视图和局部视图。

想一想

观察使用的手机，可以从上、下、左、右、前、后这六个不同的方向去观察，如图 3—1—1 所示，每个方向得到的图形是不一样的。物体的投影也可以这样观察吗？

图 3—1—1 手机的多视图表达

一、视图

模块一中学习了三视图的形成原理。同样地，如果把图 3—1—2 中的挡板放到正六面体中，该正六面体的六个面就相当于六个投影面，分别向这六个投影面投射，就能得到六个视图，这六个视图又称为基本视图，如图 3—1—3 所示。除了已经介绍过的主、俯、左视图外，还有由右向左投影得到右视图，由下向上投影得到仰视图，由后向前投影得到后视图。然后把六个投影面按图 3—1—4 展开成同一平面后，六个视图的配置关系如图 3—1—5 所示。

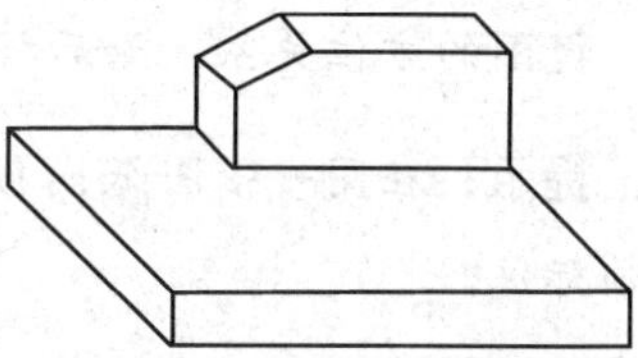

图 3—1—2　挡板

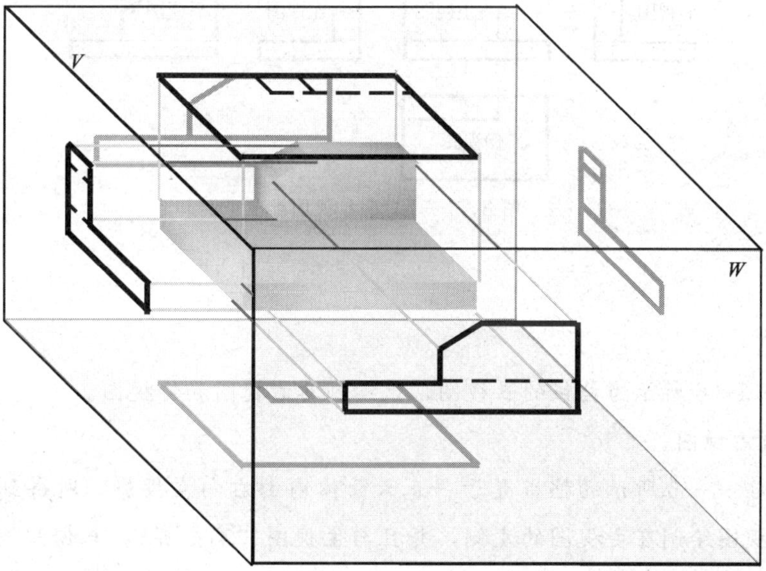

图 3—1—3　六投影面体系

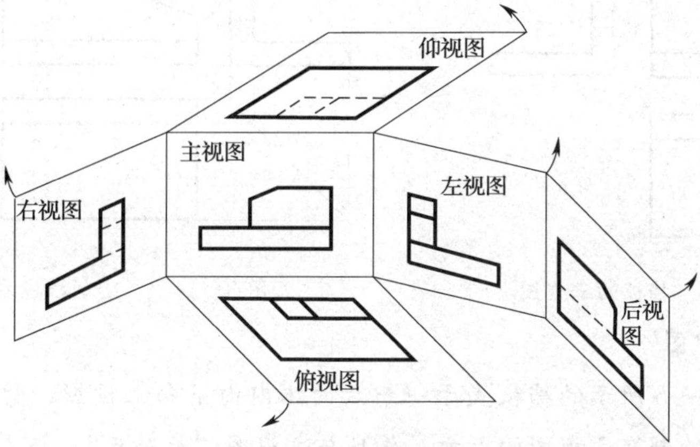

图 3—1—4　基本视图的形成

知识链接

视图的投影关系：仍遵守“长对正，高平齐，宽相等”。

视图的方位关系：除后视图外，靠近主视图是后面，远离主视图是前面。

提示：在同一张图纸内按图 3—1—5 所示配置视图时，可不标注视图名称，否则必须标注。

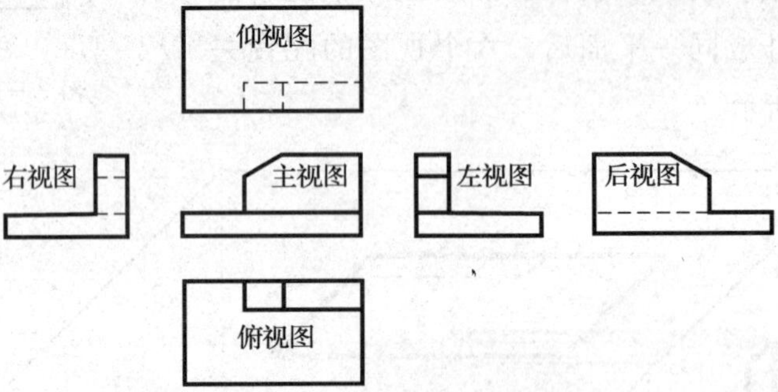

图 3—1—5　基本视图配置

工程应用

如图 3—1—6 所示为挡板的三视图，试绘制其右视图和仰视图。

1. 绘制右视图

将如图 3—1—6 所示的挡板置于一正六面体内由右向左投影，所得到的视图就是右视图，右视图绘制在主视图的左侧，并且与主视图“高平齐”，与俯视图“宽相等”，如图 3—1—7 所示。

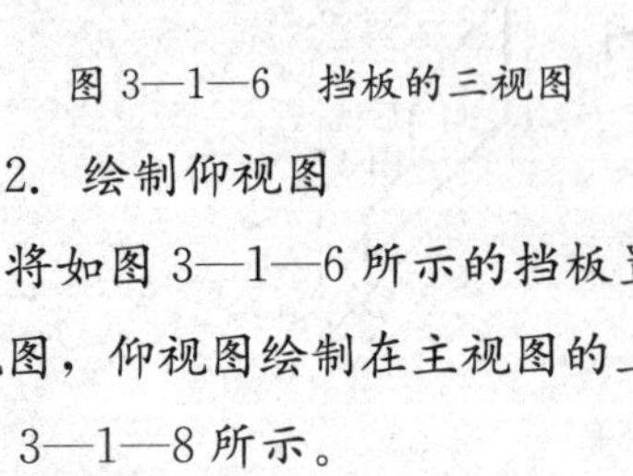

图 3—1—6　挡板的三视图

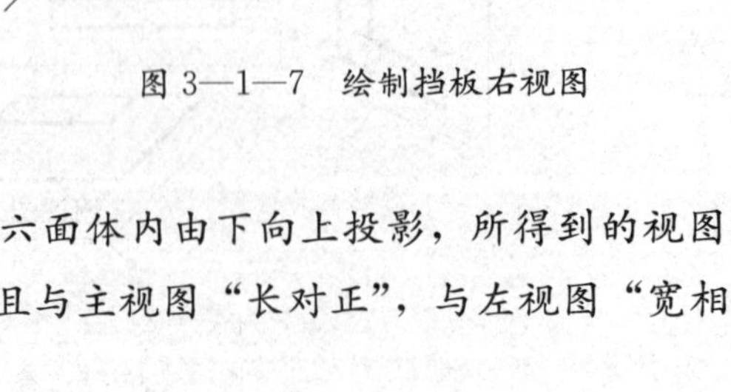

图 3—1—7　绘制挡板右视图

2. 绘制仰视图

将如图 3—1—6 所示的挡板置于一正六面体内由下向上投影，所得到的视图就是仰视图，仰视图绘制在主视图的上方，并且与主视图“长对正”，与左视图“宽相等”，如图 3—1—8 所示。

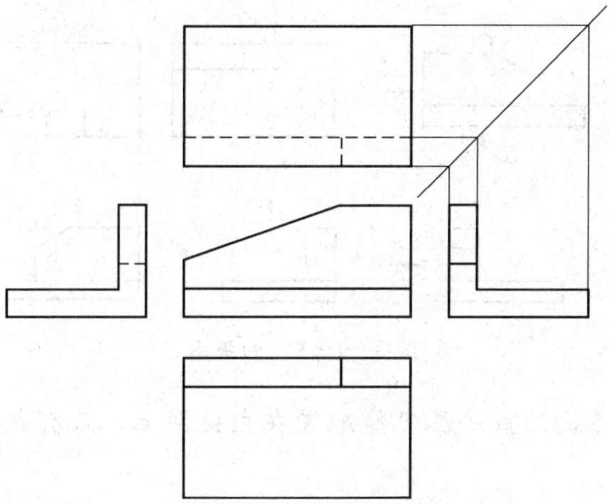

图 3—1—8　绘制挡板仰视图

教学互动

1. 试绘制如图 3—1—6 所示挡板的后视图，并总结其投影规律。

2. 后视图绘制在左视图的（　　），并且与主视图和左视图（　　），与主视图对称。

想一想

图纸的大小一定，如果都按图 3—1—5 来绘制，将会有大片的空白区域没有被利用，该如何处理呢？

二、向视图

向视图就是可以自由配置的视图，当某视图不能按投影关系配置时，可按向视图绘制。国家标准规定，应在向视图的上方标注“×”（“×”为大写的拉丁字母），在相应的视图附近用箭头指明投影方向，并注上相同的字母，如图 3—1—9 所示。

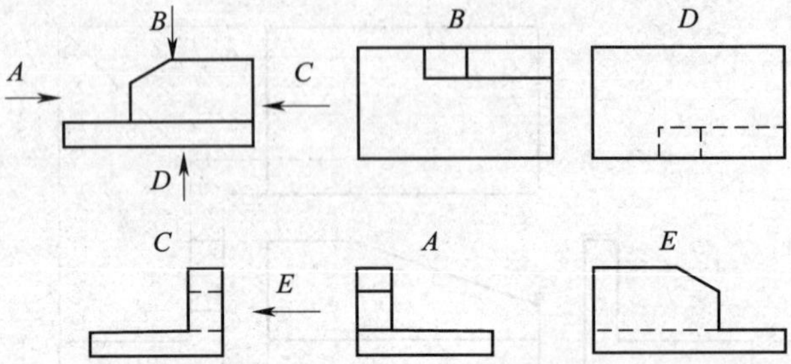

图 3—1—9　向视图

提示：表示投射方向的箭头尽可能配置在主视图上，只有表示后视投射方向的箭头配置在其他视图上。

工程应用

如图 3—1—10 所示，在指定的“A”处绘制 A 向视图。

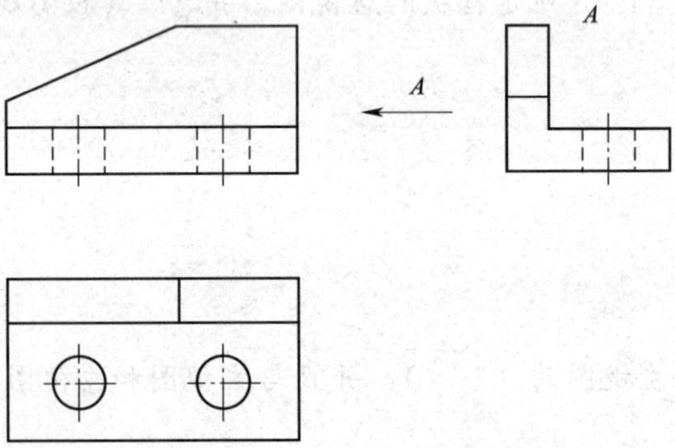

图 3—1—10　绘制向视图

图 3—1—10 中箭头 A 所示的投影方向实际上就是右视图的投影方向，那么按照箭头 A 所示的投影方向得到的视图也就是右视图。因此，只需在指定的位置按照投影规律绘制右视图即可，如图 3—1—11 所示。

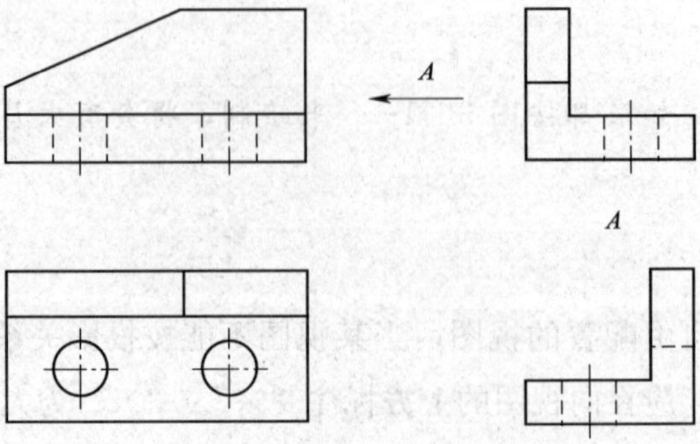

图 3—1—11　A 向视图

教学互动

试在指定位置绘制下图所示形体的 B 向视图。

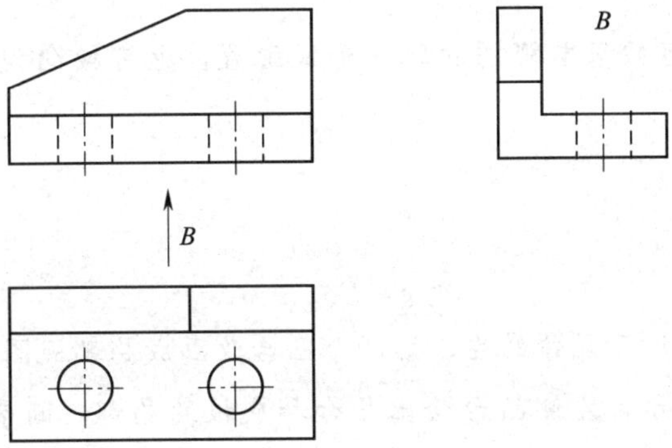

想一想

如图 3—1—12 所示箱体，除了两个凸台外，左右形体基本相同，而在三视图中右侧凸台没有正面投影，要是用右视图，又不经济，该如何处理呢？

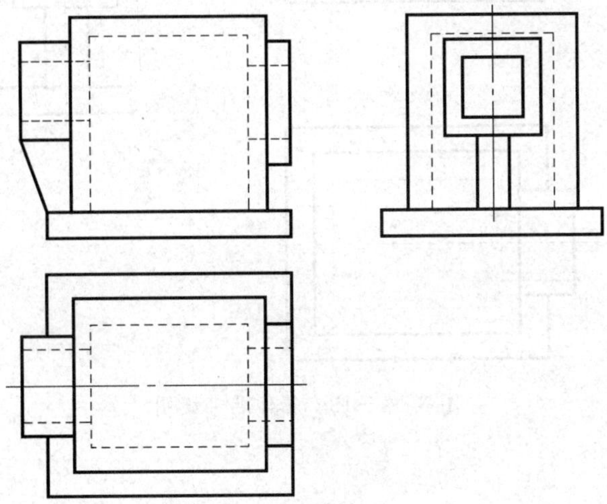

图 3—1—12　箱体三视图

三、局部视图

将物体的某一部分向基本投影面投影，所得到的视图叫作局部视图。局部视图由于只画出物体某个部分的视图，所以用波浪线表示与物体其余部分的断裂处投影。当所表达的部分结构是完整的，其外轮廓线又封闭时，波浪线可省略不画。

一般在局部视图上方标出视图的名称“×”（“×”为大写拉丁字母），在相应的视图附近用箭头指明投影方向，并注上同样的字母。当局部视图按投影关系配置，中间又没有其他图形隔开时，可省略标注。

提示：局部视图可按基本视图的配置形式配置，也可按向视图的配置形式配置并标注。

工程应用

将如图 3—1—12 所示箱体的左、右两个凸台改画成局部视图的形式。

如图 3—1—13 所示，左侧凸台绘出凸台和底板的局部，断裂边界用波浪线画出，同时在该视图上方标注大写拉丁字母 A。

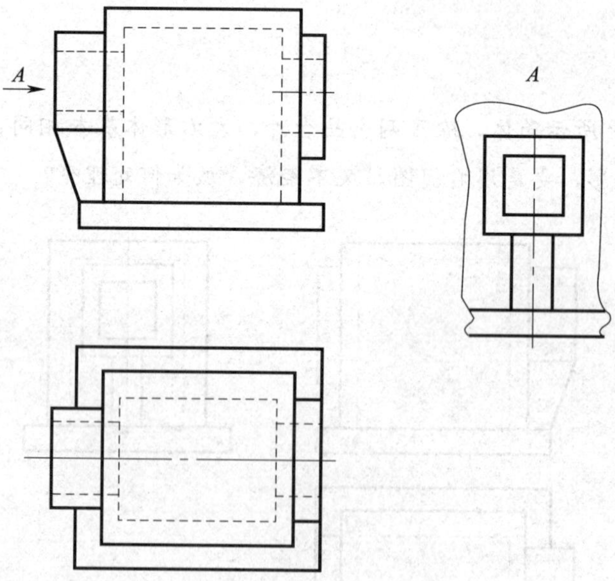

图 3—1—13　箱体局部视图

教学互动

试绘制如图 3—1—12 所示箱体右侧凸台的局部视图。

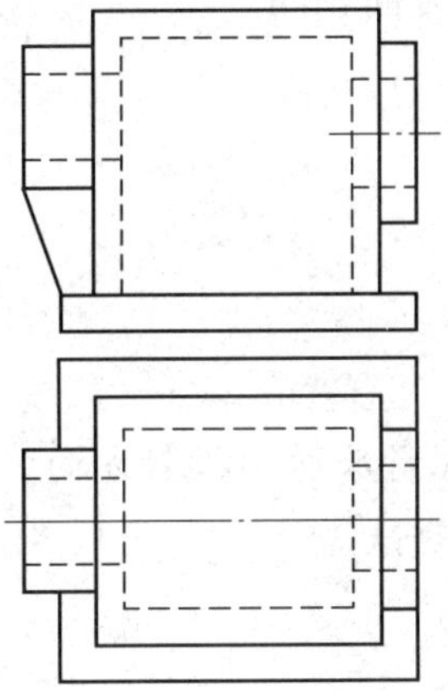

想一想

图 3—1—14 弯板三视图，其倾斜部分无论是在俯视图还是在左视图上的投影都是变形的，也就是说不能反映实形，那么怎样才能得到反映实形的投影图呢?

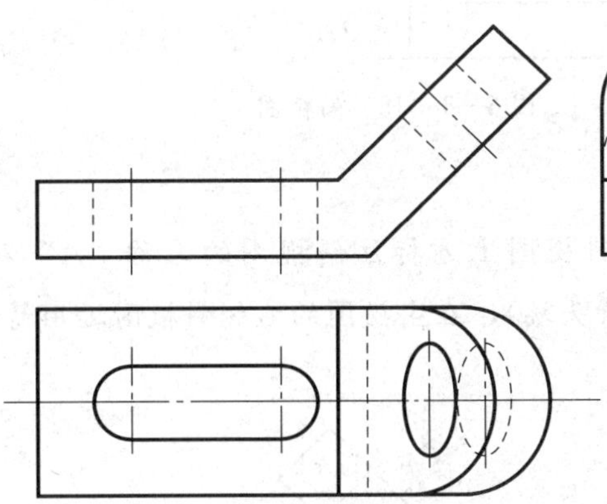

图 3—1—14　弯板三视图

四、斜视图

为了能在视图中反映图 3—1—14 中弯板倾斜部分的实形，可选用一个新的投影面，使它与弯板的倾斜部分表面平行，然后将倾斜部分向新投影面投影，这样便可在新投影面上得到反映实形的投影。

机件向不平行于基本投影面的平面投影所得的视图称为斜视图。斜视图只用于表达机件倾斜部分的局部形状。其余部分不必画出，其断裂边界处用波浪线或双折线表示。

斜视图通常按投射方向配置，按向视图的标注方式标注，同时斜视图也允许旋转放正配置，旋转后的斜视图上应加注旋转符号“↶”，并且大写拉丁字母要放在靠近旋转符号的箭头端。旋转符号表示的旋转方向应与图形的旋转方向相同。

工程应用

将图 3—1—14 改画成斜视图。

1. 绘制斜视图

如图 3—1—15 所示，将俯视图的右侧去掉，倾斜部分按照箭头所示投射方向，进行投影绘制，并在断裂处绘制双折线。同时，按向视图的形式标注。

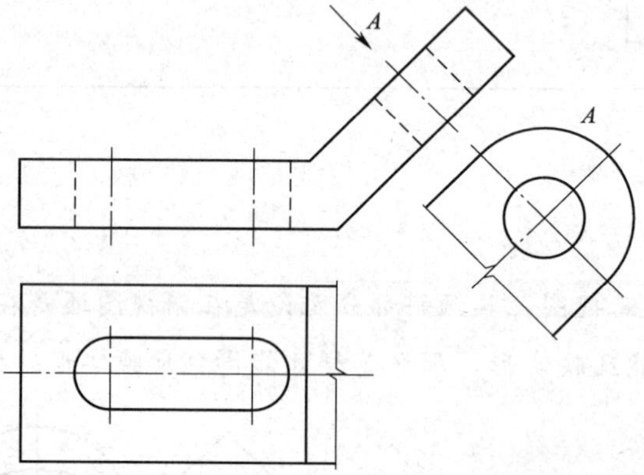

图 3—1—15　斜视图

2. 绘制旋转放正斜视图

如图 3—1—16 所示，在斜视图上方标注斜视图的名称“A”和旋转符号“↶”（注意：字母靠近旋转符号的箭头端），在主视图的右侧斜板附近用箭头和字母“A”表示投影关系。

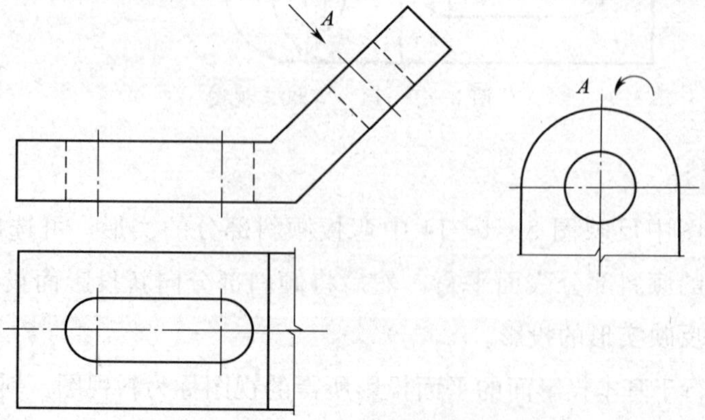

图 3—1—16　旋转放正斜视图

教学互动

斜视图和基本视图有什么区别?

课题二　绘制剖视图

学习目标

- ◆ 了解剖视图的形成、剖面符号的画法、剖视图的标注等。
- ◆ 了解剖视图的种类。
- ◆ 能够正确绘制、标注剖视图。

想一想

如图 3—2—1 所示，当机件的内部形状较复杂时，视图上将出现许多虚线，不便于看图和标注尺寸。该怎么解决呢?

一、剖视图的概念

1. 剖视图的形成

如图 3—2—2 所示，假想用剖切平面剖开机件，将前面的部分移走，余下部分按图上箭头所示的投影方向向投影面投影，并在剖面区域内画上剖面符号，所得到的图形就是剖视图。剖视图主要用来表达机件的内部结构形状。

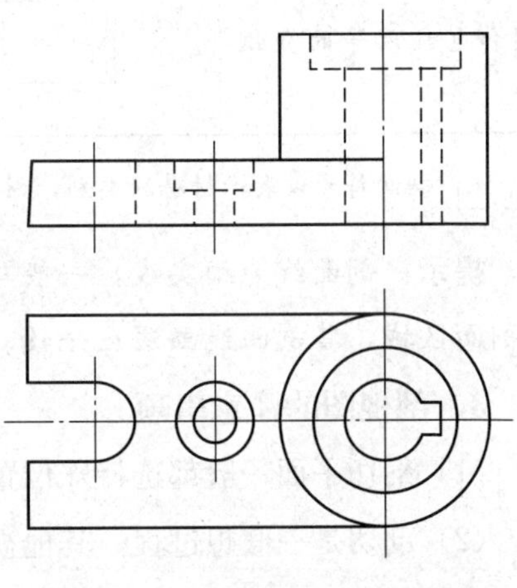
图 3—2—1　内部形状较复杂的机件

2. 剖面符号的画法

为了区别被剖切机件的材料，国家标准规定了各种材料剖面符号的画法，见表 3—2—1。

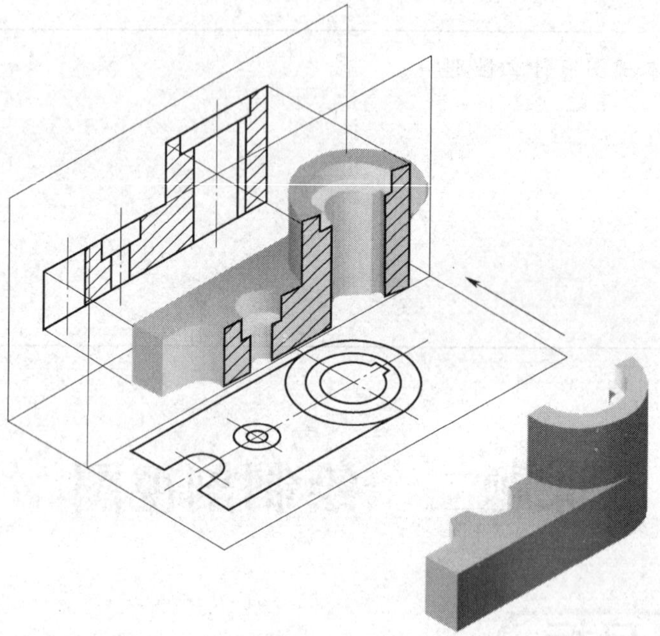

图 3—2—2　剖视图的形成

表 3—2—1　　剖面符号

材料名称	剖面符号	材料名称	剖面符号
金属材料（已有规定剖面符号者除外）	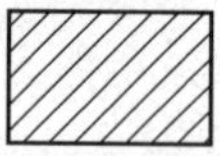	砖	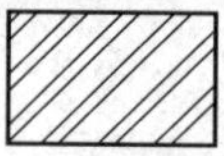
线圈绕组元件	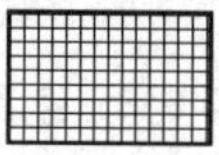	玻璃及供观察用的其他透明材料	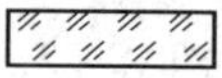
转子、电枢、变压器和电抗器等的叠钢片	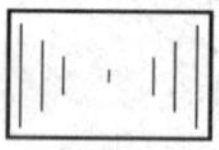	非金属材料（已有规定剖面符号者除外）	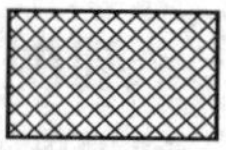

注：剖面符号仅表示材料的类别，材料的名称和代号必须另行注明。

提示：剖面线为细实线，一般与主要轮廓或剖面区域的对称线成 45°角；同一物体的剖面区域，其剖面线画法应一致。

3．剖视图的注意事项

（1）剖切平面一般都选特殊位置平面，如通过机件的对称面、轴线或中心线。

（2）剖切是一假想过程，其他视图仍完整画出。

（3）剖切面后面的可见部分应该全部画出。

4．剖视图的标注

剖视图标注的目的在于表明剖切平面的位置和数量，以及投影的方向。一般应在剖视图上方用大写拉丁字母标出剖视图的名称“$X-X$”。在剖切平面的起点和终点用剖切符号（短粗实线）表示剖切的位置，用箭头表示投影方向，并注上与剖视图名称相同的大写拉丁字母。

（1）剖视图如满足以下三个条件，可不加标注。

1）单一剖切平面通过物体的对称平面或基本对称平面。

2）剖视图按投影关系配置。

3）中间没有其他图形隔开。

（2）凡完全满足以下两个条件的剖视图，在断开线的两端可以不画箭头：

1）剖视图按投影关系配置。

2）中间没有其他图形隔开。

二、剖视图的种类

1．全剖视图

用剖切面完全地剖开物体所得的剖视图就是全剖视图。全剖视图适用于机件外形较简单，内形较复杂，而结构又不对称的物体。

工程应用

如图 3—2—3 所示为某形体的主视图和俯视图，试改画成剖视图。

（1）确定剖切面

根据剖切平面一般都通过机件的对称面、轴线或中心线的原则，图 3—2—3 中剖切面选在俯视图的轴线位置。

（2）绘制剖切后的轮廓

剖切后主视图的轮廓按投影规律绘制，结果如图 3—2—4 所示。

（3）绘制剖面线

按照机件的材质，添加剖面线，如图 3—2—5 所示。

（4）标注

因为剖切平面是单一的，而且是平行于要采取剖视的基本投影面的平面，所以不用标注。

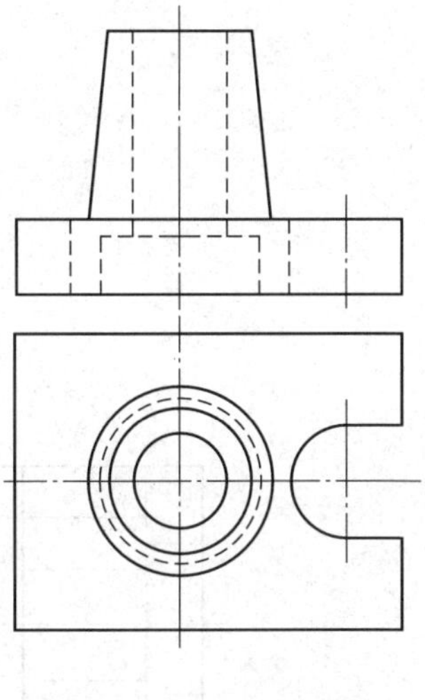

图 3—2—3 零件的主视图和俯视图

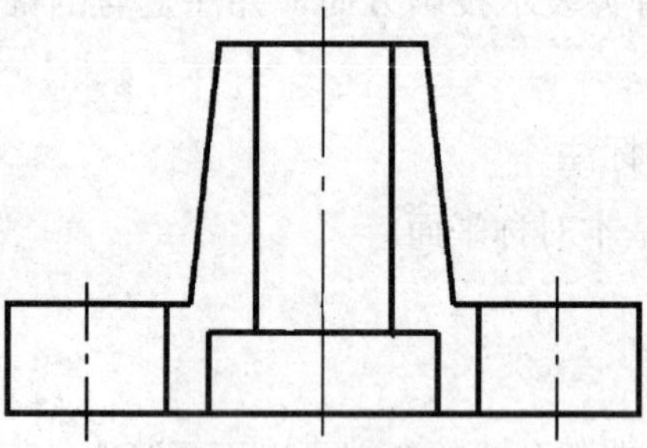

图 3—2—4　绘制剖切轮廓

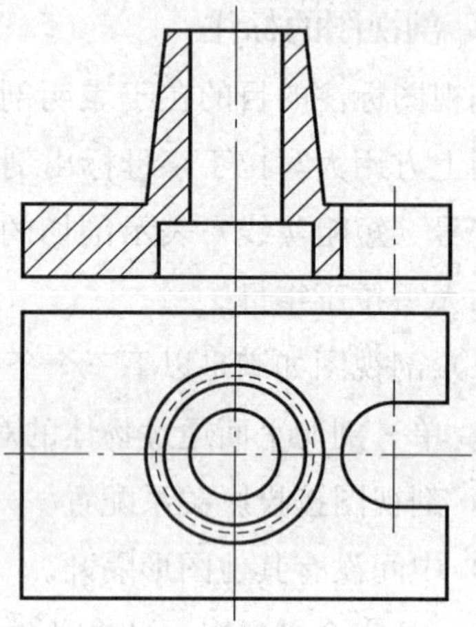

图 3—2—5　绘制剖面线

教学互动

试采用全剖视图补画下图所示形体的主视图。

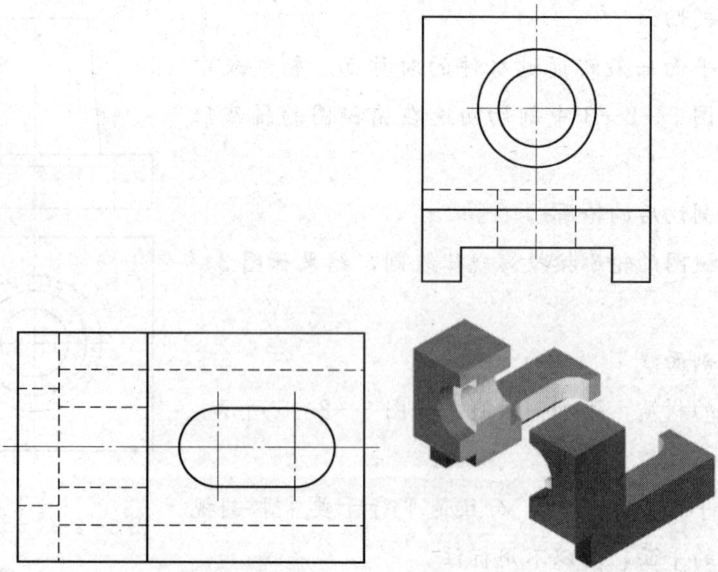

想一想

如图 3—2—6 所示缸体的内部结构比较复杂，主视图上有不少虚线，可以通过剖视图来表达，但是如果采用全剖视图的话，缸体的外部结构就无法表示了。分析可知缸体是对称的，那么有什么好的解决办法呢？

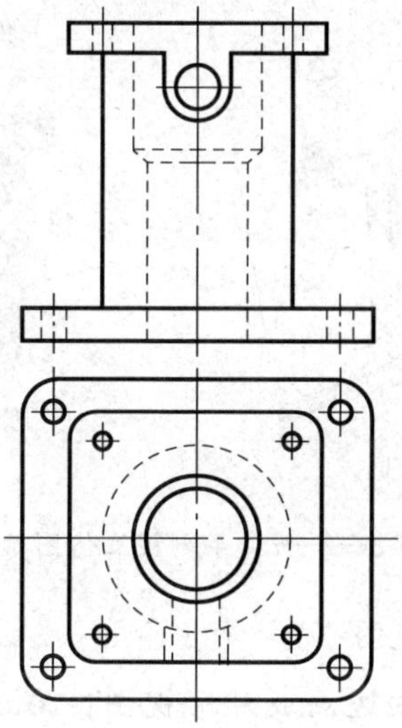

图 3—2—6　缸体

2. 半剖视图

(1) 半剖视图的形成

当机件具有对称平面，向垂直于对称平面的投影面上投射时，以对称中心线（细点画线）为界，一半画成视图用以表达外部结构形状，另一半画成剖视图用以表达内部结构形状，这样组合的图形称为半剖视图。半剖视图适用于内、外形都需要表达，而形状又对称或基本对称的形体。

(2) 半剖视图的特点

半剖视的特点是用剖视和视图的一半分别表达机件的内形和外形。由于半剖视图一半表达了外形，另一半表达了内形，因此在半剖视图上一般不需要把看不见的内形用虚线画出来。

(3) 半剖视图的标注

主视图的半剖视符合前述剖视不加标注的三个条件，所以不标注。而俯视图的半剖视不符合不标注三条件中的第三条，所以需要加标注；但它符合不画箭头的两个条件，故可不画箭头。

工程应用

如图 3—2—6 所示缸体是对称结构，适合使用半剖视图来表达。

(1) 剖视投影分析

对缸体可采用如图 3—2—7 所示的剖视投影。

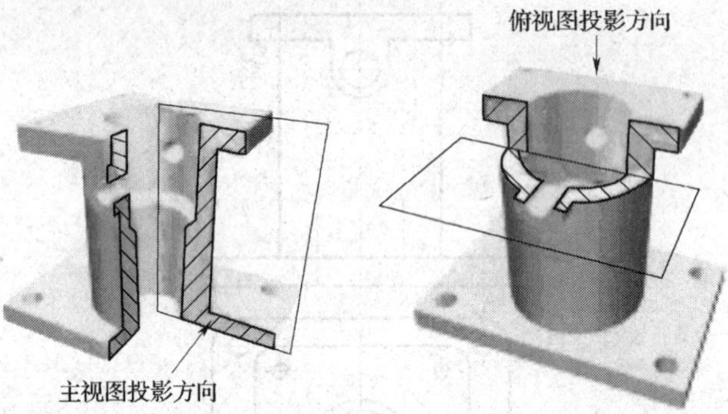

图 3—2—7　半剖视立体图示例

(2) 将主视图改画成半剖视图

将主视图以中心线为界，左边画成外形视图，右边画成剖视图，如图 3—2—8 所示。

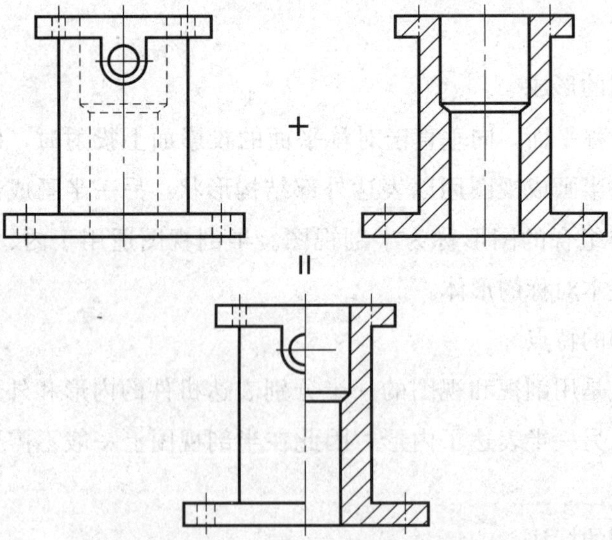

图 3—2—8　将主视图改画成半剖视图

(3) 将俯视图改画成半剖视图

以俯视图的前后对称中心线为界，将后半部分的虚线去掉，使之变成外形图。按照图 3—2—7 所示的俯视剖切投影，将下半部分改画成剖视图，即得半剖的俯视图，如图 3—2—9 所示。

缸体半剖视图如图 3—2—10 所示。

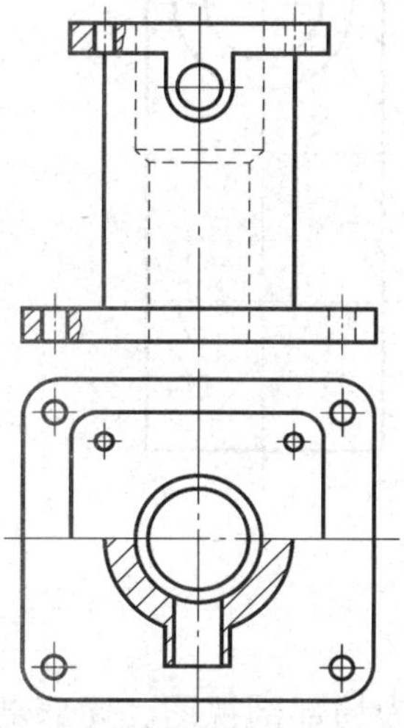
图 3—2—9　将俯视图改画成半剖视图

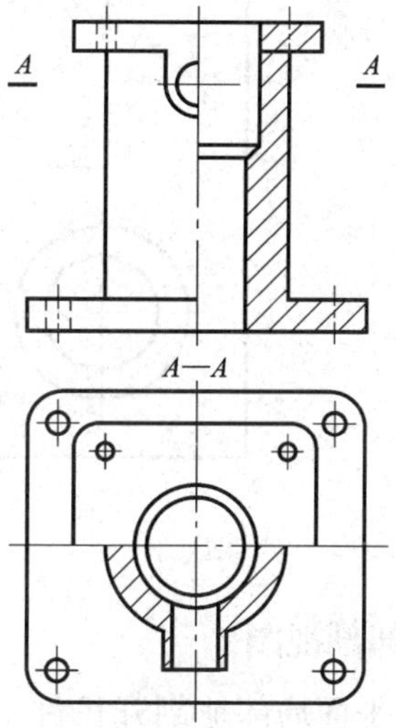

图 3—2—10　缸体半剖视图

教学互动

试用半剖视图绘制下图所示形体的左视图。

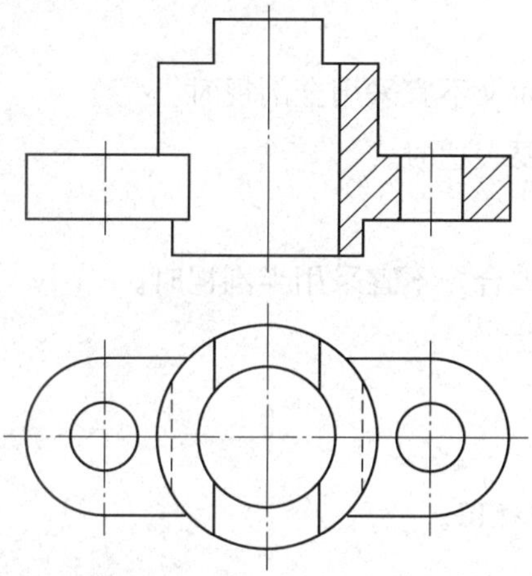

想一想

如图 3—2—11 所示支座上面有四个阶梯孔，不论怎么选取剖切面，在一个视图上都会有某个孔的形状表达不完整，该怎么解决呢？

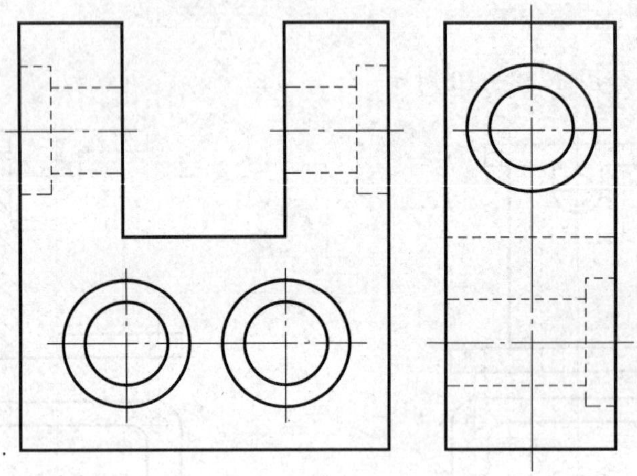

图 3—2—11　支座

3. 局部剖视图

用剖切平面局部地剖开机件，所得的剖视图称为局部剖视图。局部剖切后，机件断裂处的轮廓线用波浪线（或双折线）表示。

提示：波浪线不能与图上的其他图线重合，不能穿空而过，也不能超出视图的轮廓线。

局部剖视是比较灵活的表示方法，适用范围很广，对于如下情形，一般采用局部剖视表达。

(1) 只有局部内形需要剖切表示，而又不宜采用全剖视时。

(2) 当不对称机件的内、外形都需要表达时。

(3) 实心杆上有孔、槽时。

(4) 当对称机件的轮廓线与中心线重合，不宜采用半剖视时。

工程应用

把图 3—2—11 中支座改画成局部剖视图。

(1) 将主视图改画成局部剖视图

主视图的剖切主要是表达上面的两个阶梯孔，可假想用通过上面阶梯孔轴线的正平面将支座上半部分剖开。

在将主视图改画成局部剖视图时，将上面两个阶梯孔的细虚线改成粗实线，在剖切分界处绘制波浪线，在剖切平面与机件的接触部分画剖面线，如图 3—2—12 所示。

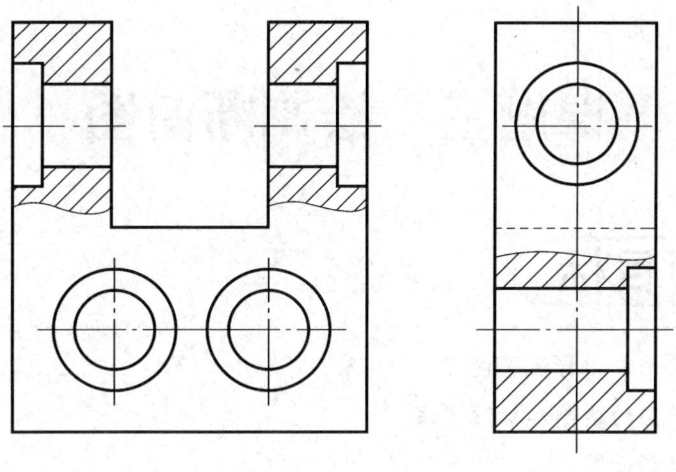

图 3—2—12　支座的局部剖视图

（2）将左视图改画成局部剖视图

左视图的剖切主要是表达下面的阶梯孔，因此可用局部剖视图的方法表达。可假想用通过下面阶梯孔轴线的侧平面将支座下半部分剖开。按照剖视图的画法完成视图，如图 3—2—12 所示。

（3）半剖视图标注

局部剖视图的标注方法和全剖视图相同，对于剖切位置明显的局部剖视图，一般可省略标注。因此支座的局部剖视图没有标注。

教学互动

下面两个剖视图哪个是正确的，为什么？

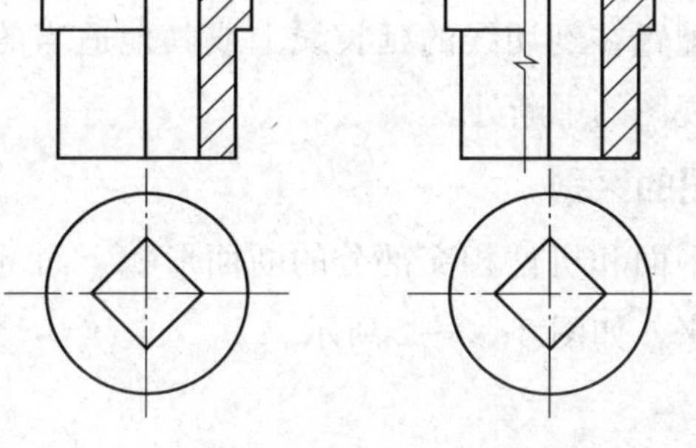

课题三　绘制断面图

学习目标

◆ 了解断面图的形成、标注等内容。

◆ 掌握移出断面图的绘制和标注方法。

◆ 能够正确识读断面图。

想一想

图 3—3—1 所示轴的主视图除了两个键槽、缺口的断面形状没有表达清楚以外，其他的结构都表达出来了，除了剖视图以外，还有更好的表达方法吗?

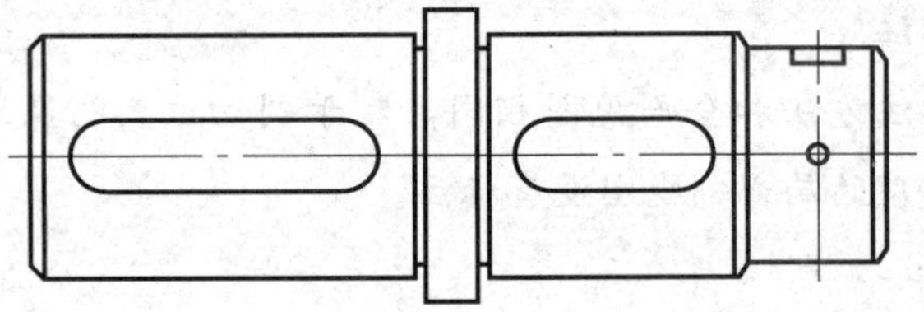

图 3—3—1　轴主视图

假想用剖切面将物体的某处切断，只画出该剖切面与物体接触部分（剖面区域）的图形，此图形称为断面图（简称断面）。断面图分为移出断面图和重合断面图两种。

一、移出断面图

1. 移出断面图

画在视图轮廓线以外的断面图，称为移出断面图。移出断面图的轮廓线用粗实线表示，图形位置应尽量配置在剖切线的延长线上或其他适当的位置。当断面图形对称时，也可将断面图画在视图的中断处。

2. 断面图与剖视图的区别

断面图只画出剖切平面和机件相交部分的断面形状，而剖视图则须把断面和断面后可见的轮廓线都画出来，如图 3—3—2 所示。

3. 注意事项

一般情况下，画断面时只画出剖切的断面形状，但当剖切平面通过机件上回转面

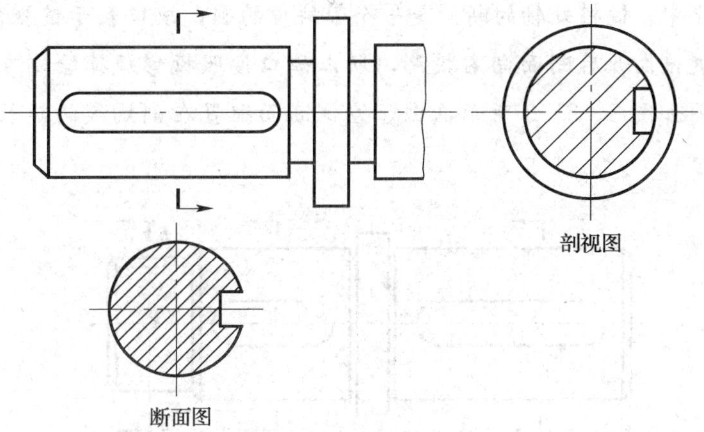

图 3—3—2　断面和剖视

形成的孔或凹坑的轴线时，这些结构应按剖视画出。当剖切平面通过非圆孔会导致出现完全分离的两个断面时，这些结构也应按剖视画出。

4. 断面图的标注

移出断面图的标注方法基本上与剖视图的标注方法一样，但必须表示出剖切位置。具体规则见表 3—3—1。

表 3—3—1　　断面图的标注

断面种类及位置		移出断面	
		在剖切位置延长线上	不在剖切位置延长线上
剖面图形	对称	省略标注以断面中心线代替剖切位置线	画出剖切位置线，标注断面图名称
	不对称	画出剖切位置线与表示投影方向的箭头	画出剖切位置线，并给出投影方向，标注断面图名称

工程应用

绘制图 3—3—1 所示轴的断面图。

（1）选定移出断面的位置

观察轴的主视图，可知只需在轴上有键槽、销孔和缺口的地方用垂直于轴线的平面将其断开，画出断面的形状即可将形体表达清楚。

（2）绘制移出断面图

图 3—3—1 中，键槽处轴的断面是一个带缺口的圆，缺口表示键槽的宽度和深度，由于剖切面将键槽切开后断面向右投影，所以缺口按照投影规律绘制在图形右侧，完成的移出断面图如图 3—3—3 所示，由于左侧断面配置在剖切线的延长线上，故省略字母。

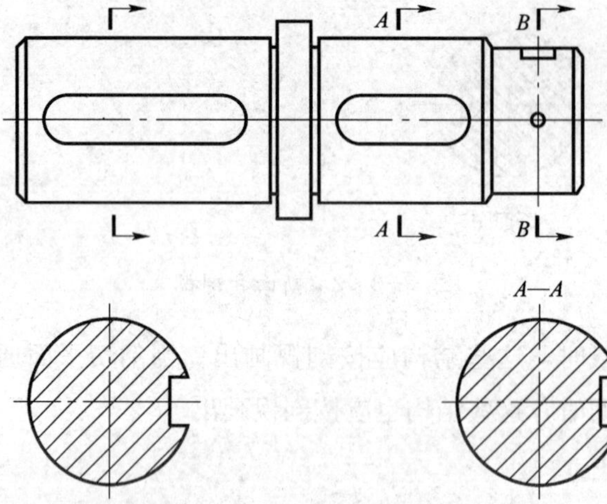

图 3—3—3　轴的断面图

教学互动

试绘制图 3—3—3 中“B—B”处的断面图。

二、重合断面图

画在视图轮廓线内部的断面图，称为重合断面图。

重合断面的轮廓线用细实线绘制，断面线应与断面图形的对称线或主要轮廓线成 45°角。当视图的轮廓线与重合断面的图形线相交或重合时，视图的轮廓线仍要完整地画出，不得中断，如图 3—3—4 所示。

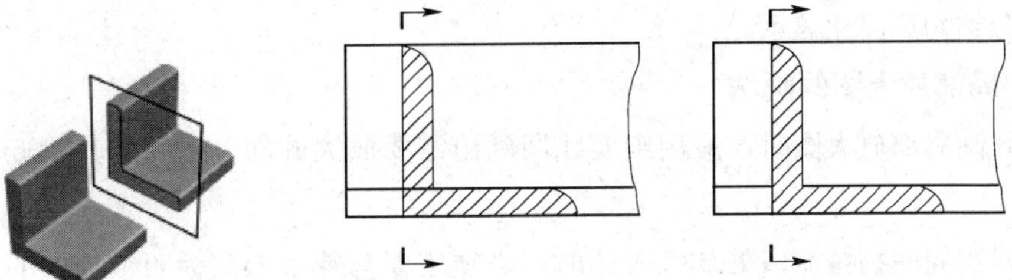

a）　　　　b）

图 3—3—4　重合断面的画法

a）正确　b）错误

课题四　用其他表达方法表达形体结构

学习目标

- 掌握局部放大图的绘制和标注方法。
- 了解常见简化画法。
- 能够正确识读常见简化画法。

想一想

图 3—4—1 所示轴的主视图上有细小的结构（两细实线圆内），如果采用正常的比例画图，将很难表达清楚，更无法标注尺寸。如果采用放大比例画图，则整个图形又会很大，还有更好的表达方法吗？

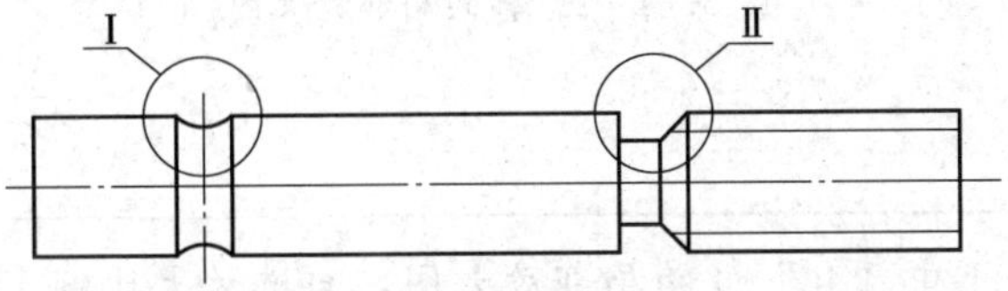

图 3—4—1　轴主视图

一、局部放大图

1．局部放大图的概念

当机件的某些局部结构较小，在原定比例的图形中不易表达清楚或不便标注尺寸时，可将此局部结构用较大比例单独画出，这种图形称为局部放大图，此时，原视图中该部分结构可简化表示。

2．局部放大图的画法

（1）画局部放大图时，应用细实线圆圈出需要放大的部分，并在其附近画出局部放大图。

（2）当同一物体需多处放大表达时，必须用罗马数字依次标明被放大的部位，并在局部放大图的上方标注出相应的罗马数字和采用的比例。

（3）当物体仅有一处需要放大时，只需标注比例即可。

提示：局部放大图采用和标注的比例应为放大图相对于物体的比例，而不是相对于原图的比例。局部放大图可画成剖视图、断面图或视图，它与被放大部分的表达方式无关。

工程应用

如果图 3—4—1 中轴的比例为 1：1，试画出“I”处的局部放大图，比例选为 2：1。

因原图按 1：1 比例绘制，所以只需要把原图中尺寸放大 2 倍绘制即可。结果如图 3—4—2 所示。

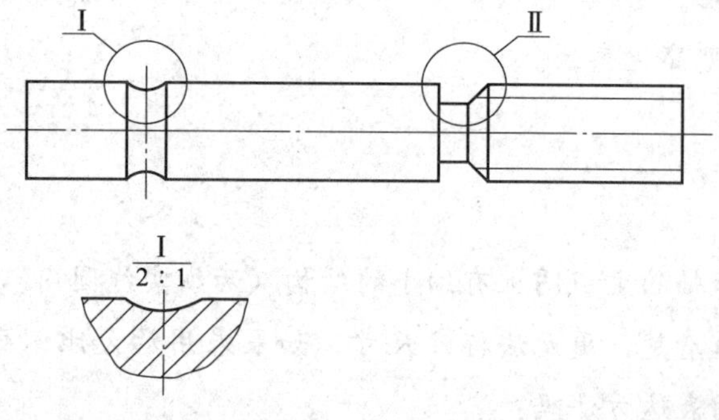

图 3—4—2 轴的局部放大图

教学互动

试绘制图 3—4—1 中“Ⅱ”处的局部放大图，自选放大比例。

想一想

图 3—4—3 所示活塞杆实际长度为 800 mm，结构也很简单，中间有很长的一段圆柱，如果完全照实物绘制，似乎没有必要，那么，有简化的画法吗？

图 3—4—3　活塞杆

二、常见简化画法

1．断裂画法

对于轴、杆类较长的机件，当沿长度方向形状相同或按一定规律变化时，允许断开画出。断裂边界用波浪线、双折线或细双点画线表示。但是标注尺寸时，要标注实际尺寸，如图 3—4—4 所示。

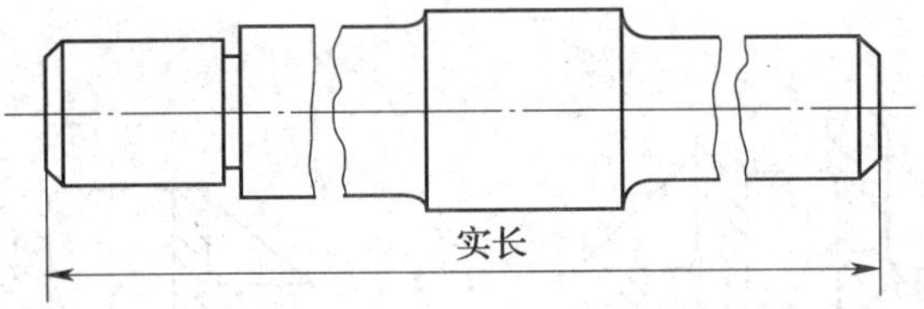

图 3—4—4　轴的断裂画法

2．肋板剖切的画法

国家标准规定对于零件上的肋、轮辐、薄壁等结构和部件上的紧固件、实心轴等，如按纵向剖切，通常按不剖绘制（不画剖面符号），而用粗实线将它与邻接的部分分开，如图 3—4—5 左视图中肋板的画法，如果按横向剖切，则这些结构仍应画出剖面符号，如图 3—4—5 中俯视图上肋板的画法。

3．成规律分布孔的画法

对于若干直径相同且呈规律分布的孔，可以仅画出一个或几个，其余只需用细点画线表示其中心位置即可，如图 3—4—6 所示。

4．均匀分布的肋板及孔的画法

当零件回转体上均匀分布的肋、轮辐、孔等结构不处于剖切平面上时，可将这些结构假想旋转到剖切平面上画出，如图 3—4—6 所示。

5．对称图形的画法

如果机件是对称的，在不致引起误解时，可只画一半或四分之一，并在对称中心线的两端画出两条与其垂直的平行细实线，如图 3—4—7 所示。

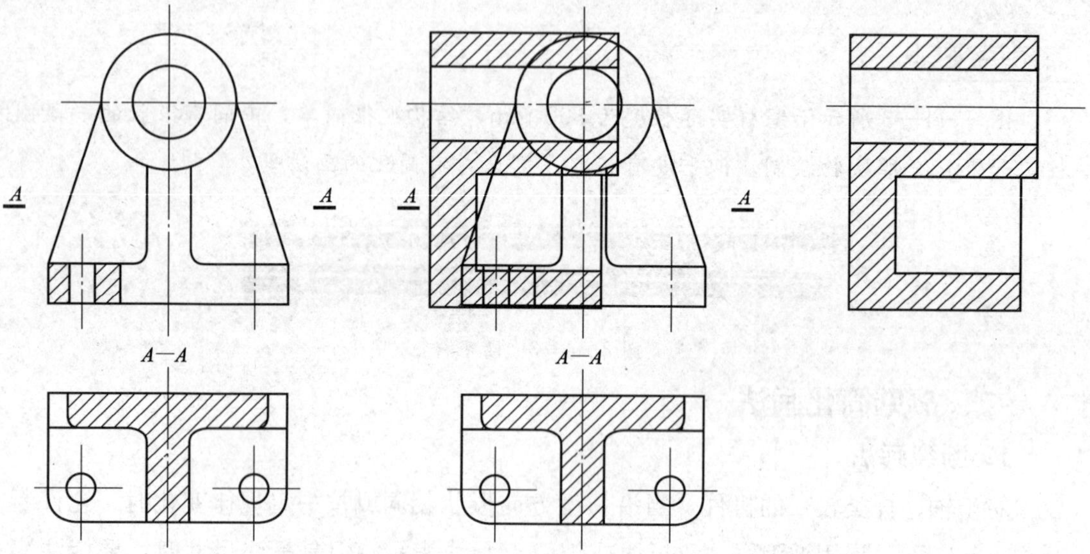

图 3—4—5　肋板简化画法

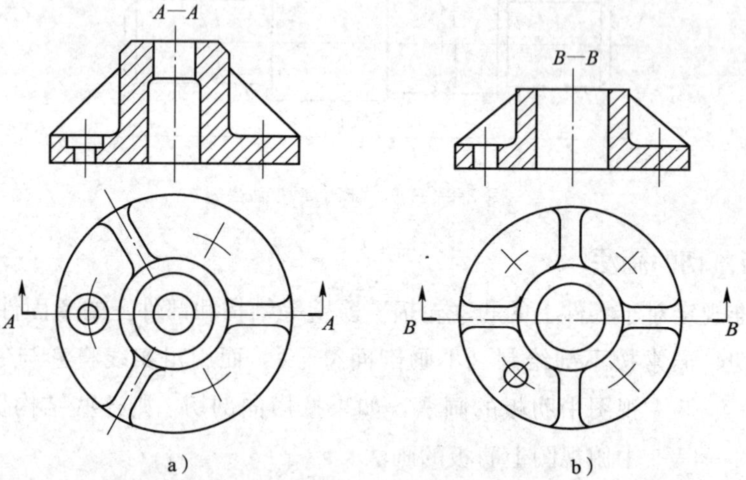

图 3—4—6　均匀分布的肋和孔的画法

a）肋未剖到　b）孔未剖到

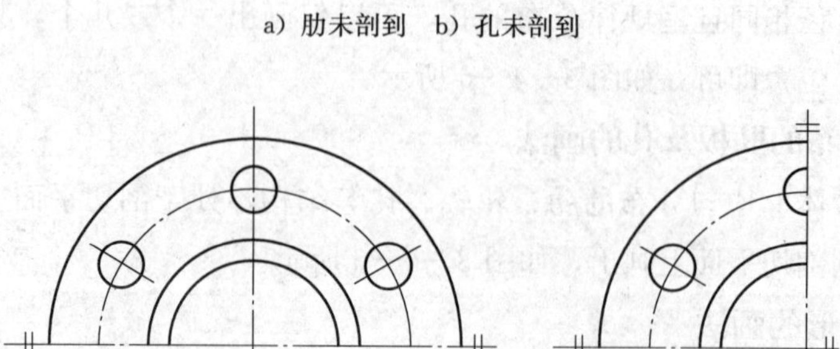

图 3—4—7　对称结构画法

6．重复结构

当机件上有若干相同的结构要素并按一定的规律分布时，只需画出几个完整的结构要素，其余的用细实线连接或画出其中心位置，如图 3—4—8 所示。图中必须注明重复结构的数量。

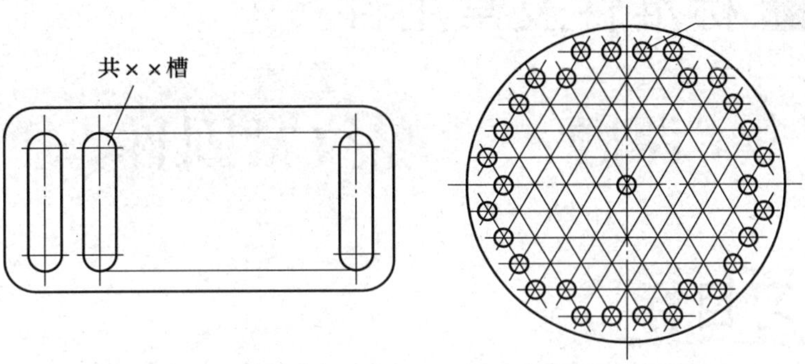

图 3—4—8　重复结构画法

模块 四

标准件及常用件

课题一　螺纹紧固件

学习目标

- ◆ 了解螺纹的相关概念。
- ◆ 掌握常用螺纹紧固件的画法。
- ◆ 能够正确识读、标记螺纹紧固件。

想一想

螺栓（见图 4—1—1）大家都接触过，用来把两个物体固定在一起。螺栓是标准件，使用之前，可以根据使用要求，去商店购买。螺栓上面的螺纹需要和螺纹孔配合，如何用图样来表示螺栓等螺纹紧固件呢？

图 4—1—1　螺栓

一、螺纹

1. 螺纹的形成

一个与轴线共面的平面图形（三角形、梯形等），绕圆柱面做螺旋运动，就得到螺纹。零件外表面上的螺纹叫外螺纹，零件孔腔内表面上的螺纹叫内螺纹，如图 4—1—2 所示。

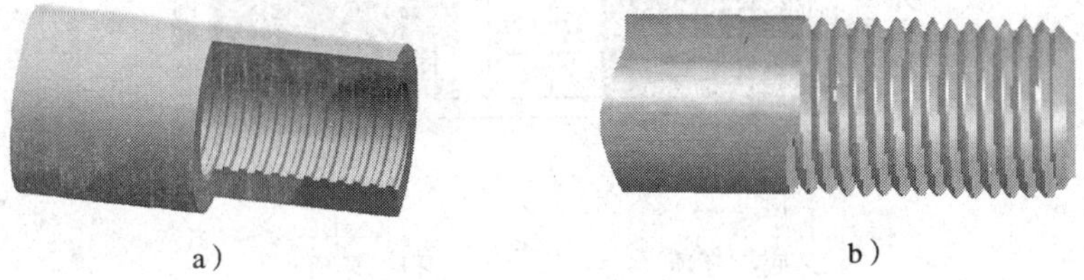

图 4—1—2　螺纹
a）内螺纹　b）外螺纹

2. 螺纹的结构要素

螺纹的尺寸和结构是由牙型、直径、线数、螺距和导程、旋向等要素确定的。当内外螺纹相互旋合时，下列要素必须相同。

（1）牙型

在通过螺纹轴线的断面上，螺纹的轮廓形状称为牙型，如图 4—1—3 所示。牙型不同的螺纹，用途也不相同。图 4—1—4 为常用螺纹的牙型，有三角形、梯形和锯齿形等。

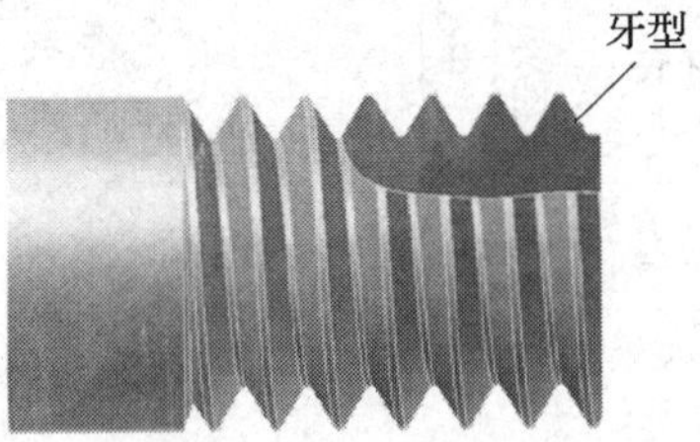

图 4—1—3　牙型

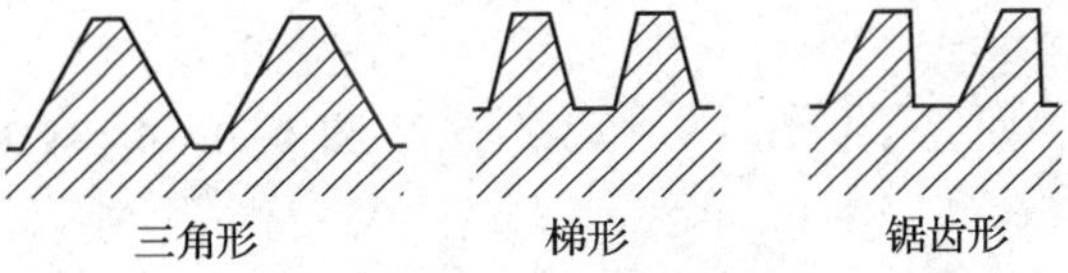

图 4—1—4　常用螺纹的牙型

（2）直径

螺纹的直径有三个。

知识链接

在螺纹凸起部分的顶端，连接相邻两个侧面的那部分螺纹表面称为牙顶，在螺纹沟槽的底部，连接相邻两个侧面的那部分螺纹表面称为牙底。

1）大径。与外螺纹牙顶或内螺纹牙底相重合的假想圆柱的直径，如图 4—1—5 所示。

2）小径。与外螺纹牙底或内螺纹牙顶相重合的假想圆柱的直径，如图 4—1—5 所示。

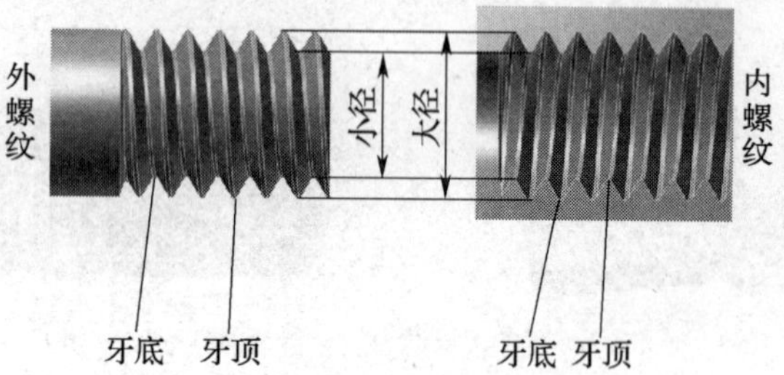

图 4—1—5　螺纹直径

3）中径。是一个假想圆柱的直径，该圆柱的母线通过螺纹牙型上沟槽和凸起宽度相等的地方，如图 4—1—6 所示。

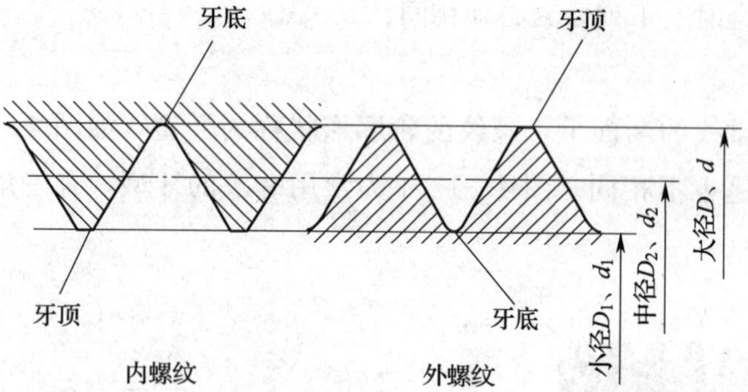

图 4—1—6　螺纹中径

知识链接

外螺纹的大径、小径、中径分别用符号 d、d_1、d_2表示，内螺纹的大径、小径、中径分别用符号 D、D_1、D_2表示。

（3）线数 n

螺纹有单线和多线之分。单线螺纹是指由一条螺旋线所形成的螺纹，如图 4—1—7a 所示。多线螺纹是指由两条或两条以上在轴向等距分布的螺旋线所形成的螺纹，如图 4—1—7b 所示。

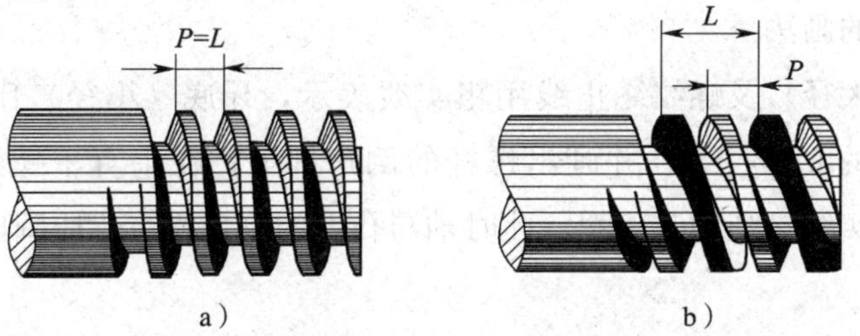

图 4—1—7　螺纹线数

a）单线螺纹（$P=L$）　b）多线螺纹（$P=L/n$）

（4）螺距和导程

螺纹上相邻两牙在中径线上对应两点之间的轴向距离 P 称为螺距，同一条螺纹上相邻两牙在中径线上对应两点之间的轴向距离 P_h 称为导程，如图 4—1—8 所示。

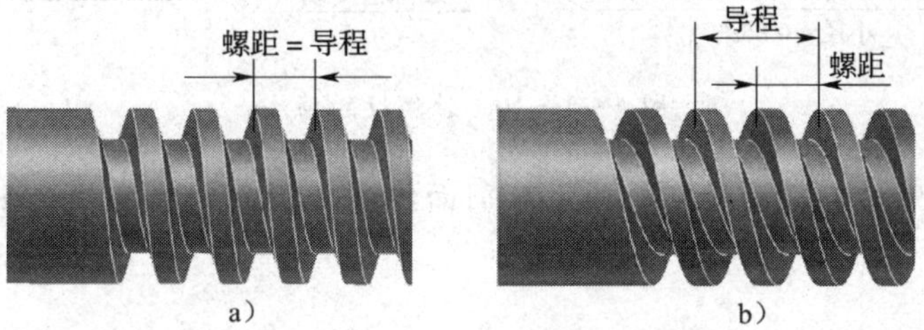

图 4—1—8　螺距和导程

a）单线螺纹（$P=P_h$）　b）多线螺纹（$P=P_h/n$）

（5）旋向

螺纹有左旋和右旋之分。顺时针旋转时旋入的螺纹称为右旋螺纹，逆时针旋转时旋入的螺纹称为左旋螺纹，如图 4—1—9 所示。

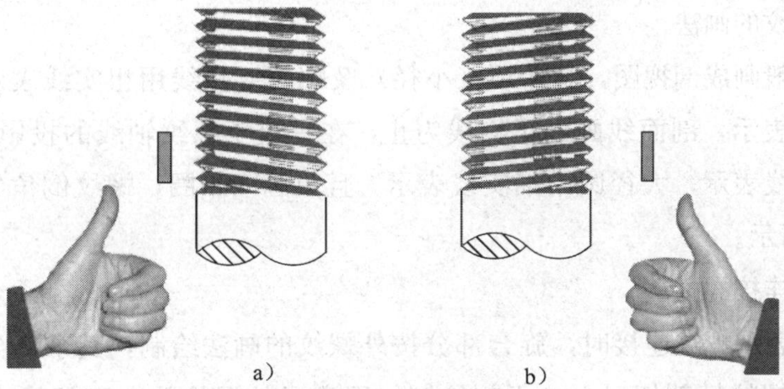

图 4—1—9　螺纹旋向

a）左旋　b）右旋

3. 螺纹的规定画法

（1）外螺纹的画法

螺纹牙顶（大径）及螺纹终止线用粗实线表示，牙底（小径）用细实线表示（小径近似画成大径的 0.85 倍），并画出螺杆的倒角部分；在垂直于螺纹轴线的视图中，表示牙底圆的细实线只画约 3/4 圈，此时轴与孔上的倒角投影不应画出，如图 4—1—10 所示。

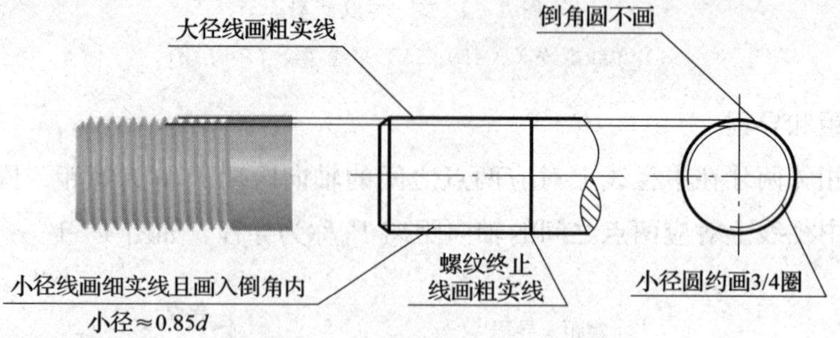

图 4—1—10　外螺纹的画法

提示：在螺纹的剖视图或断面图上，剖面线都必须画到粗实线，如图 4—1—11 所示。

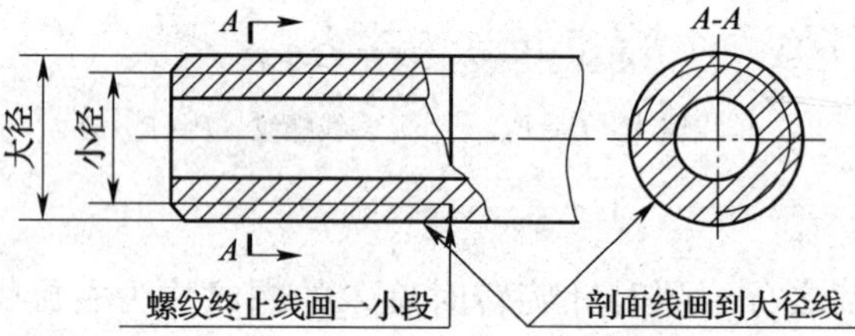

图 4—1—11　外螺纹剖视画法

（2）内螺纹的画法

内螺纹一般画成剖视图，其牙顶（小径）及螺纹终止线用粗实线表示，牙底（大径）用细实线表示，剖面线画到粗实线为止。在垂直于螺纹轴线的投影面的视图中，小径圆用粗实线表示，大径圆用细实线表示，且只画 3/4 圈，螺纹倒角省略不画，如图 4—1—12 所示。

（3）螺纹连接的画法

以剖视图表示螺纹连接时，旋合部分按外螺纹的画法绘制，其余部分按各自的规定画法绘制；螺纹杆剖切时，按不剖绘制；不穿通的螺纹孔，底部的锥顶角应画成 120°，如图 4—1—13 所示。

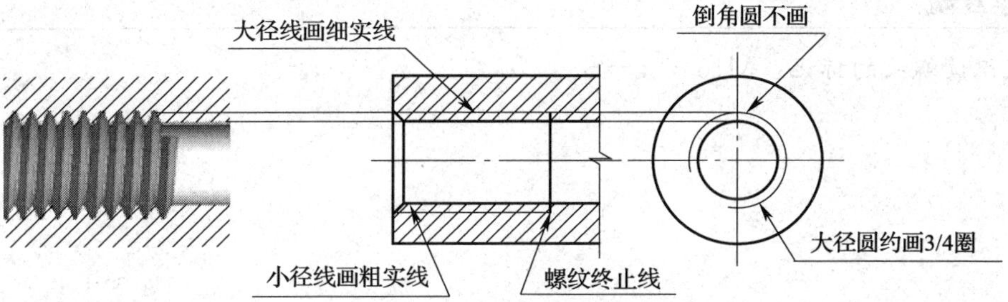

图 4—1—12　内螺纹的画法

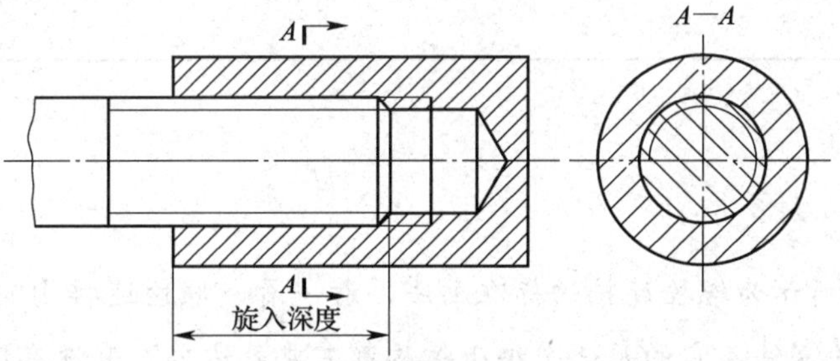

图 4—1—13　螺纹连接的画法

提示：在绘制螺纹连接剖视图时，表示大、小径线的粗、细实线要分别对齐。

4．螺纹的标记

由于螺纹采用规定画法，因此各种螺纹的画法都是相同的。所以国家标准规定，标准螺纹应在图上注出相应标准所规定的螺纹标记。具体标注方法如下：

螺纹特征代号公称直径（大径）×螺距－中径公差带顶径公差带－旋合长度－旋向

知识链接

（1）粗牙螺纹不用标注螺距。

（2）旋合长度分为长（L）、中等（N）、短（S），当旋合长度为中等时，“N”可省略。

（3）右旋螺纹不标注旋向，左旋螺纹则标注“LH”。

工程应用

识读螺纹标记：M20×2－5g6g－S－LH，解释其具体含义。

查国标可知此标记的含义为：M代表普通螺纹，大径为20 mm，螺距为2 mm（细牙），中径公差带5 g，顶径公差带6 g，短旋合长度，左旋。

教学互动

试识读螺纹的标记：M16－5g－S。

想一想

图 4—1—14 所示为螺栓连接的标准画法，看一看，螺栓连接由哪几部分组成？对于这种大量使用的零件，它的每一个细小结构都需要表达吗？有没有简化的画法？

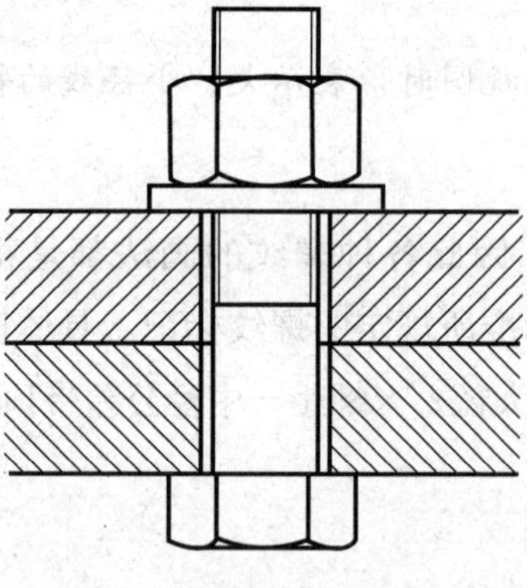

图 4—1—14　螺栓连接

二、螺栓连接

常用的螺纹紧固件有螺栓、螺钉、螺柱、螺母和垫圈等。由于这类零件都是标准件，通常只需用简化画法画出它们的装配图，同时给出它们的规定标记，标记方法按“GB”的有关规定。

知识链接

标准件是指结构、尺寸、画法、标记等各个方面已经完全标准化，并由专业厂生产的常用的零（部）件，如螺纹件、键、销、滚动轴承等。

1．螺栓连接的组成

螺栓是在圆柱上切削出螺纹，起连接作用，其长短取决于被连接零件的厚度。螺栓用于被连接件允许钻成通孔的情况。观察图 4—1—14 可知，螺栓连接由螺栓、螺母和垫圈连接两个被连接件组成，其简化画法见表 4—1—1。

表 4—1—1　　　　螺栓紧固件

紧固件	简化画法	标记示例	实体
六角螺栓	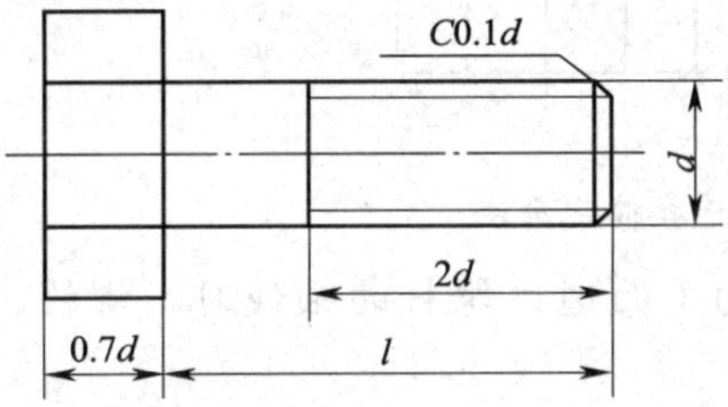	螺栓 GB/T 5780 M（$d\times L$） 例： 螺栓 GB/T 5780 M10×55	
六角螺母	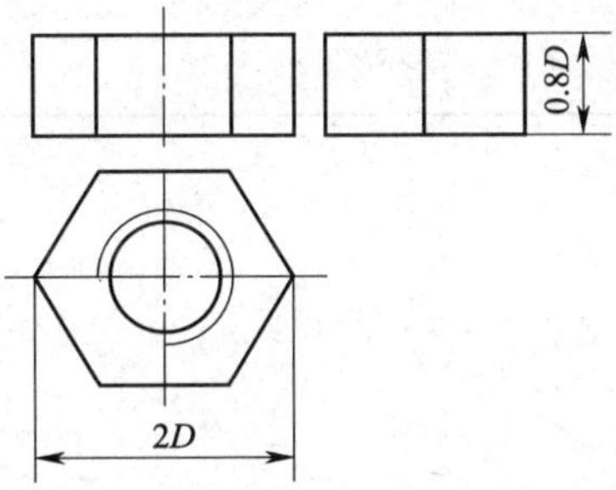	螺母 GB/T 6170 M（D） 例： 螺母 GB/T 6170 M10	
平口垫圈	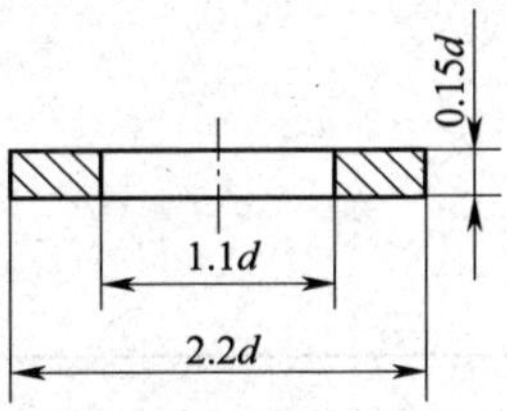	GB/T 97.1 d 例： GB/T 97.1 10	

2．螺栓连接简化画法

在装配图中，螺栓连接可采用简化画法，如图 4—1—15 所示，具体规定如下。

（1）螺纹紧固件的工艺结构（倒角、退刀槽、缩颈、凸肩等）均可省略不画。

（2）两个零件的接触面只画一条粗实线，不得将轮廓线特意加粗。凡不接触的表面，不论间隙多小，在视图上均应画出两条轮廓线。

（3）在剖视图中，相互接触的两个零件其剖面线方向相反，而同一个零件在各剖视图中的剖面线的倾斜方向和间隔应相同。

（4）被连接件的孔径为 1.1 d。

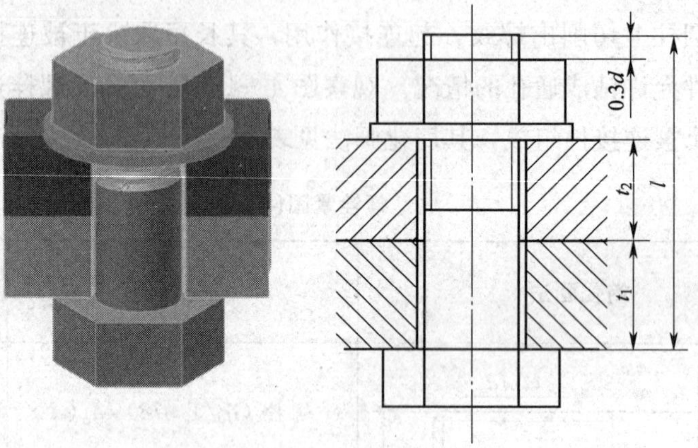

图 4—1—15　螺栓连接简化画法

提示： 国家标准规定，在装配图中当剖切平面通过螺杆的轴线时，螺栓、螺母及垫圈等标准件均按未剖切绘制。

教学互动

试绘制图 4—1—15 所示螺栓连接的俯视图。

三、螺钉连接

1. 螺钉

螺钉的种类很多，使用最为广泛的有开槽圆柱头螺钉、开槽沉头螺钉等。它用于受力不大而又不经常拆卸的连接，尤其适用于被连接件之一厚度较大，不宜制成通孔的情况。画螺钉连接图一般也采用简化画法，常用螺钉的简化画法见表 4—1—2。

2. 螺钉的标记

螺钉的标记示例：螺钉 GB/T 65　M10×35。

查国标可知，该标记表示：开槽圆柱头螺钉，螺纹的大径 d 为 10 mm，公称长度 L 为 45 mm。

表 4—1—2　　螺钉简化画法

螺钉	简化画法	实体
开槽圆柱头螺钉	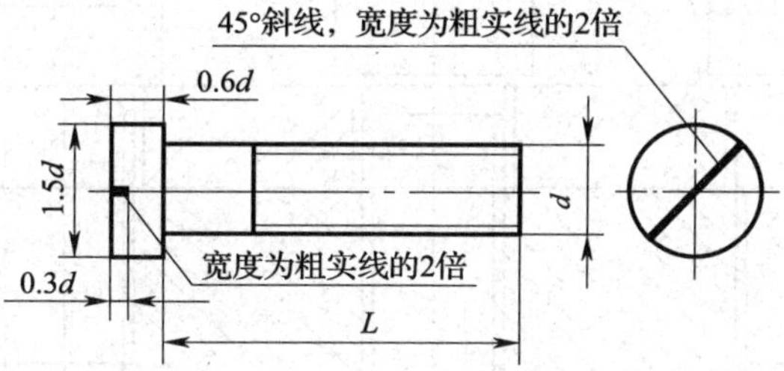	
开槽沉头螺钉	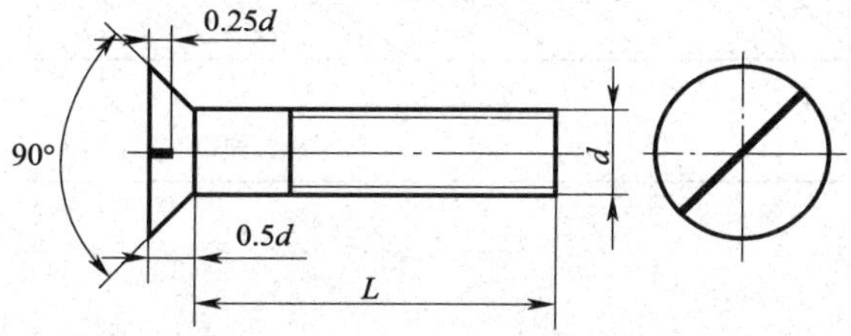	
内六角圆柱头螺钉	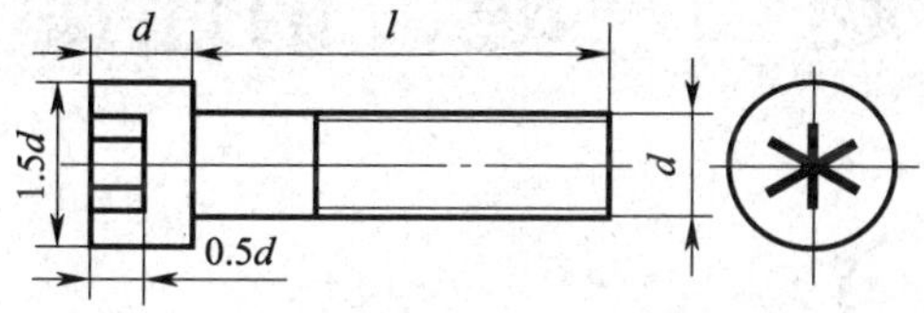	

3. 螺钉连接简化画法

螺钉连接简化画法如图 4—1—16 所示。

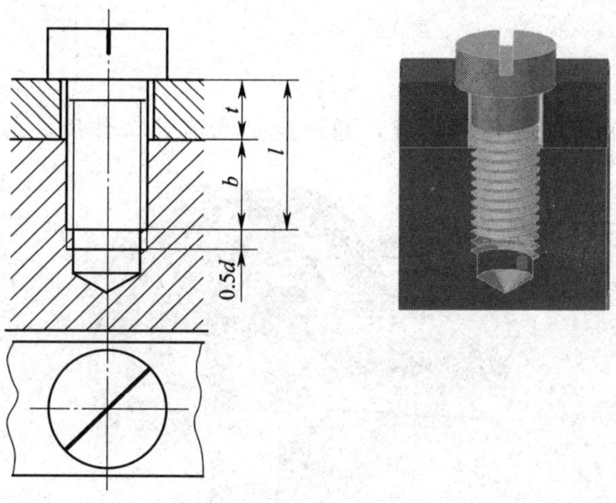

图 4—1—16　螺钉简化画法

教学互动

指出下列螺钉连接画法的错误？

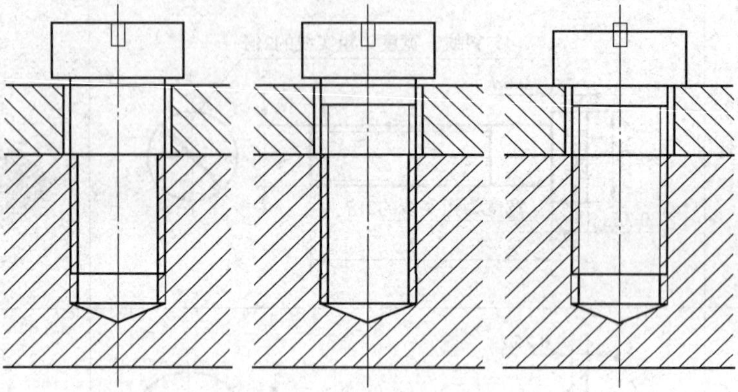

课题二　键、销连接

学习目标

- 了解键、销连接的基本知识。
- 能够正确识读键、销连接图。

想一想

图 4—2—1 中最小的物体就是键，想一想，它有什么作用，怎样绘制这种结构呢？

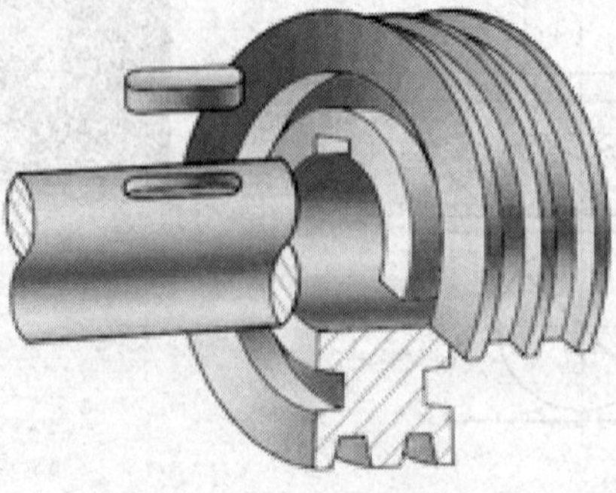

图 4—2—1　键连接

一、键连接

1．键连接基础知识

为了把轮和轴装在一起而使其同时转动，通常在轮和轴的表面分别加工出键槽，然后把键放入轴的键槽内，再将带键的轴装入轮孔中，这种连接称键连接。常用的键有普通平键、半圆键和钩头楔键等，其中普通平键最常用。普通平键有 A 型（圆头）、B 型（平头）和 C 型（单圆头）三种，如图 4—2—2 所示。

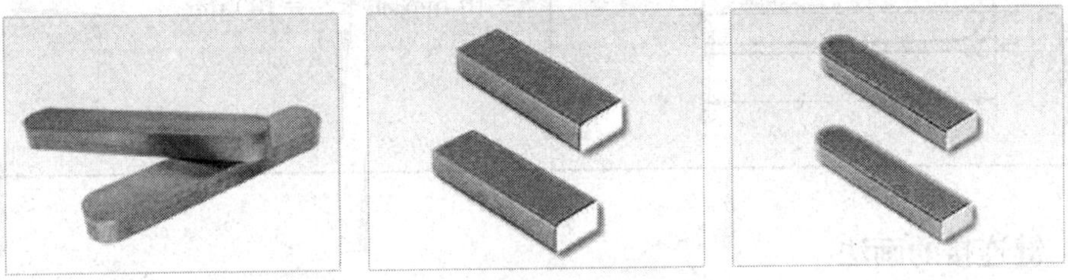

图 4—2—2　普通平键

2．普通平键的视图及标记

键一般都是标准件，画图时可根据有关标准查得相应的尺寸及结构。普通平键的形式及标记示例见表 4—2—1。

表 4—2—1　　　　**普通平键**

种类	视图	规定标记示例
A 型	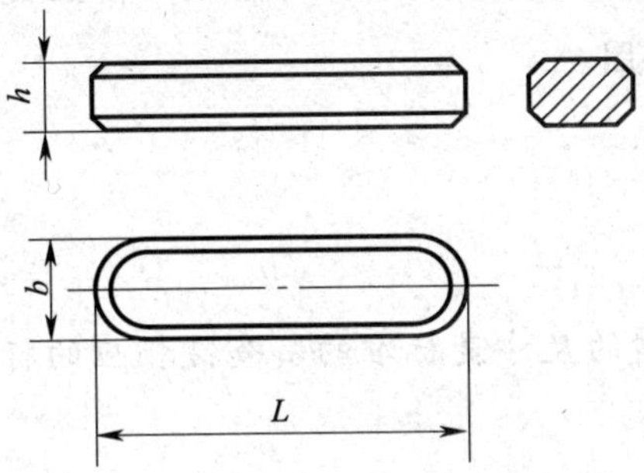	键　12×80　GB/T 1096—2003 圆头普通平键、键宽 $b=12$ mm、键高 $h=8$ mm、键长 $L=80$ mm
B 型	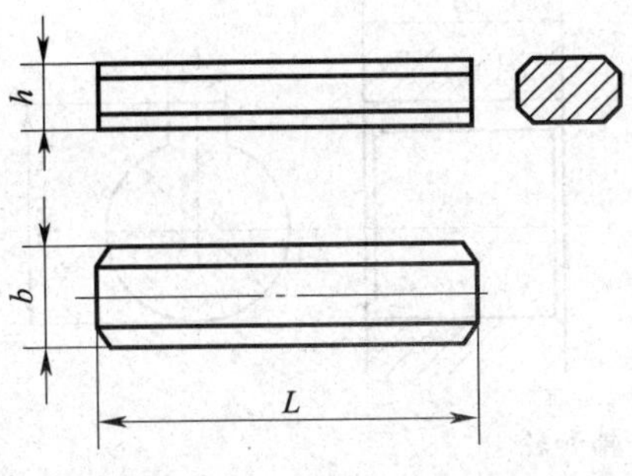	键　B16×100　GB/T 1096—2003 平头普通平键、键宽 $b=16$ mm、键高 $h=10$ mm、键长 $L=100$ mm

续表

种类	视图	规定标记示例
C 型	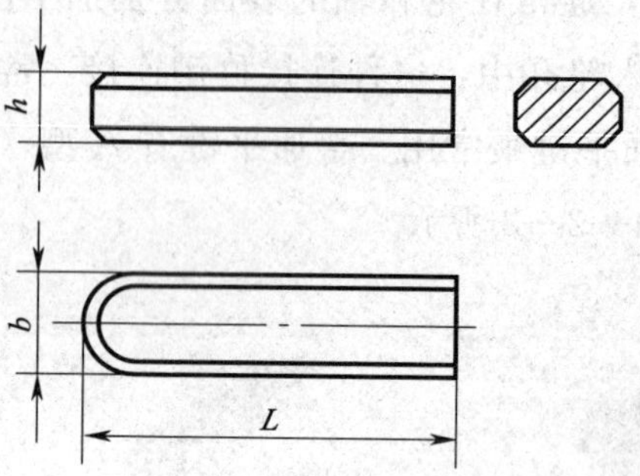	键　C16×100　GB/T 1096—2003 单圆头普通平键、键宽 $b=16$ mm、键高 $h=10$ mm、键长 $L=100$ mm

3．键连接的画法

普通平键的两个侧面是工作面，上下两底面是非工作面。连接时，键的两侧面与轴和轮毂的键槽侧面相接触，而上底面与轮毂键槽的顶面之间留有间隙。因此，在画图时，键两侧与轮毂键槽接触，画成一条线，而键的顶面与键槽不接触，画成两条线。

工程应用

如图 4—2—3 所示，如果轴径 d 为 20 mm，轮宽 B 为 18 mm，轴上键槽 t 为 3.5 mm,轮上键槽 t 为 12.8 mm，绘制键连接图。

知识链接

键的安装需要在轴和轮上开有键槽，键槽的尺寸是标准的，查键相应的标准即可得知。

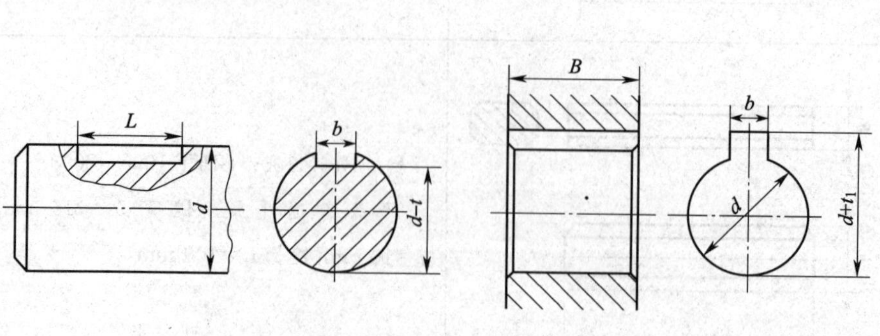

图 4—2—3　轴和轮

(1) 键的尺寸

选用 A 型平键，宽度 b 为 6 mm、高度 h 为 6 mm，根据带轮宽度可选用键长 L 为 15 mm。

(2) 绘制平键连接图

完成的键连接图如图 4—2—4 所示。

提示：纵向剖切时，键按不剖处理；横向剖切时，键应画剖面线。

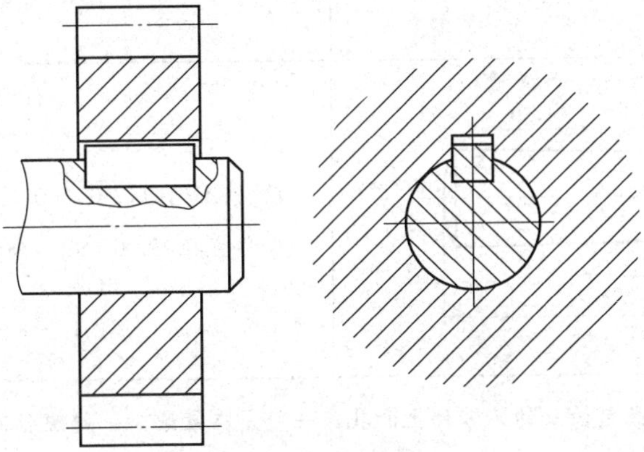

图 4—2—4 普通平键连接

教学互动

B 型平键，$b=8$，$h=7$，$L=40$，试标记平键。

二、销连接

销是标准件。在机械中，主要用于连接、定位或防松等。常用的销有圆柱销、圆锥销等，如图 4—2—5 所示。常用销的画法及标记示例见表 4—2—2。

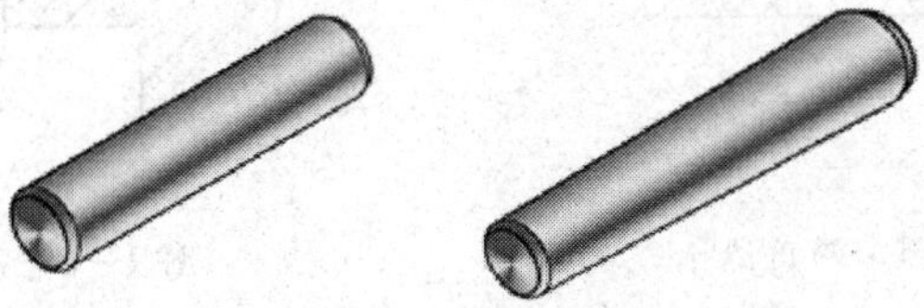

图 4—2—5 销

表 4—2—2　　销的形式

种类	形式	标记示例
圆柱销	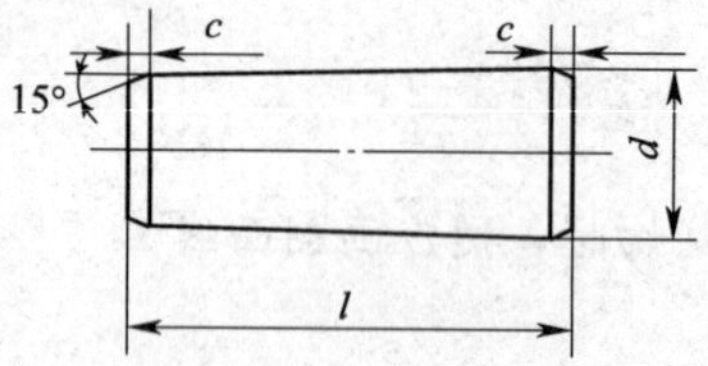	销　GB/T 119.1 6m6×30 公称直径 d=6 mm、公差为 m6、公称长度 l=30 mm
圆锥销	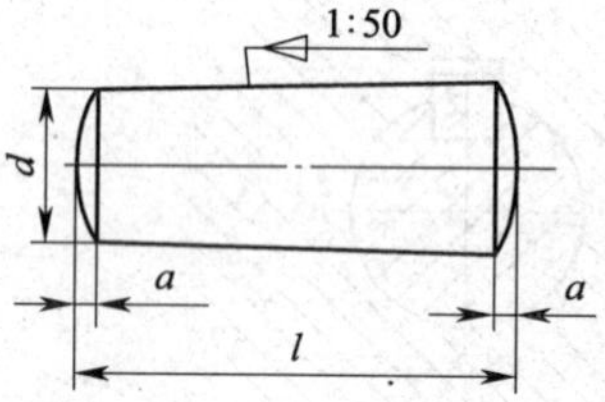	销　GB/T 117 6×30 公称直径 d=6 mm、公称长度 l=30 mm

注意：用销连接（或定位）的两零件上的孔，一般是在装配时一起配钻的。因此，在零件图上标注销孔尺寸时，应注明“配作”字样。

工程应用

如图 4—2—6 所示两角边，已知孔的直径为 10 mm，孔深 20 mm，选用公称直径为 10 mm，公称长度为 26 mm 的圆柱销连接，试绘制销连接图。

绘制销连接图时，当剖切平面通过销的轴线剖切时，销按未剖切处理，完整销连接如图 4—2—7 所示。

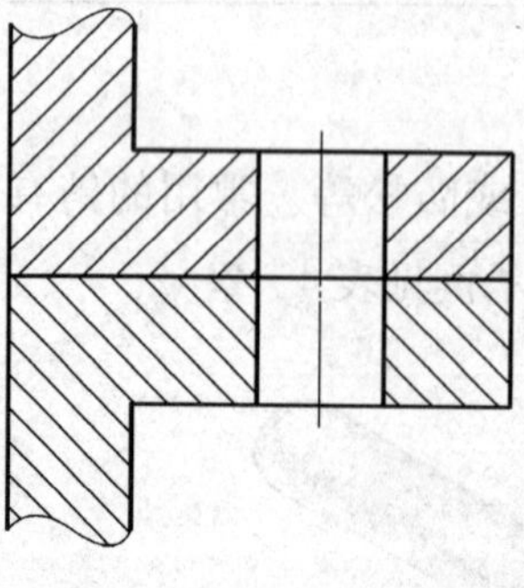

图 4—2—6　两角边

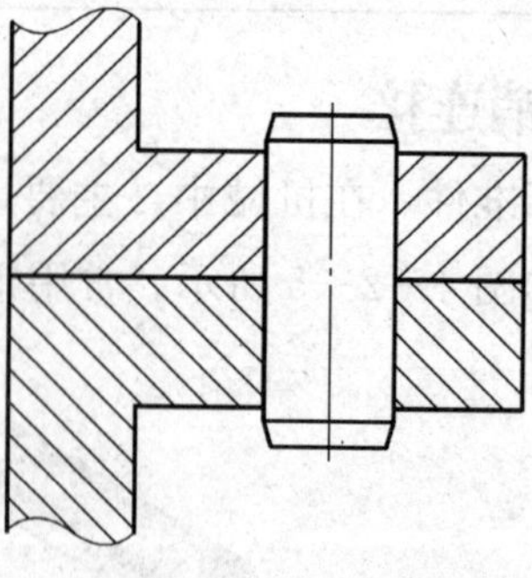

图 4—2—7　销连接

提示：分界线画到销。圆锥销大头在上。

教学互动

试识读销标记：销 GB/T 117 8×60

课题三 齿 轮

学习目标

- 了解直齿圆柱齿轮的结构及主要参数。
- 掌握直齿圆柱齿轮的画法。
- 能够正确识读齿轮啮合图。

想一想

齿轮并不陌生，生活中经常看到的齿轮及应用如图 4—3—1 所示。你对齿轮了解吗？又该怎样绘制它的视图呢？

图 4—3—1 齿轮

齿轮传动在机械中被广泛应用。它来传递动力或者改变旋转速度与旋转方向。齿轮的种类很多，常见的齿轮传动形式有圆柱齿轮（用于两平行轴间的传动）、锥齿轮（用于两相交轴间的传动）、蜗杆与蜗轮（用于两交叉轴间的传动）等，其中最常用的是直齿圆柱齿轮传动。

一、直齿圆柱齿轮

1. 直齿圆柱齿轮结构和尺寸关系

（1）直齿圆柱齿轮结构

直齿圆柱齿轮结构如图 4—3—2 所示。

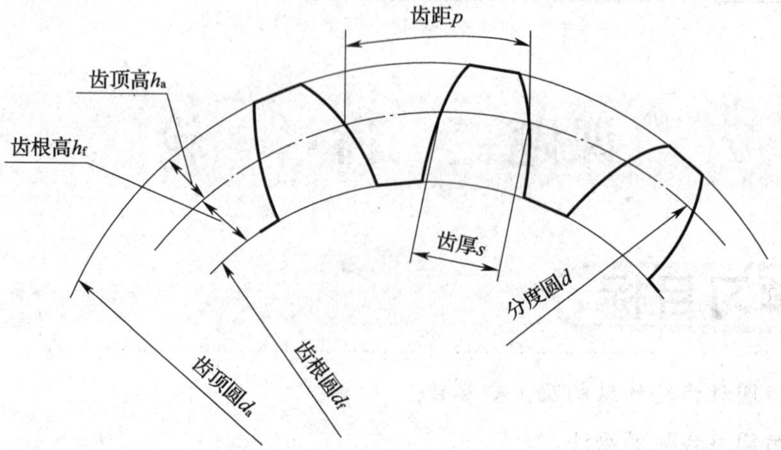

图 4—3—2　直齿圆柱齿轮尺寸

1）齿数 z。轮齿的数量。

2）齿顶圆 d_a。在圆柱齿轮上过各轮齿顶部的圆称为齿顶圆。

3）齿根圆 d_f。在圆柱齿轮上过各齿槽底部的圆称为齿根圆。

4）分度圆 d。在圆柱齿轮上齿厚与齿槽宽相等的圆称为分度圆。

5）齿高 h。轮齿的齿顶和齿根在径向上的高度称全齿高 h；齿顶圆与分度圆之间的径向距离为齿顶高 h_a；分度圆与齿根圆之间的径向距离为齿根高 h_f。

6）齿厚和齿槽宽。在齿轮的任意圆周上，一个轮齿两侧齿廓间的弧长称为该圆上的齿厚，用 s 表示；齿槽两齿廓间的弧长称为齿槽宽，用 e 表示。一般所说的齿厚和齿槽宽是指分度圆上的齿厚和齿槽宽。

7）齿距 p。在分度圆上，相邻两齿廓对应点之间的弧长称为齿距，即 $p=s+e$。

8）模数 m。齿轮的分度圆周长$=zp=\pi d$，则 $d=zp/\pi$，为计算方便，将 p/π 称为模数，用 m 表示，则 $d=mz$。模数是设计、制造齿轮的重要参数，单位是 mm，齿轮模数数值已经标准化。

（2）直齿圆柱齿轮主要尺寸之间的关系

直齿圆柱齿轮主要尺寸之间的关系见表 4—3—1。

表 4—3—1　　　　直齿圆柱齿轮主要尺寸计算公式

名称	代号	公式
分度圆直径	d	$d=mz$
齿顶圆直径	d_a	$d_a=m(z+2)$
齿根圆直径	d_f	$d_f=m(z-2.5)$
中心距	a	$a=\frac{1}{2}d_1+\frac{1}{2}d_2=\frac{1}{2}m(z_1+z_2)$

2．直齿轮的画法

（1）齿轮视图配置

齿轮通常用两个视图来表示，轴线水平放置。其中平行于齿轮轴线的视图画成全剖或半剖视图，另一个视图表示孔和键槽的形状。表示分度圆的细点画线应超出轮廓线；在剖视图中，当剖切面通过齿轮轴线时，齿轮一律按不剖处理。

（2）规定画法

齿轮的轮齿部分，一般不按真实投影绘制，而是采用规定画法，具体规定如下：

1）齿顶圆。齿顶圆和齿顶线用粗实线绘制。

2）分度圆。分度圆和分度线用细点画线绘制。

3）齿根圆。齿根圆和齿根线用细实线绘制，也可省略不画。在剖视图中齿根线用粗实线绘制。

工程应用

一直齿圆柱齿轮模数为 2.5 mm，齿数为 18，齿坯宽度为 16 mm，试用规定画法绘制其视图。

（1）尺寸计算

分度圆直径：$d=mz=2.5\times18=45$ mm

齿顶圆直径：$d_a=m(z+2)=2.5\times(18+2)=50$ mm

齿根圆直径：$d_f=m(z-2.5)=2.5\times(18-2.5)=38.75$ mm

（2）绘制视图

1）主视图（端面）。用细点画线绘制分度圆，用粗实线绘制齿顶圆，用细实线绘制齿根圆，如图 4—3—3a 所示。

2）全剖轴向视图。如图 4—3—3b 所示，先用细点画线绘制分度线，用粗实线绘制齿顶线和齿根线；然后绘制轴孔和齿轮侧面的轮廓线；最后绘制剖面线。

提示： 轮齿部分不画剖面线。

3）反映外形的轴向视图。如图 4—3—3c 所示，用细点画线绘制分度线，用粗实线绘制齿顶线，用细实线绘制齿根线。

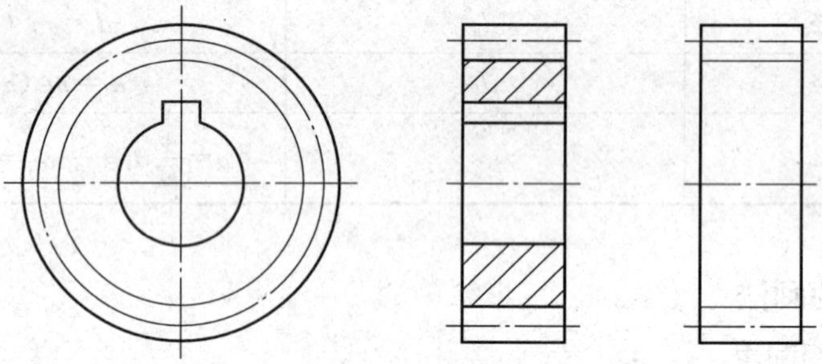

a） b） c）

图 4—3—3 直齿圆柱齿轮画法

二、齿轮啮合

1. 识读齿轮啮合图

从图 4—3—4 两个圆柱齿轮的啮合图中可以看到：

（1）两个圆柱齿轮的啮合图一般用两个视图表达，两个齿轮的分度圆相切。

（2）在垂直于圆柱齿轮轴线的视图中，啮合区内的齿顶圆均用粗实线绘制，也可省略不画，如图 4—3—5 所示。

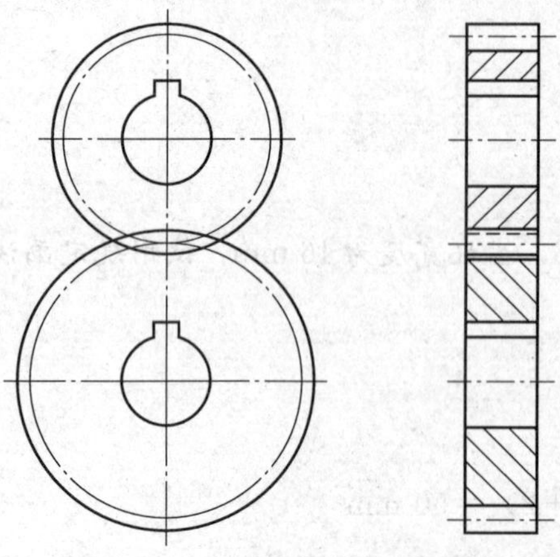

图 4—3—4 齿轮啮合视图

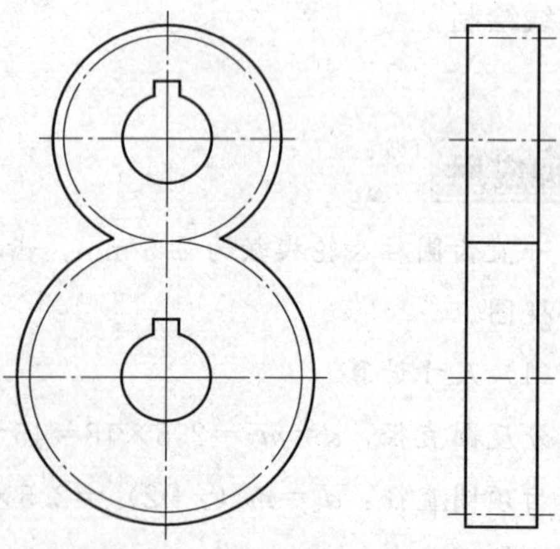

图 4—3—5 齿轮啮合外形图

（3）在圆柱齿轮啮合的剖视图中，当剖切平面通过两啮合齿轮轴线时，在啮合区内，将一个齿轮的轮齿用粗实线绘制，另一个齿轮的轮齿被遮挡的部分用细虚线绘制

（也可省略不画）。

（4）中心距 a：两啮合齿轮轴线之间的距离称为中心距，计算公式为：

$$a = \frac{1}{2}d_1 + \frac{1}{2}d_2 = \frac{1}{2}m(z_1 + z_2)$$

2．绘制齿轮啮合外形图

齿轮啮合外形图如图 4—3—5 所示。

（1）在啮合区内两齿轮的齿顶线均不可见，不需画出。

（2）啮合区内分度线画成粗实线，但其他非啮合区内的分度线仍用细点画线绘制。

（3）齿根线均可省略不画。

（4）大、小齿轮的齿厚按一个尺寸绘制。

教学互动

标准直齿圆柱齿轮，$m=3$，$z=24$，$b=12$，试按规定画法绘制其视图（轴孔省略不画）。

课题四　滚动轴承

学习目标

◆ 了解常用滚动轴承的结构和规定画法。

◆ 能够正确识读、绘制常用滚动轴承的视图。

想一想

如图 4—4—1 所示为减速器中齿轮、轴和滚动轴承的连接。滚动轴承使用广泛，已经标准化、系列化。在制图中如何绘制滚动轴承呢？

滚动轴承是标准件，其作用是支承旋转轴及轴上的机件，它具有结构紧凑、摩擦力小等特点，在机械传动中被广泛地应用。

一、滚动轴承的结构

滚动轴承的种类很多，一般由外圈、内圈、滚动体和保持架组成，如图 4—4—2 所示。通常外圈固定在机体上，内圈与轴配合，随轴一起转动。图 4—4—3 所示为最常用的几种滚动轴承。

图 4—4—1　滚动轴承连接

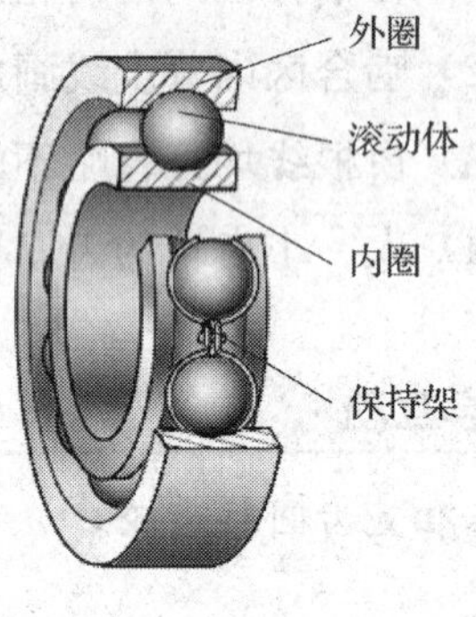

图 4—4—2　轴承结构

a）　b）　c）

图 4—4—3　滚动轴承

a）深沟球轴承　b）圆锥滚子轴承　c）推力球轴承

二、滚动轴承的画法

国家标准规定的滚动轴承的表达方法有通用画法、规定画法和特征画法三种，见表 4—4—1。

1. 通用画法

在装配图的剖视图中，若无需确切地表示滚动轴承的外形轮廓、载荷特性及结构特性时，可采用通用画法。在轴的两侧用矩形线框（粗实线）及位于线框中央正立的十字形符号（粗实线）表示。通用画法适用于表达各种类型的滚动轴承。

2. 特征画法

在装配图的剖视图中，若需要较形象地表示滚动轴承的结构特征，可采用特征画法。在轴的两侧矩形线框内，用粗线画出滚动轴承结构特征和载荷特征的要素符号组合。

表 4—4—1　　　　　　　　　　　　滚动轴承的画法

名称	查表主要依据	通用画法	特征画法	规定画法
深沟球轴承	D d B		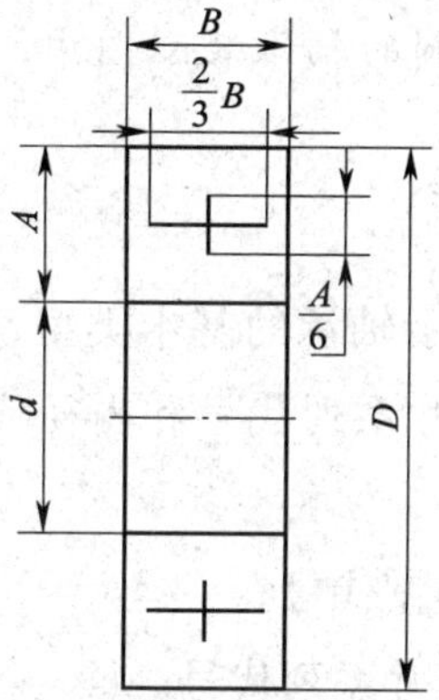	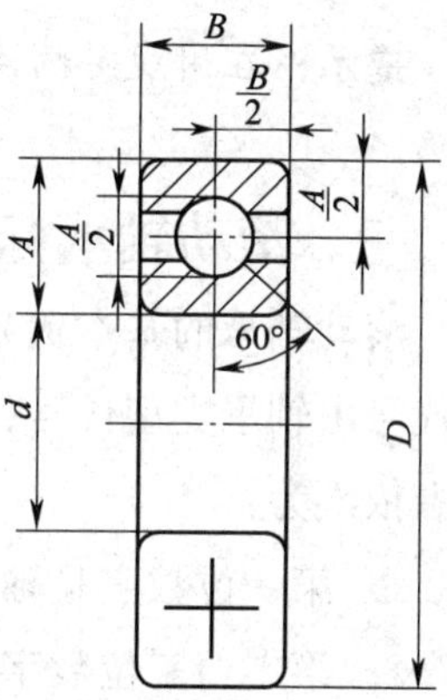
圆锥滚子轴承	D d B T C	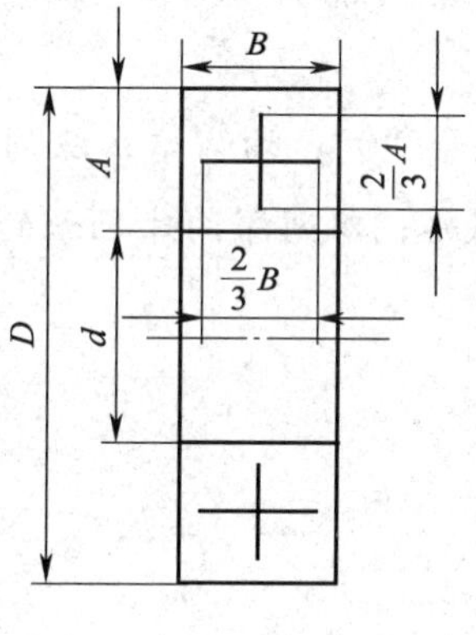	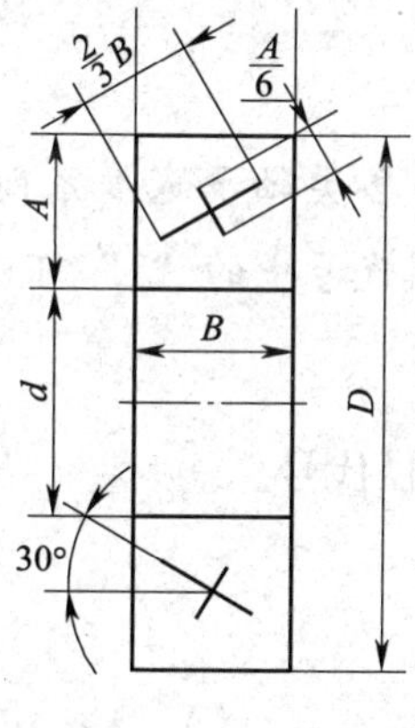	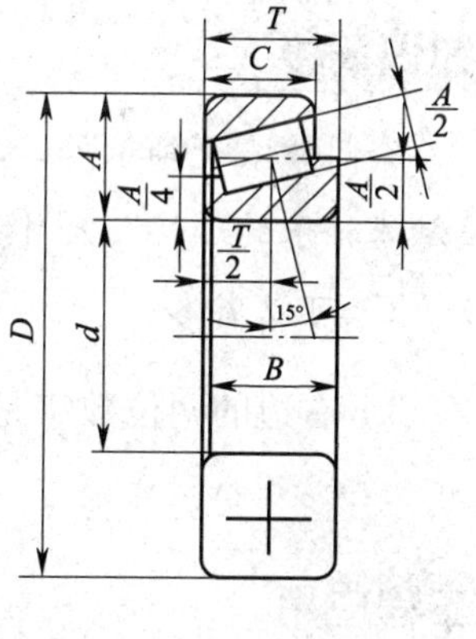
推力球轴承	D d T		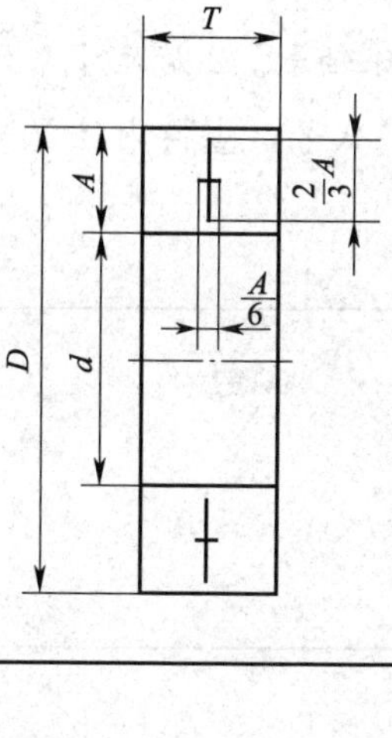	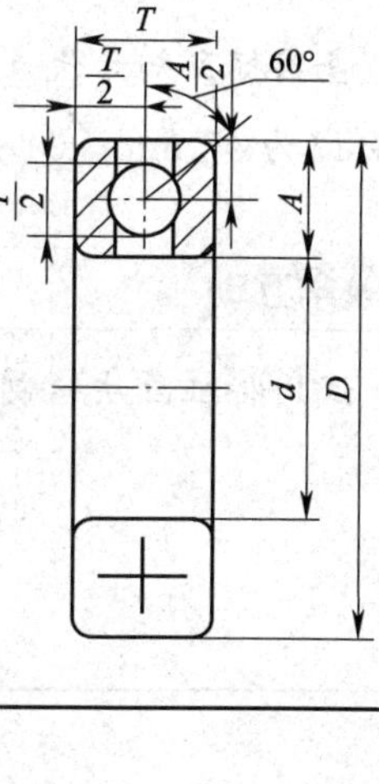

3．规定画法

当需要表达滚动轴承的主要结构时，可采用规定画法。

从表4—4—1可知，规定画法只应用在一侧，而另一侧应按通用画法绘制。另外，在装配图的剖视图中采用规定画法绘制滚动轴承时，轴承的滚动体不画剖面线，内、外圈的剖面线方向一致、间隔相同。

提示： 在用规定画法绘制的轴承装配图中，滚动轴承的保持架及倒角等均可省略不画。

三、滚动轴承标记

滚动轴承的基本代号表示轴承的基本类型、结构和尺寸，是轴承代号的基础。基本代号由轴承类型代号、尺寸系列代号和内径代号构成，通常用5位数字表示，从左往右依次为：

1. 第一位数字是轴承类型代号。
2. 第二、三位数字是尺寸系列代号。

知识链接

除圆锥滚子轴承外，其余各类轴承宽度系列代号“0”，均省略；深沟球轴承和角接触球轴承的“10”尺寸系列代号中的“1”可以省略；双列深沟球轴承的宽度系列代号“2”可以省略。

3. 右边的两位数字是内径代号。

工程应用

识读滚动轴承标记：滚动轴承　6204 GB/T 276

查国标可知6代表深沟球轴承。2是尺寸系列代号，查得轴承的宽度 B 为14 mm，外径 D 为47 mm。04是内径代号，查得内径 d 为20 mm。

教学互动

试用特征画法绘制6204 GB/T 276。

模块五 识读机械图样

课题一 识读零件图中的技术要求

学习目标

◆ 了解零件图中的技术要求，如公差、配合、表面粗糙度等。

◆ 能够正确识读零件图中的技术要求。

想一想

零件是组成机器的最小单元。任何机器或部件都是由零件装配而成，如图5—1—1所示。在设计和加工零件时，不仅要知道零件的形状、尺寸，还要知道它的材料、精度等诸多指标。那么绘制的零件图都需要具有什么要素才能完整地表达出来呢？

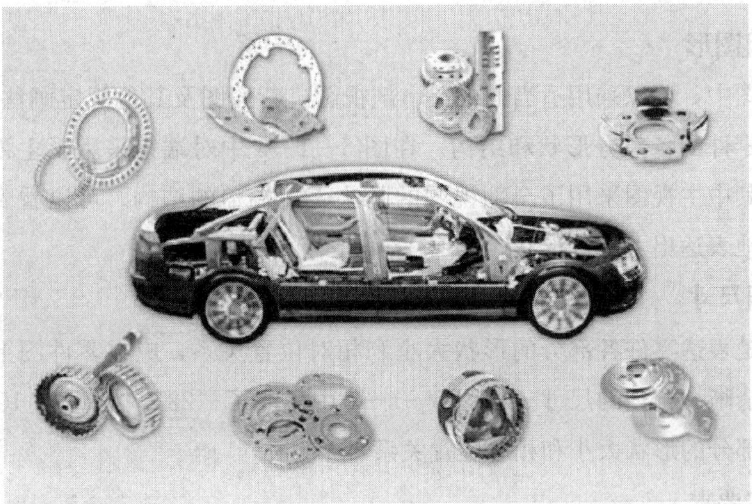

图5—1—1 汽车与零件

一、初识零件图

表达零件结构形状、尺寸大小和技术要求的图样称为零件工作图，简称零件图。零件图是设计部门提供给生产部门的重要技术文件，是生产准备、加工制造、质量检查及测量的依据。

图 5—1—2 端盖

图 5—1—2 所示零件端盖的零件图为图 5—1—3。下面结合该零件图分析一下零件图应包含的内容。

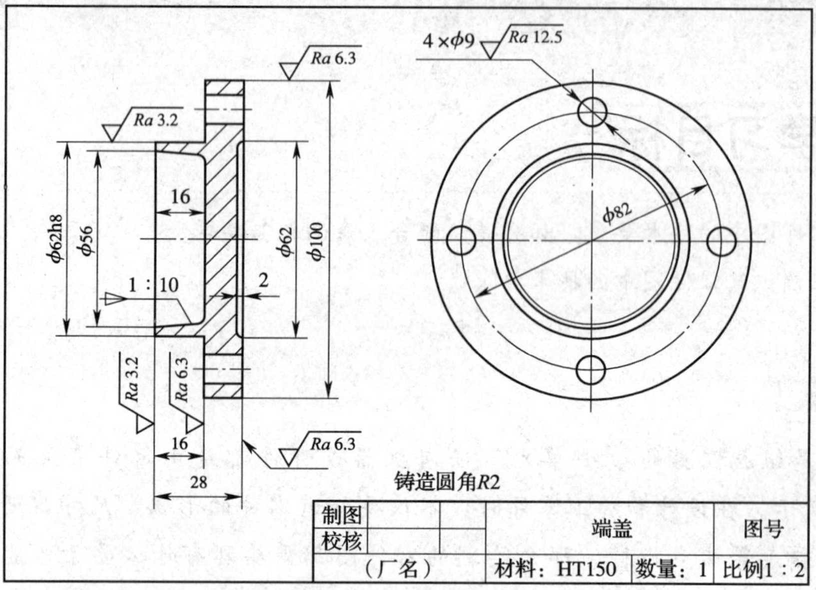

图 5—1—3 端盖零件图

1．一组图形

在零件图中，可以采用适当的视图、剖视图、断面图及其他规定画法正确、完整、清晰地表达零件的各部分形状和结构。在图 5—1—3 中对端盖采用了主视图和左视图两个视图，其中主视图采用了全剖视图的画法表达端盖的结构。可以看到这两个视图完整、清晰地表达出了零件形状。

2．一组尺寸

为了清楚表达零件各部分的形状大小和相对位置关系，应在零件图上标注一组正确、完整、清晰、合理的尺寸。在图 5—1—3 中标注了“28”“16”等 10 个尺寸来表达该零件各部分的形状大小和相对位置关系。

3．技术要求

在零件图上可以用规定符号、字母、数字或以文字形式来说明零件在制造、检验等过程中应达到的技术要求，如表面粗糙度、尺寸公差、几何公差、热处理要求等。技术要求的文字一般注写在标题栏上方图纸空白处，如“铸造圆角 *R*2”。

4．标题栏

标题栏位于图纸的右下角，应填写零件的名称、材料、数量、比例以及设计、描图、审核人的签字、日期等各项内容。

想一想

世界上没有完全相同的两片雪花，那么加工出来的零件能保证完全一模一样吗？怎样才能保证零件的实际尺寸符合设计要求呢？

二、机械图样中的公差

1．尺寸公差

在成批或大量生产中，同一规格的零件或部件不经选择地任取其中一个而不经任何加工就能装配到机器上去，使机器正常运转并能达到设计的性能要求，零件的这种性质称为互换性。零件具有互换性，不但给装配、修理机器带来方便，还可用专用设备生产，提高产品数量和质量，同时降低产品的成本。

零件在加工中，由于受机床精度、测量误差等因素的影响，零件的尺寸不可能加工得那么精确，有时也没有必要。但为满足零件互换性的要求，把零件尺寸变化控制在一定范围内，并且在制造上又是经济合理的，这种允许尺寸变化的变动量称为尺寸公差。

图 5—1—4 轴端标注的就是尺寸公差，它都包含哪些内容？

（1）相关术语

为了方便描述尺寸公差，先了解如下几个术语。

1）公称尺寸。设计人员根据零件强度、结构和工艺性要求，经设计计算确定的尺寸称为公称尺寸。如图 5—1—4 中的 $\phi32$ 就是公称尺寸。

2）实际尺寸。零件加工后通过测量所得到的尺寸。

3）极限尺寸。允许尺寸变化的两个界限值。它以公称尺寸为基数来确定。

上极限尺寸：允许尺寸变化的最大值，图 5—1—4 轴端的上极限尺寸为 32.011。

下极限尺寸：允许尺寸变化的最小值，图 5—1—4 轴端的下极限尺寸为 31.995。

4）尺寸偏差（简称偏差）。某一极限尺寸减其相应的公称尺寸所得的代数差。包括：

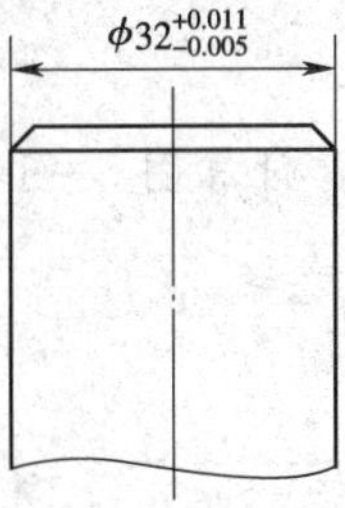

图 5—1—4 轴端尺寸公差

上极限偏差＝上极限尺寸－公称尺寸（图 5—1—4 的上极限偏差为 0.011）

下极限偏差＝下极限尺寸－公称尺寸（图 5—1—4 的下极限偏差为－0.005）

上、下极限偏差统称极限偏差，偏差可以是正值、负值或零。

知识链接

孔的上、下极限偏差代号为 ES、EI，轴的上、下极限偏差代号为 es、ei。

5）尺寸公差（简称公差）。实际尺寸允许的变动量。

尺寸公差＝上极限尺寸－下极限尺寸＝|上极限偏差－下极限偏差|

因为上极限尺寸总是大于下极限尺寸，所以尺寸公差一定为正值。

（2）绘制公差带图

轴端尺寸 $\phi 32^{+0.011}_{-0.005}$ 的公称尺寸、上极限尺寸、下极限尺寸、上极限偏差、下极限偏差之间的关系如图 5—1—5a 所示，实际尺寸在剖面线区域内即为合格。

由代表上下极限偏差的两条直线所限定的区域称为公差带，如图 5—1—5b 所示。在公差带中确定偏差的基准线称为零线，通常是指公称尺寸。

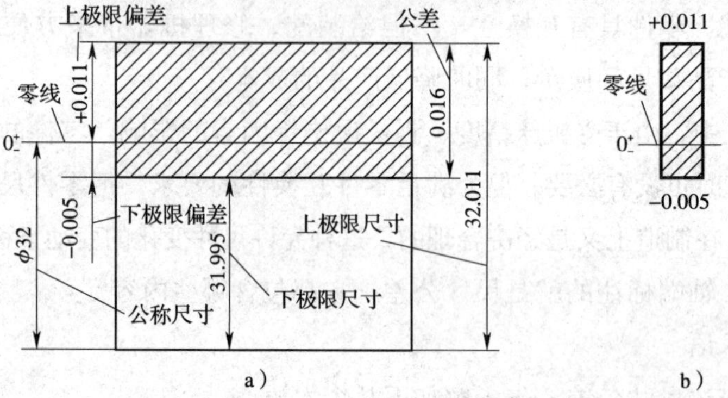

图 5—1—5　尺寸公差及公差带

教学互动

1. 如图 5—1—4 所示轴端，如果实际尺寸为 32.01，是否合格？

2. 计算图 5—1—4 所示轴端的尺寸公差。

2. 尺寸公差代号

零件的尺寸除了标注上下极限偏差表示外，还可以用公差代号来表示。

（1）标准公差

标准公差用来确定公差带的大小。国家标准将公差等级分为 20 级：IT01、IT0、IT1…IT18。“IT”表示标准公差，公差等级的代号用阿拉伯数字表示。IT01 公差最小，精度最高；IT18 公差最大，精度最低。

提示：同一精度的公差，尺寸越小，公差值越小；尺寸越大，公差值越大。

（2）基本偏差

用以确定公差带相对于零线的位置，一般为靠近零线的那个偏差。其代号用拉丁字母表示。如图 5—1—6 所示。孔、轴各有 28 个基本偏差代号，孔用大写字母表示，轴用小写字母表示。

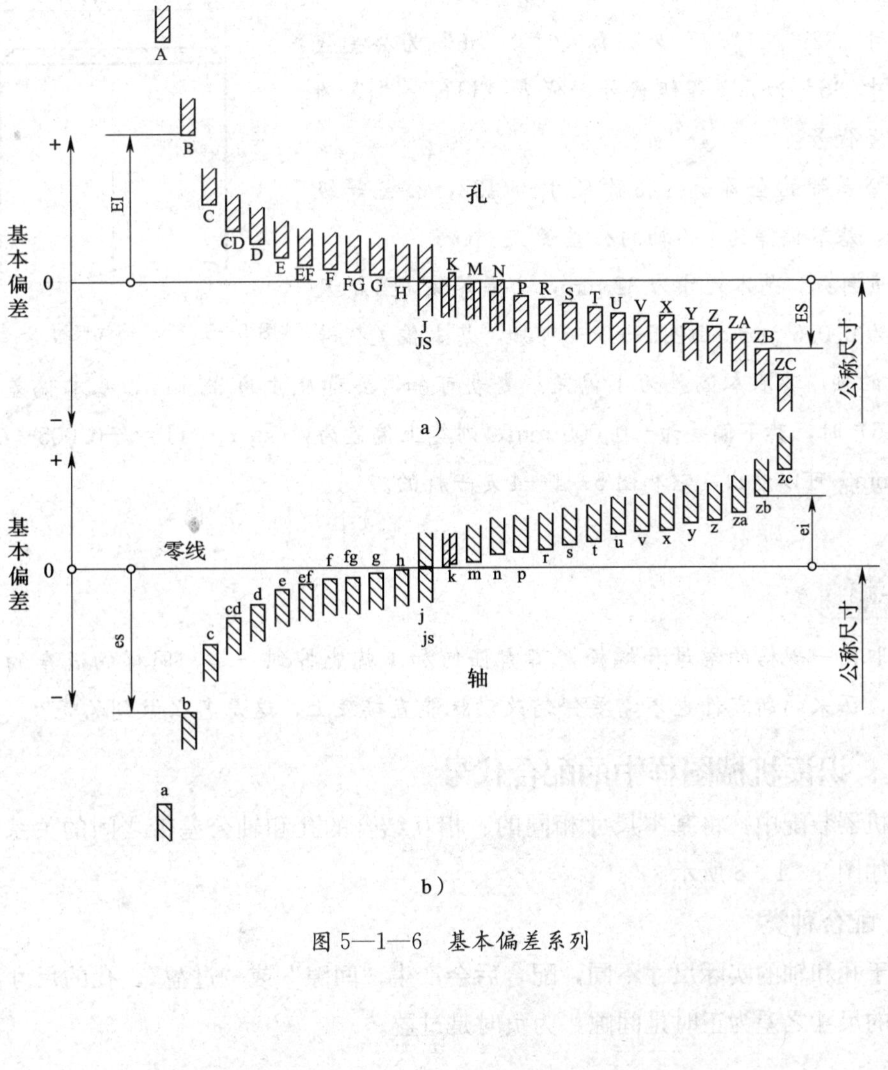

图 5—1—6　基本偏差系列

知识链接

轴的基本偏差从 a～h 为上极限偏差，从 j～zc 为下极限偏差，孔的基本偏差从A～H为下极限偏差，从 J～ZC 为上极限偏差。js 和 JS 的上、下极限偏差分别为$+\frac{IT}{2}$和$-\frac{IT}{2}$。

轴和孔的另一偏差可根据轴和孔的基本偏差和标准公差，按以下代数式计算。

轴的上极限偏差：es＝ei＋IT，下极限偏差：ei＝es－IT。

孔的上极限偏差：ES＝EI＋IT，下极限偏差：EI＝ES－IT。

工程应用

分析图 5—1—7 中的尺寸。

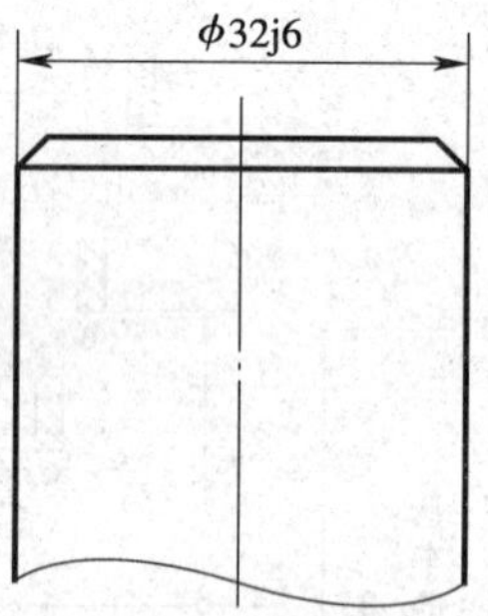

图 5—1—7　轴端尺寸公差代号

尺寸 ϕ32j6 中“32”为公称尺寸，“j6”为公差代号，其中“6”为公差等级代号，代表“IT6”，“j”为基本偏差代号。

此公差带的全称是：公称尺寸为 ϕ32，公差等级为 6 级，基本偏差为 j 的轴的公差带。

查表可知，基本尺寸为 32 mm，公差等级 IT6 的尺寸公差为 0.016 mm，由图5—1—6可知，基本偏差代号为“j”的轴，其基本偏差为下偏差。查表可知，公称尺寸为 32 mm，基本偏差代号为“j”（IT6）时，其下偏差为－0.005 mm，则其上偏差为：es＝ei＋IT＝－0.005＋0.016＝0.011 mm。可以看出，它和图 5—1—4 是一样的。

想一想

任取同一规格的螺母和螺栓，不需任何加工就能拧到一起，同样的汽车的某个零件坏了，买来的新零件也不需要任何改动就能直接装上，这是怎么做到的呢？

三、识读机械图样中的配合代号

在机器装配中，将基本尺寸相同的、相互结合的孔和轴公差带之间的关系，称为配合，如图 5—1—8 所示。

1. 配合种类

由于孔和轴的实际尺寸不同，配合后会产生“间隙”或“过盈”，孔的尺寸减去相配合轴的尺寸之差为正时是间隙，为负时是过盈。

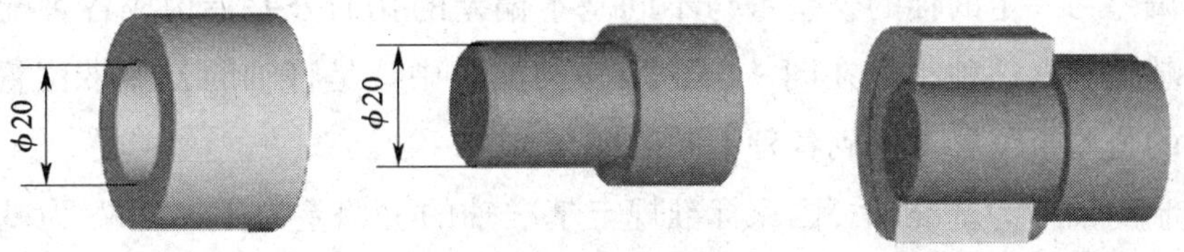

图 5—1—8　配合

根据机器的设计要求和生产实际的需要，国家标准将配合分为三类：

（1）间隙配合

孔的公差带完全在轴的公差带之上，任取其中一对轴和孔相配都成为具有间隙的配合（包括最小间隙为零），如图 5—1—9a 所示。

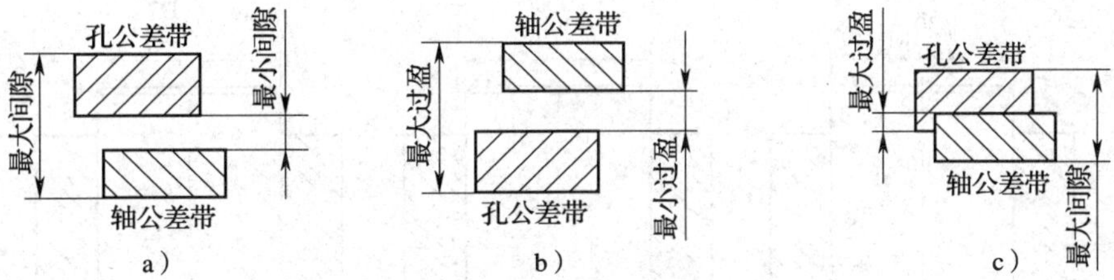

图 5—1—9　配合的种类

a）间隙配合　b）过盈配合　c）过渡配合

（2）过盈配合

孔的公差带完全在轴的公差带之下，任取其中一对轴和孔相配都成为具有过盈的配合（包括最小过盈为零），如图 5—1—9b 所示。

（3）过渡配合

孔和轴的公差带相互交叠，任取其中一对孔和轴相配合，可能具有间隙，也可能具有过盈的配合，如图 5—1—9c 所示。

2．配合的基准制

国家标准规定了两种基准制：

（1）基孔制

基本偏差为一定的孔的公差带，与不同基本偏差的轴的公差带构成各种配合的一种制度称为基孔制。这种制度在同一公称尺寸的配合中，是将孔的公差带位置固定，通过变动轴的公差带位置，得到各种不同的配合。

基孔制的孔称为基准孔。国家标准规定基准孔的下偏差为零，“H”为基准孔的基本偏差。

（2）基轴制

基本偏差为一定的轴的公差带与不同基本偏差的孔的公差带构成各种配合的一种制度称为基轴制。这种制度在同一公称尺寸的配合中，是将轴的公差带位置固定，通过变动孔的公差带位置，得到各种不同的配合。

基轴制的轴称为基准轴。国家标准规定基准轴的上偏差为零，“h”为基轴制的基本偏差。

工程应用

如图 5—1—10 所示的三个配合尺寸，查出其各自的尺寸公差，并分析其各自的配合的性质。

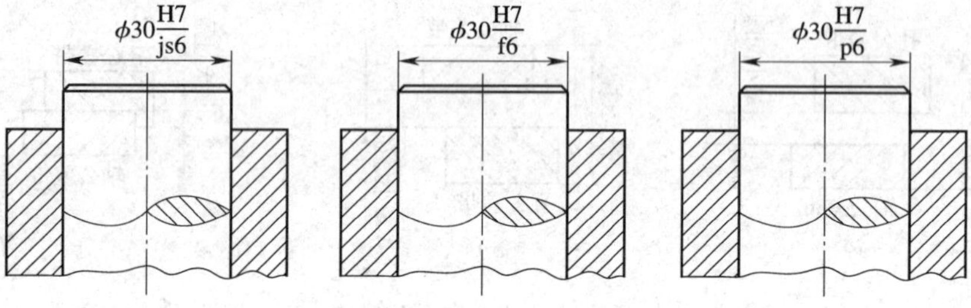

a）　　b）　　c）

图 5—1—10　配合

尺寸 $\phi30\,\frac{H7}{js6}$ 标的是“H”，所以是基孔制，孔的尺寸公差为 $\phi30H7\,(^{+0.021}_{\ \ 0})$，轴的尺寸公差为 $\phi30js6\,(^{+0.065}_{-0.065})$，将孔、轴的尺寸标在图 5—1—11a 中，画出孔、轴的公差带图如图 5—1—11b 所示，分析图可知，这是一个过渡配合。

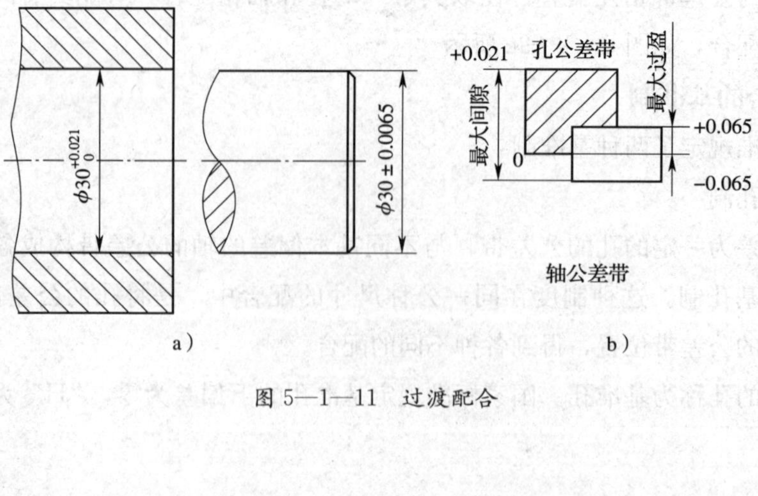

a）　　b）

图 5—1—11　过渡配合

教学互动

试分析图 5—1—10 中图 b 和图 c 的尺寸公差。

想一想

零件在加工中尺寸不可能做得那么精确，那么零件的形状和位置在加工中会产生误差吗？

四、识读机械图样中的几何公差

几何公差包括形状公差和位置公差。零件在加工中尺寸不可能做得那么精确，同样零件的形状和位置也不可能做得那么精确。为了保证互换性，零件的尺寸由尺寸公差加以限制，零件的形状和位置由几何公差加以限制。

几何公差的符号见表 5—1—1。

表 5—1—1　　几何公差符号

分类	项目	符号	分类		项目	符号
形状公差	直线度	—	位置公差	定向	平行度	//
	平面度	▱			垂直度	⊥
	圆度	○			倾斜度	∠
	圆柱度	⌭		定位	同轴度	◎
	线轮廓度	⌒			位置度	⌖
	面轮廓度	⌓			对称度	⌯
				跳动	圆跳动	↗
					全跳动	⌰

工程应用

如图 5—1—12 所示，识读其中的几何公差的含义。

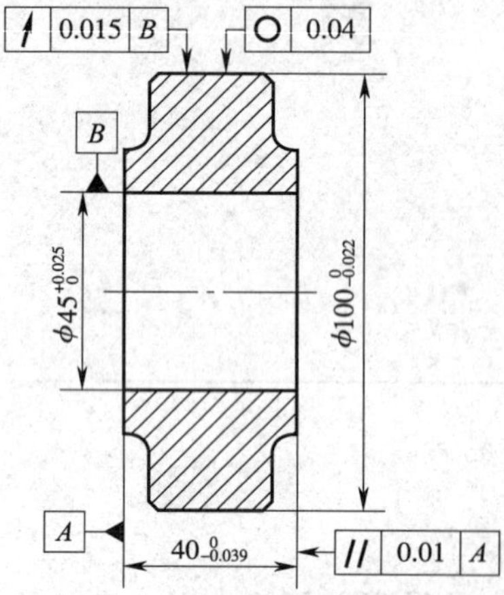

图 5—1—12　形状和位置公差

| ○ | 0.04 | 表示 $\phi 100_{-0.022}^{\ 0}$ 的圆度误差不大于 ϕ0.04 mm。

| ↗ | 0.015 | B | 表示 ϕ100 外圆柱对于 ϕ45 轴线的径向圆跳动误差不大于 0.015 mm。

教学互动

试分析图 5—1—12 中 | // | 0.01 | A | 的含义。

五、识读机械图样中的表面粗糙度代号

1. 表面粗糙度的概念

零件的各个表面，不管加工得多么光滑，置于显微镜下观察，都可以看到峰谷不平的情况，如图 5—1—13 所示。加工表面上所具有的较小间距和峰谷所组成的微观几

何形状特征称为表面粗糙度。也就是零件表面经加工后遗留的痕迹，在微小的区间内形成的高低不平的程度用数值表现出来，作为评价零件表面质量的一个依据。一般来说，不同的表面粗糙度是由不同的加工方法形成的。表面粗糙度是衡量零件质量的标志之一，它对零件的配合、耐磨性、抗腐蚀性、接触刚度、抗疲劳强度、密封性和外观都有影响。

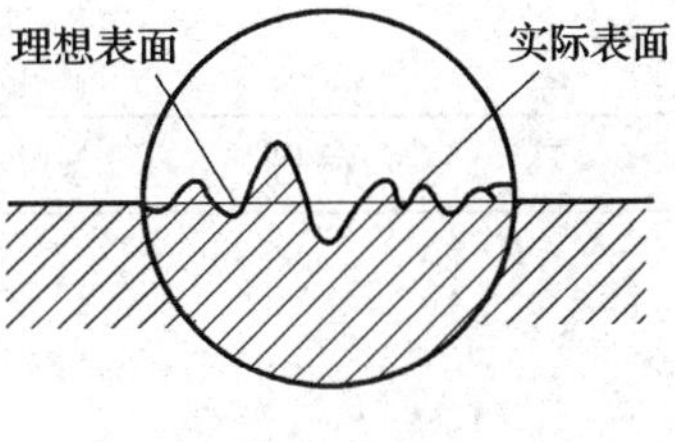

图 5—1—13　表面粗糙度

2．表面粗糙度的评定参数

目前在生产中评定零件表面质量的主要参数是轮廓算术平均偏差 Ra 和轮廓最大高度 Rz。数值越小，零件的表面越光滑，数值越大，零件的表面越粗糙。其中，Ra 最为常用，如图 5—1—14 所示。

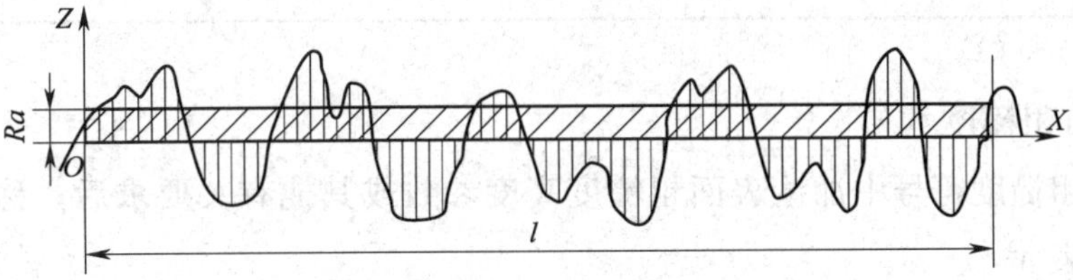

图 5—1—14　Ra

3．表面粗糙度符号

表面粗糙度的符号及其意义见表 5—1—2。

表 5—1—2　　表面粗糙度符号

符号	意义	符号尺寸
	基本符号，表示该表面可用任何方法获得，不能单独使用	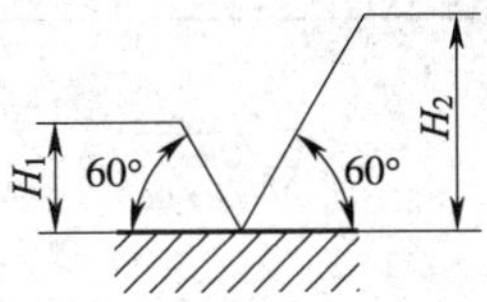
	基本符号上加一短划，表示用去除材料的方法获得表面粗糙度 例如：车、铣、钻、磨、剪切、抛光腐蚀、电火花加工等	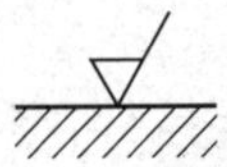

续表

符号	意义	符号尺寸
	基本符号上加一小圆，表示用不去除材料的方法获得表面粗糙度 例如：锻、铸、冲压、变形、热轧、冷轧、粉末冶金等或是用于保持原供应状态的表面	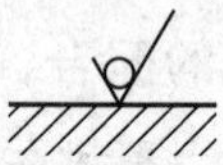
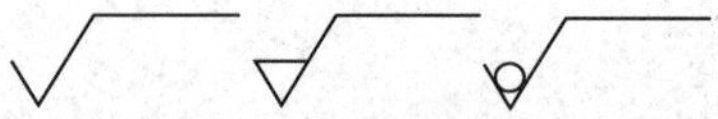	完整图形符号，横线上用于标注表面结构的补充信息	

4. 表面粗糙度代号

在表面粗糙度符号中加注表面粗糙度高度参数或其他有关要求后，称为表面粗糙度代号，见表 5—1—3。

表 5—1—3　　表面粗糙度代号

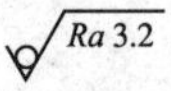	表示不去除材料，单向上限值，*Ra* 的上限值为 3.2 μm
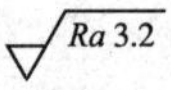	表示去除材料，单向上限值，*Ra* 的上限值为 3.2 μm
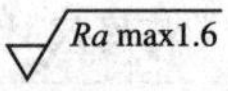	表示去除材料，单向上限值，*Ra* 的最大值为 1.6 μm
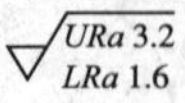	表示去除材料，双向极限值，上限值 *Ra* 为 3.2 μm，下限值 *Ra* 为 1.6 μm
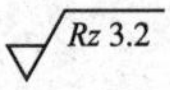	表示去除材料，单向上限值，*Rz* 的上限值为 3.2 μm

工程应用

如图 5—1—15 所示齿轮，识读其中表面粗糙度代号的含义。

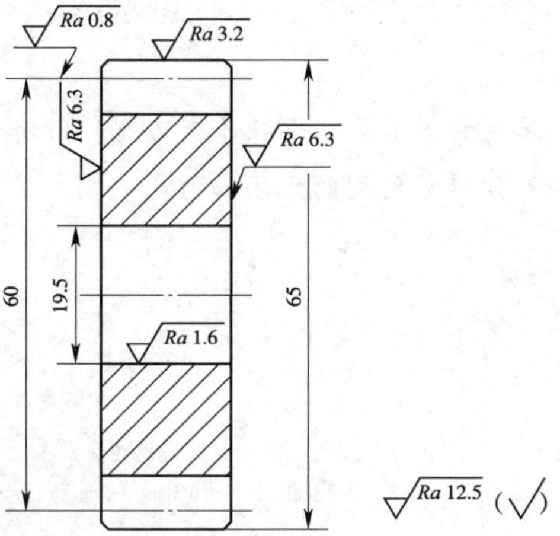

图 5—1—15　齿轮表面粗糙度

√Ra 3.2 表示该表面是用去除材料的方法获得的，Ra 的上限值为 3.2 μm。

教学互动

试分析图 5—1—15 中其余表面粗糙度的含义。

课题二　识读零件图

学习目标

- 掌握识读零件图的方法和步骤。
- 能够正确识读轴套类、轮盘类、箱体类零件图。

想一想

如图 5—2—1 所示，零件种类繁多，形状千变万化。所有的零件都需要零件图吗？零件的结构有没有规律呢？识读零件图的方法如何？

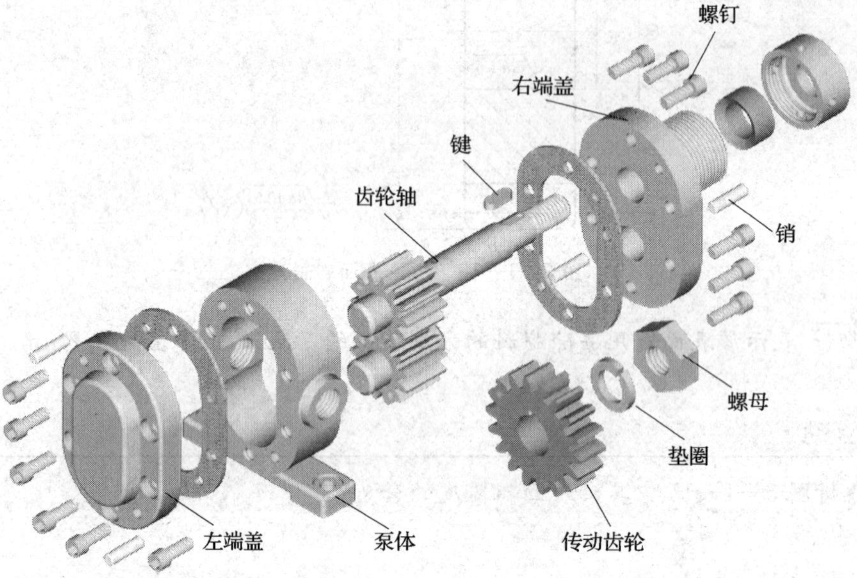

图 5—2—1　齿轮泵分解图

一、识读零件图的方法和步骤

1. 零件概述

根据零件在机器或部件上的功用，一般可将零件分为三种类型：

（1）标准件

标准件是结构、尺寸、加工要求、画法等均标准化、系列化了的零件，如螺栓、螺母、垫圈、键、销、滚动轴承等。

（2）常用件

常用件是部分结构、尺寸、参数标准化、系列化的零件，如齿轮、带轮、弹簧等。

（3）一般零件

这类零件必须画出零件图以供加工制造零件。通常可分为轴套类（如图 5—2—1 中齿轮轴）、轮盘类（如图 5—2—1 中端盖）、箱壳类（如图 5—2—1 中泵体）、叉架类。

2. 读零件图的要求

（1）了解零件的名称、用途、材料等。

（2）了解组成零件各部分结构的形状、特点和功用及它们之间的相对位置。

（3）了解零件的大小、制造方法和提出的技术要求。

3．读图方法和步骤

（1）概括了解

从标题栏了解零件的名称、材料、比例和毛坯制造方法从而大体了解零件的功用。对于较复杂的零件，还需要参考有关的技术资料。

（2）分析视图

分析各视图之间的投影关系及所采用的表达方法，想象形体，从而了解设计结构和工艺结构。看视图时，先看主要部分，后看次要部分；先看整体，后看细节；先看容易看懂部分，后看难懂部分。按投影对应关系分析形体时，要兼顾零件的尺寸及其功用，以便帮助想象零件的形状。

（3）分析尺寸

分析零件各部分的定形尺寸、定位尺寸和零件的总体尺寸，找出注写尺寸所用的基准，了解尺寸检测方法。

（4）了解技术要求

零件图的技术要求是制造零件的质量指标。分析技术要求，结合零件表面粗糙度、公差与配合等内容，以便弄清加工表面的尺寸和精度要求，即掌握零件的质量标准。

（5）综合考虑

把读懂的结构形状、尺寸标注和技术要求等内容综合起来，就能比较全面地读懂零件图，从而确定设计的合理性、制造的可行性。

二、识读轴套类零件图

轴套类零件主要起到支承和传递力矩的作用。

1．结构特点

轴套类零件是同轴回转体，一般轴向尺寸长，径向尺寸短，并且常有倒角、轴肩、键槽、螺纹等结构。

2．常见表达方法

轴套类零件通常只用一个主视图加断面图、局部放大图等来表达。

（1）主视图

轴套类零件的主视图通常按在车床中的加工位置即轴线水平放置，直径小的一端向右，平键槽朝前，半圆键槽朝上，这样就能表达出轴套的外形。

（2）其他视图

常用断面图、局部放大图、局部剖视图等来表达键槽和其他槽孔结构。

工程应用

识读图 5—2—2 所示轴的零件图。

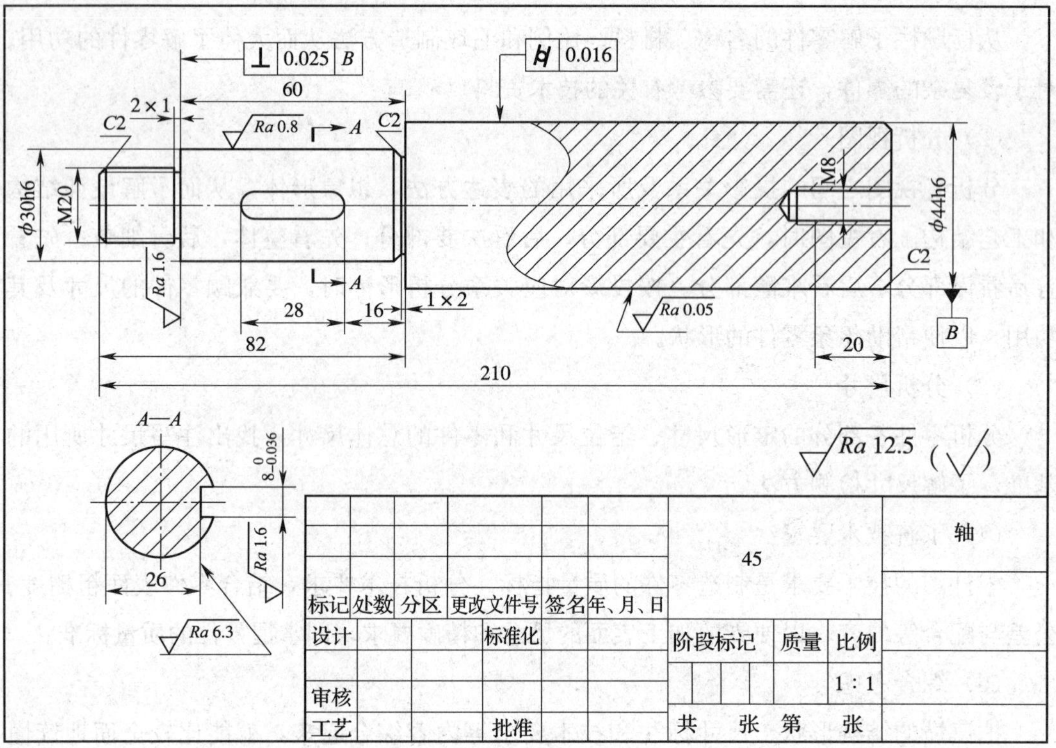

图 5—2—2　轴的零件图

(1) 概括了解

从标题栏了解该零件的名称为轴，材料为 45 钢，比例为 1∶1。

(2) 分析视图

首先找出主视图，然后按投影关系观察其他视图和采用的表达方法。图中采用了主视图和断面图。主视图采用了局部剖视图表达轴的外形和 M8 内螺纹。断面图表达出键槽的宽度为 8 mm。

(3) 分析尺寸

轴套类零件通常以轴线作为径向基准，以重要的端面作为长度基准，可以看出该轴是以左端面为长度基准。右轴段的长度没有给出，尺寸链不封闭。图中“16”为定位尺寸，其余都是定形尺寸。

(4) 了解技术要求

图中技术要求除了表面粗糙度还有尺寸公差和几何公差。轴的中段左端面相对于轴线有垂直度的要求，轴的右段有圆柱度的要求。

三、识读轮盘类零件图

在机器中轮盘类零件主要起传递、支承、轴向定位、密封作用。

1. 结构特点

轮盘类零件是同轴回转体，轴向尺寸小，径向尺寸大。一般有一个端面与其他零件接触。轮由轮毂、轮缘、轮辐三部分组成。盖的端面上有光孔、凸台等结构。

2. 常见表达方法

（1）主视图

轮盘类零件按车床加工位置轴线水平摆放，而不以车削为主的盖按工作位置放置。主视图表达的内部结构一般采用全剖。

（2）其他视图

常以左视图表达外形和孔及轮辐等结构，有时根据需要还可采用其他表达方法。

工程应用

识读图 5—2—3 所示法兰零件图。

1. 读标题栏

从图中的标题栏中可知零件的名称是法兰盘，其材料为 45 钢，绘图的比例为 1∶1。

2. 分析视图

图中法兰盘采用了主视图和左视图表达其结构，其中主视图采用了剖视图（两相交剖切平面）来表达孔的结构，主视图中微小的结构采用了局部放大图来表达；左视图用来表达各孔的位置。

具体形状可采用读组合体视图的方法分析，读者可自行分析。

3. 分析尺寸

从图中可知法兰盘的轴向尺寸基准是左端面，径向尺寸基准是中轴线。法兰盘通过内径和轴相连，通过右侧外表面和孔相连，为保证安装精度分别标注了有公差要求的尺寸 $\phi 42^{+0.025}_{0}$ 和 $\phi 55^{0}_{-0.019}$。主视图中除了尺寸 18.5 是定位尺寸外，其余全是定形尺寸。其他尺寸读者可自行分析。

为了保证安装后的轴、孔和法兰盘能在同一轴线上，还给出了同轴度的几何公差要求 0.025。

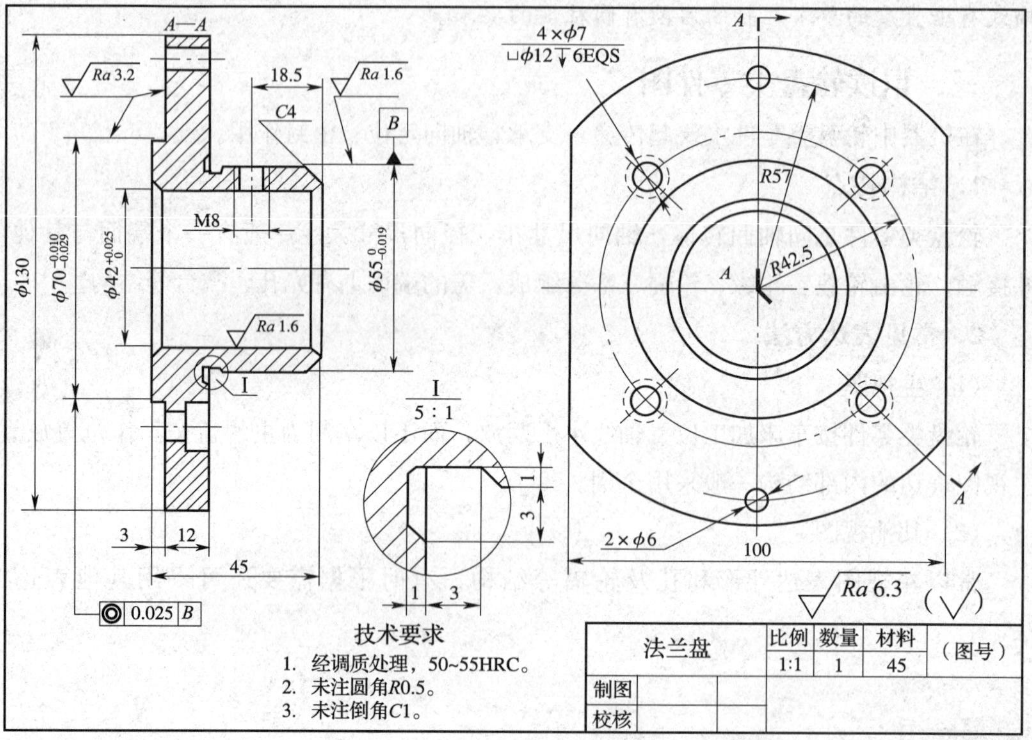

图 5—2—3　法兰盘零件图

4. 看技术要求

从表面粗糙度符号可知，法兰盘是通过去除材料获得的，加工精度要求最高的是其和轴、孔的接触面。

通过“技术要求”，可知法兰盘需要热处理，未标注圆角为 $R0.5$，倒角为 $C1$。

四、识读箱体类零件图

箱体类零件主要起到支承、容纳、定位的作用。

1. 结构特点

箱体类零件一般都有较大的内腔，还有轴承孔、凸台、肋板、光孔、螺纹孔、销孔等，是非常复杂的零件。

2. 表达方案

(1) 主视图

箱体类零件一般按工作位置放置，选择最能反映形状特征的方向为投射方向。

(2) 其他视图

箱体类零件一般较复杂，通常需要三个基本视图，经常采用全剖、半剖、局部剖或断面图等来表达细节结构。

工程应用

识读图 5—2—4 所示泵体零件图。

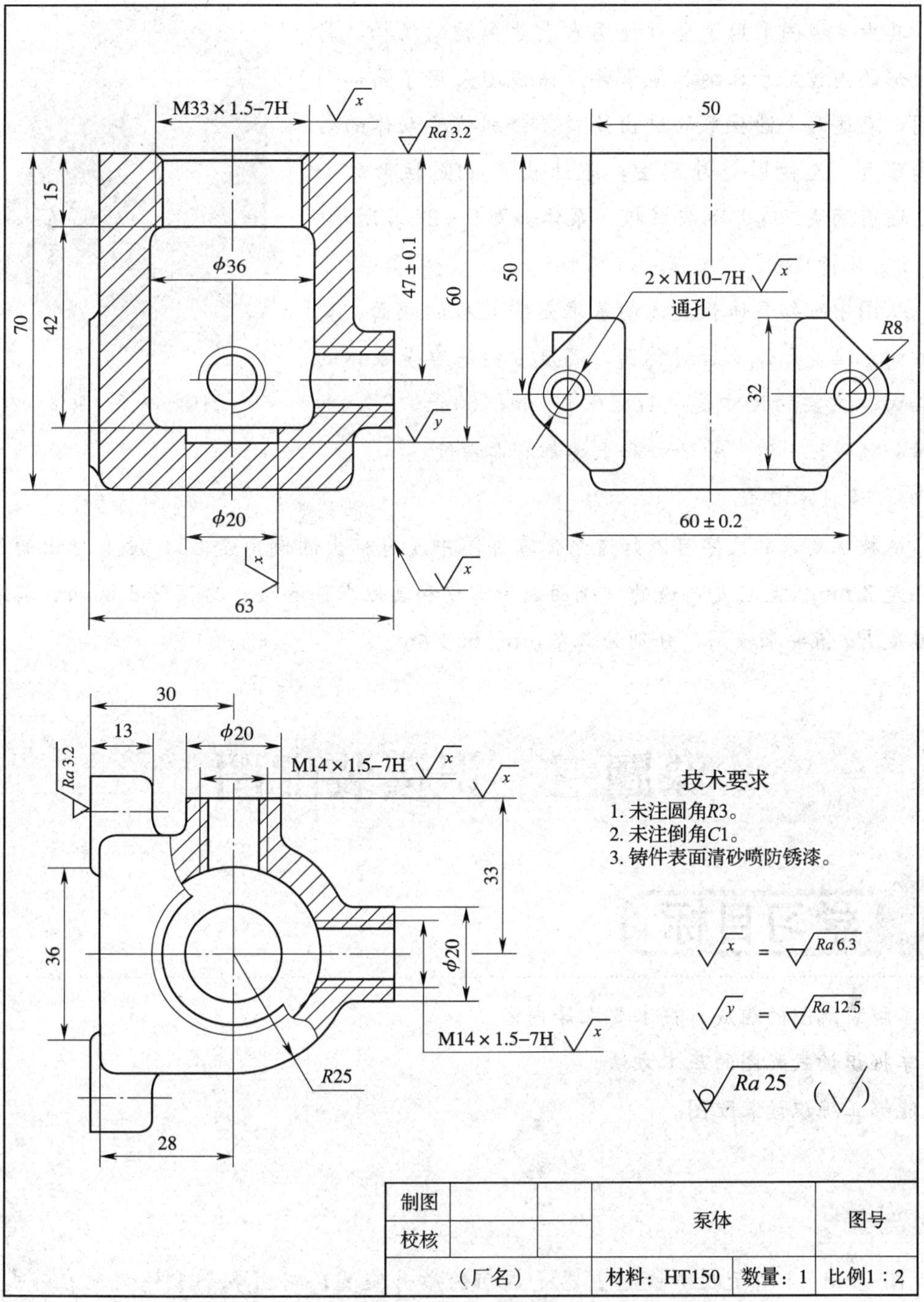

图 5—2—4　泵体零件图

1. 读标题栏

从图可知零件名称为泵体。材料是铸铁 HT150，比例 1∶2。

2. 分析视图

图中泵体采用了主视图、俯视图和左视图表达其结构，其中主视图采用了全剖视图来表达内腔的结构，其圆柱形的内腔用于容纳其他零件。俯视图采用了局部剖视图，表达两个圆柱形的进出油口，分别位于泵体的右边和后边。左视图是外形图，表达出是半圆柱形的壳体，还有两块三角形的安装板。泵体如图 5—2—5 所示。

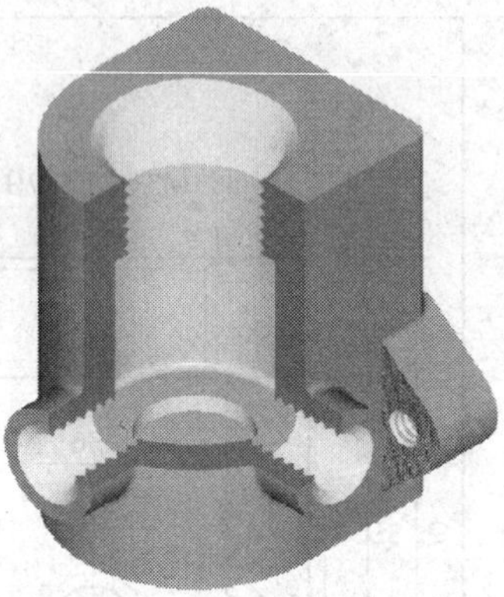

图 5—2—5 泵体

3. 分析尺寸

从图中可知泵体长度方向基准是安装板的端面，宽度方向基准是泵体前后对称面，高度方向基准是泵体的上端面。主要的尺寸是“47±0.1”和“60±0.2”，加工时必须保证。进、出油口和上端都有内螺纹。

4. 看技术要求

从技术要求的文字可以知道泵体零件图中没有标出的倒角是 $C1$，没有标出的圆角半径是 3 mm。毛坯是铸造的。端面因为需要和其他零件连接，为了防止漏油，其表面粗糙度 Ra 值要求较高，分别为 3.2 μm、6.3 μm。

课题三　识读装配图

学习目标

- ◆ 了解装配图的组成、技术要求等内容。
- ◆ 掌握识读装配图的基本方法。
- ◆ 能够正确识读装配图。

想一想

图 5—3—1 所示的螺旋起重器是常用的举升装置，它由多个零件装配在一起的，图 5—3—2 是螺旋起重器的装配图。生产中要装配、维修机器，必须了解机器的功能、

工作原理、装配关系、拆卸顺序，就需要识读装配图，那么装配图都包括什么内容？有什么特殊的表达方式？又该怎样去识读呢？

图 5—3—1　螺旋起重器

机器（或部件）都是由若干个零件按一定的相互位置、连接方式、配合性质等装配关系组合而成的装配体。表达装配体（机器或部件）的图样，称为装配图。

装配图表示装配体的基本结构、各零件相对位置、装配关系和工作原理。在设计过程中，首先要画出装配图，然后按照装配图设计并拆画出零件图，该装配图称为设计装配图。在使用产品时，装配图又是了解产品结构和进行调试、维修的主要依据。此外，装配图也是进行科学研究和技术交流的工具。因此，装配图是生产中的主要技术文件。

一、装配图的组成

下面结合图 5—3—2 螺旋起重器装配图来说明装配图的内容。

1．一组视图

装配图中的视图应从整体出发，将机器或部件的整体结构、工作原理、装配关系、相互位置、连接方式放在首位，兼顾主要零件的基本结构形状。至于每个零件的具体结构则有零件图详细表达。图 5—3—2 螺旋起重器装配图采用了主视图和俯视图，其中主视图采用了局部剖视，俯视图采用了向视图的表达形式。

2．必要的尺寸

装配图的尺寸主要用来表达机器或部件的性能、规格和安装情况以及零部件间的相对位置、配合等方面的要求。一般只需标注出如下几种尺寸：

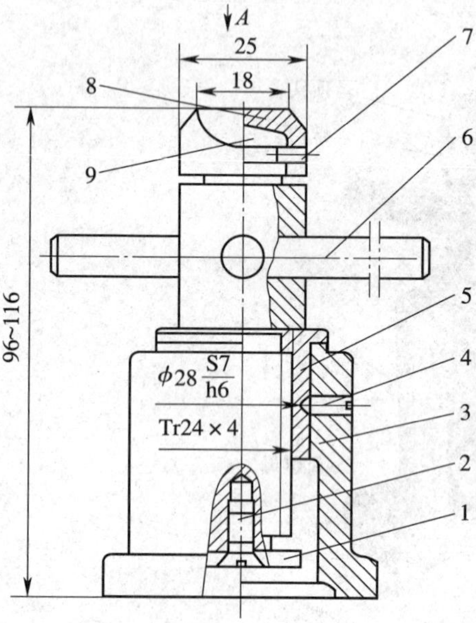

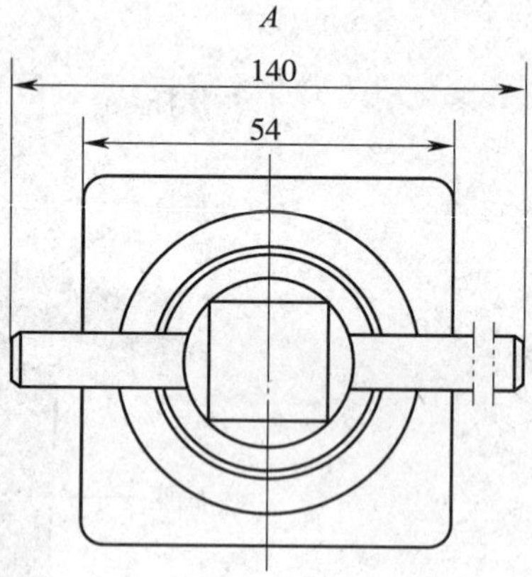

技术要求

1. 最大行程30。

2. 装配后旋转扳杆，不得有阻卡现象。

序号	代号	名称	数量	材料	单件质量	总计质量	备注
9		螺杆	1	45			
8		顶头	1	Q215			
7	GB/T 73—1985	开槽平端紧定螺钉M3 × 6					
6		扳杆	1	Q215			
5		套螺母	1	ZCuZn25Al6Fe3Mn3			
4	GB/T 71—1985	开槽锥端紧定螺钉M4 × 10					
3		底盖	1	HT200			
2	GB/T 68—2000	开槽沉头螺钉M5 × 10	1				
1		挡环	1	Q215			

标记	处数	分区	更改文件号	签名	年、月、日		(单位名称)
设计			标准化		阶段标记	质量	比例
							螺旋起重器
审核							1 : 1
工艺			批准		共 张 第 张		(图纸编号)

图 5—3—2 螺旋起重器的装配图

（1）规格性能尺寸

表示该产品规格大小或工作性能的尺寸，这类尺寸是产品设计时确定的，也是用户选用产品的依据。如图 5—3—2 中的“96～116”，它确定了螺旋起重器的行程。

（2）装配尺寸

包括零件之间的配合尺寸和零件间的相对位置尺寸，如图 5—3—2 中的“$\phi 28\frac{S7}{h6}$”。

（3）安装尺寸

表示部件安装在机器上或机器安装在地基上所需要的尺寸，如图 5—3—2 中的“54”。

（4）外形尺寸

表示机器或部件的总长、总宽、总高的尺寸，在安装、运输时确定所占空间的大小，如图 5—3—2 中的“54”。

（5）其他重要尺寸和技术参数

除此之外在设计过程中经过计算确定或选定的重要尺寸。

在装配图中标注尺寸时，上述各类尺寸并不是必须全部标出，要根据具体情况确定尺寸的数量。有时同一个尺寸就具有几方面的作用，如图 5—3—2 中的“54”既是安装尺寸又是外形尺寸。

3．技术要求

主要包括安装方法与质量要求、使用中的注意事项等内容，应根据装配体的结构特点和使用性能适当填写。在零件图中已经注明的技术要求不应再重复，通常写在明细栏左侧或其他空白处，如图 5—3—2 所示。

（1）装配要求

如装配精度、装配方法和其他装配要求。

（2）检验要求

包括检验、试验的方法和条件，应达到的指标等。

（3）使用要求

如包装、运输、维护保养及使用操作等。

4．零件序号、明细栏和标题栏

为便于统计零件、部件的种类和数量，有利于看图和管理，对装配图上每一个不同零件或部件都必须编注一个序号或代号，并将序号、代号、零部件名称、材料、数量等项目填写在明细栏中。

（1）零部件序号的编制与标注

装配图中每个零件或部件只标注一个序号，即相同的零件或部件只给一个序号且在装配图中只标注一次。序号的指引线、横线或圆均用细实线绘制，用比尺寸数字大一号的字体将序号填写在指引线一端的横线上或圆内，按顺时针或逆时针方向依次整齐排列在图形外围的水平和竖直方向上。

（2）明细栏和标题栏

明细栏一般画在标题栏上方并与标题栏对正，外框为粗实线，内格为细实线，标题栏上方位置不够时，可在标题栏左方自下向上继续列表。明细栏中，零件序号应由下向上排列，便于编排序号并在遗漏时进行补充。标准件应将其规格视为名称的一部分，在备注或代号一栏中写明标准代号。

教学互动

图 5—3—2 中有标准件吗？写出其代号。

二、装配图的画法

之前介绍的机件各种表达方法，在装配图中同样适用。除此之外，装配图还有规定画法和特殊画法。

1．装配图中的规定画法

（1）接触面和配合面的画法

相邻两零件的接触表面和配合表面只画一条线，如图 5—3—2 中，件 3 底座与件 5 套螺母之间；而公称尺寸不同的非配合表面，即使间隙很小，也必须画成两条线，如图 5—3—2 中，件 6 扳杆与孔之间需画两条线。

（2）剖面线的画法

在装配图中，同一个零件在所有的剖视图、断面图中，其剖面线应保持同一方向，且间隔一致。相邻两零件的剖面线必须不同，即：使其方向相反，或间隔不同，或互相错开，如图 5—3—2 中，相邻零件 3、5、7 之间的剖面线画法。当装配图中零件的厚度小于 2 mm 时，允许将剖面涂黑以代替剖面线。

（3）实心件和某些标准件的画法

在装配图的剖视图中，若剖切平面通过实心零件（如轴、杆等）和标准件（如螺栓、螺母、销、键等）的基本轴线时，这些零件按不剖绘制，如图 5—3—2 主视图中的件 2、4、8。但其上的孔、槽等结构需要表达时，可采用局部剖视，如图 5—3—2 主视图中的件 7。当剖切平面垂直于其轴线剖切时，则需画出剖面线。

2．装配图的特殊画法

（1）拆卸画法

在装配图的某一视图上，对于已经在其他视图中表达清楚的一个或几个零件，若它们遮住了其他装配关系和零件时，可以假想拆去一个或几个零件，然后再进行投影，这种画法称为拆卸画法。但需在该视图上方写明“拆去××件”。

（2）省略画法

装配图中若干相同的零件，可以只画出一组，其余的只需用细点画线表示其中心位置；零件上的标准工艺结构，如铸造圆角、倒角、凸台、凹坑、沟槽、刻线、滚花、退刀槽等，装配图上可省略不画，如图 5—3—2 中件 8 的滚花。

（3）假想画法

为了表示运动零件的运动范围，可以用细双点画线画出运动零件在另一极限位置的零件轮廓形状；为了表示一个装配体与相邻零件的连接部位，也可用细双点画线画出相邻零件的主要轮廓形状。

（4）夸大画法

厚度较小的薄壁零件、垫圈、小间隙等，可不按比例适当夸大画出。

三、识读装配图

在装配、维修或使用机器或部件的过程中，为了了解机器或部件的功能、工作原理、装配关系、拆卸顺序、各零件的主要结构形状和作用，必须识读装配图。

下面以识读图 5—3—3 滑动轴承装配图具体说明识读装配图的方法和步骤。

1．概括了解

阅读有关资料，看标题栏、明细栏和技术要求，了解机器（或部件）的功能、工作原理，分析各视图的投影关系，明确各视图的表达内容。

（1）阅读资料

首先阅读装配图中的标题栏、明细栏、技术要求及有关资料，从中了解装配体的名称、用途及一般的工作原理和使用方法。从图 5—3—3 的标题栏可知装配体为滑动轴承，由 9 种零件组成。从技术要求可知滑动轴承的使用要求。

（2）进行零件分类

按明细栏中的序号依次熟悉每种零件的名称、材料、数量及备注中的说明，对照视图，初步分析每个零件的形状和作用，将零件进行分类，通常可分成如下几类：

1）标准件。通常在明细栏中已经注明标准件的国家标准代号、规定标记。例如图 5—3—3 中件 5、6、7 为标准件，根据规定标记可以直接采购，无须画图。

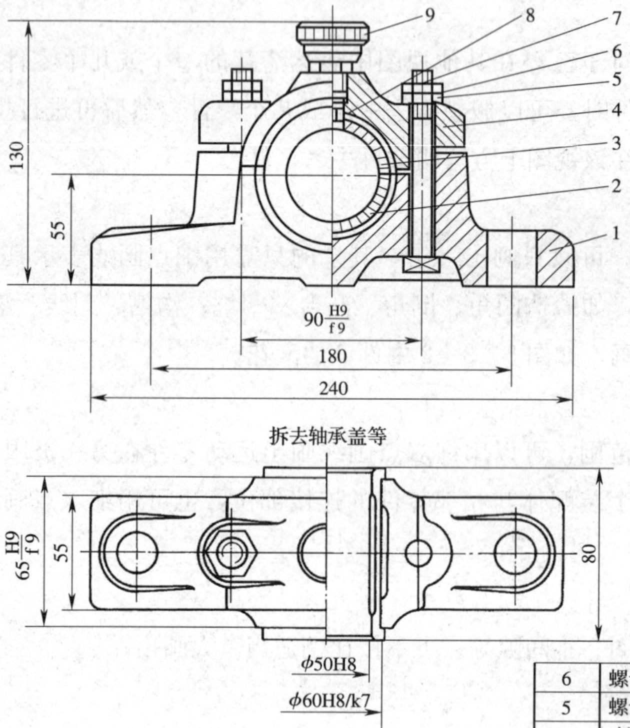

技术要求

1. 上下轴衬与轴承座及轴承盖间应保证接触良好。
2. 轴杆与轴颈最大线速度v=8m/s。
3. 轴承工作温度应低于120℃。

序号	名　称	数量	材　料	备　注
9	油杯	1	Q235A	
8	轴杆固定套	1	Q235A	
7	螺栓M12×90	2	HT 200	GB 6170—86
6	螺母M12	2	Q235A	GB 6170—86
5	螺母M12	2	Q235A	GB 6170—86
4	轴承盖	1	HT200	
3	上轴衬	1	ZCuAl9Mn2	
2	下轴衬	1	ZCuAl9Mn2	
1	轴承座	1	HT200	

滑动轴承	共　张	第　张	比例	
	数量		图号	
制图				
审核				

图 5—3—3　滑动轴承装配图

2）常用件。借用其他定型产品上的非标准零件，也可以直接购买或者借用图纸资料复制，所以这类零件也不必画图。

3）基本件。又称为一般零件或非标准件，是为装配体专门设计和制造的零件，是阅读装配图的重点，例如图 5—3—3 中的 2、3 等。

2．看懂视图，分析工作原理和装配关系

看懂视图是识读装配图的关键，应从某一视图入手，找出主要装配路线以及次要装配路线，通过分析各视图的名称及投影方向，弄清剖视图、断面图的剖切位置，根据机器（或部件）的功能、工作原理分析零件间的装配关系。

图 5—3—3 滑动轴承的装配图采用了主视图和俯视图，其中主视图采用半剖视图的表达方法。由该装配体的视图可知，滑动轴承是支承传动轴的一个部件，轴在轴瓦

内旋转。轴瓦由上、下两块组成，分别嵌在轴承盖和轴承座上，座和盖用一对螺栓和螺母连接在一起。为了可以用加垫片的方法来调整轴瓦和轴配合的松紧，轴承座和轴承盖之间应留有一定的间隙。

3．分析零件的结构和作用

阅读装配图主要是看懂每一个基本零件的形状，主要方法仍然是运用投影规律进行形体分析。

（1）分离零件

根据剖面线、零件的序号及对照明细栏，分离零件，并确定它们的数量、材料及规格。首先从主要视图着手，并结合各零件剖面线的差异，依照投影规律分清每个零件在各个视图中的位置，勾画出各零件的基本形状。

（2）轮廓分析

在分清各零件在视图中的轮廓线范围的基础上，分析图中每一条轮廓线（包括不可见轮廓线），判断组成零件的基本形体和它们之间的相对位置。

（3）想出形象

在上述分析的基础上，想象零件的空间形状，从平面到空间，再从空间到平面反复思考，直到将零件的结构形状全部弄清楚。

对装配图中每一个零件进行上述分析，读懂它们的形状、结构以及功能。

图5—3—3的滑动轴承中，轴承座和轴承盖是箱体类零件，上下轴衬和轴衬固定套为回转体零件，油杯为近似回转体零件。

4．尺寸分析

装配图是按一定的比例画的，图中只标注几种必要的尺寸。这些尺寸表明了装配体结构特征、配合性质、形状和大小，是装配图的重要组成部分。尺寸分析包括分析图上及明细栏内注写的全部尺寸及符号，分析尺寸是深入看图的手段。

图5—3—3的滑动轴承的规格尺寸为ϕ50H8，表明了所连接轴的粗细。外形尺寸为长240、宽65、高130；安装尺寸为240；配合尺寸为90H9/f9、65H9/f9、ϕ60H8/k7。

5．综合归纳

通过对装配图的视图分析、尺寸分析、零件形状分析进行归纳总结，对整个装配体有一完整的认识。

（1）全面分析装配体的整体结构形状、技术要求及维护使用要领，进一步领会设计意图及加工和装配的技术条件。

（2）掌握装配体的调整和装配顺序，画出拆装顺序图表。

（3）想象装配体的整体形状，如图5—3—4所示。

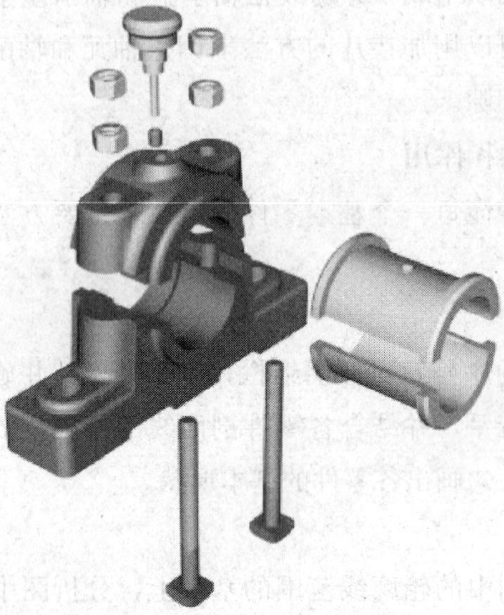

图 5—3—4　滑动轴承

教学互动

1. 图 5—3—3 中滑动轴承的拆装顺序是什么？

2. 指出图 5—3—3 中滑动轴承的安装尺寸和外形尺寸。分析零件 1 有什么作用。

模块六

用AutoCAD绘制图样

课题一　AutoCAD基本功能与平面图形的绘制

学习目标

◆ 了解AutoCAD的基本功能。

◆ 掌握AutoCAD中直线、圆、倒圆、偏移、修剪等命令的使用方法。

◆ 掌握AutoCAD中图层和线型的使用方法。

◆ 能够使用AutoCAD软件，正确绘制简单平面图形。

想一想

手工绘制图样工作量大，修改、复制、传递也不容易。随着计算机技术的发展，大量辅助设计软件涌现，极大地方便了设计人员，AutoCAD就是其中的一款。它有什么功能，又该怎么使用它呢？

AutoCAD是由美国Autodesk公司开发的通用计算机辅助设计软件，具有功能强大、易于掌握、使用方便、体系结构开放等特点，是目前世界上应用最广的CAD软件。现已在机械、建筑、汽车、电子、航天、造船、地质、服装等多个领域得到了广泛应用，成为各专业工程技术人员的必备工具之一。

目前最新版本为AutoCAD 2014，由原先的侧重于二维绘图技术，发展到二维、三维绘图技术兼备且具有网上设计的多功能CAD软件系统。本教材以目前使用较多的AutoCAD 2010版（以下简称AutoCAD）为例加以简单介绍。

一、AutoCAD 简介

1. AutoCAD 基本功能

(1) 创建与编辑图形

AutoCAD“常用”选项卡“绘图”面板包含着丰富的绘图命令，使用它们可以绘制直线、构造线、多段线、圆、矩形、多边形、椭圆等基本图形。如果再借助于“常用”选项卡中的“修改”面板中的各种命令，就可以绘制出各种各样的二维图形。

(2) 标注图形尺寸

使用 AutoCAD“标注”菜单，可以在图形的各个方向上创建各种类型的标注，也可以方便、快速地以一定格式创建符合行业或项目标准的标注。

(3) 渲染三维图形

在 AutoCAD 中，可以运用雾化、光源和材质，将模型渲染为具有真实感的图像。图 6—1—1 所示即为使用 AutoCAD 进行飞机模型渲染的结果。

图 6—1—1　三维渲染

(4) 输出与打印图形

AutoCAD 不仅允许将所绘图形以不同格式通过绘图输出，还能够将不同格式的图形导入 AutoCAD 或将 AutoCAD 图形以其他格式输出。因此，当图形绘制完成之后可以使用多种方法将其输出。

2. AutoCAD 的工作空间

AutoCAD 提供了二维草图与注释、三维建模和 AutoCAD 经典 3 种工作空间模式。

要在 3 种工作空间模式间进行切换，只需在快速访问工具栏选择“显示菜单栏”命令，在弹出的菜单中选择“工具”|“工作空间”命令中的子命令，如图 6—1—2 所示；或在状态栏中单击“切换工作空间”按钮，在弹出的菜单中选择相应的命令即可，如图 6—1—3 所示。

(1) 二维草图与注释空间

二维草图与注释空间的界面主要由“菜单浏览器”按钮、功能区选项板、快速访问工具栏、文本窗口与命令行、状态栏等元素组成，如图 6—1—4 所示。在该空间中，可以使用“绘图、修改、图层、标注、文字、表格”等面板方便地绘制二维图形。

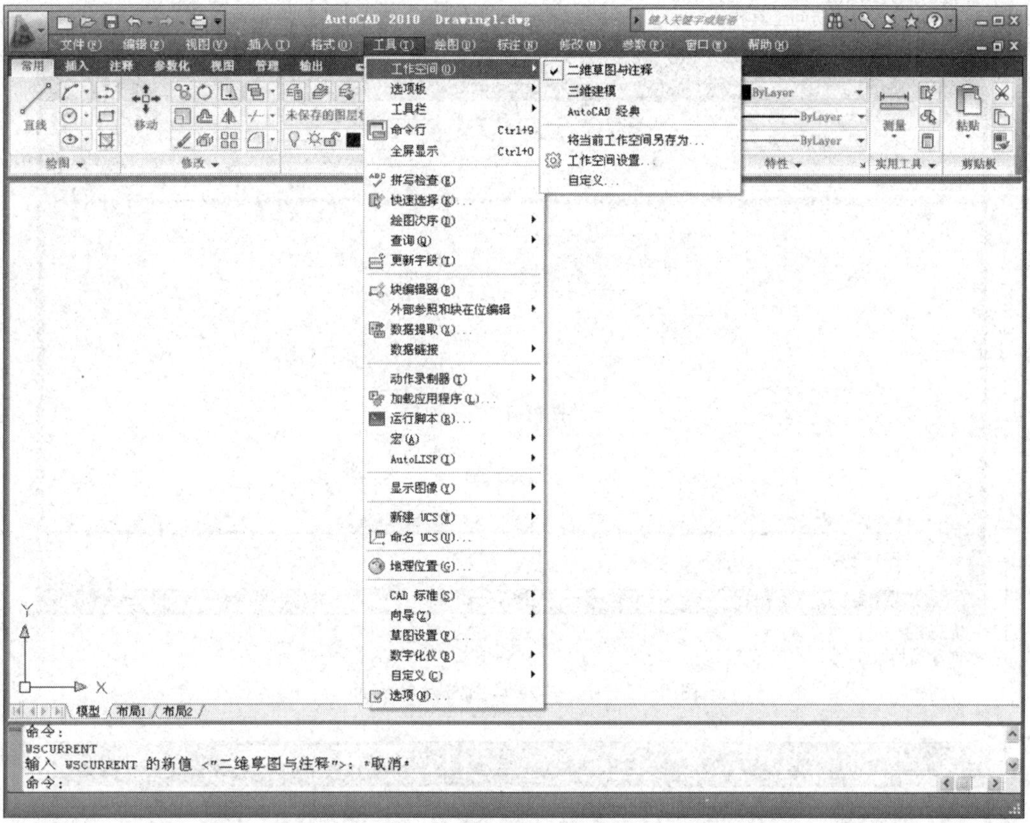

图 6—1—2　选择工作空间（一）

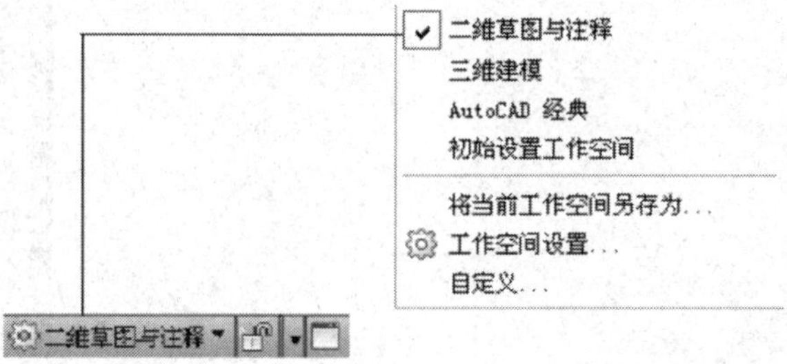

图 6—1—3　选择工作空间（二）

（2）三维建模空间

应用三维建模空间，可以更加方便地在三维空间中绘制图形，从而为绘制三维图形、观察图形、创建动画、设置光源、给三维对象附加材质等操作提供了非常便利的条件，如图 6—1—5 所示。

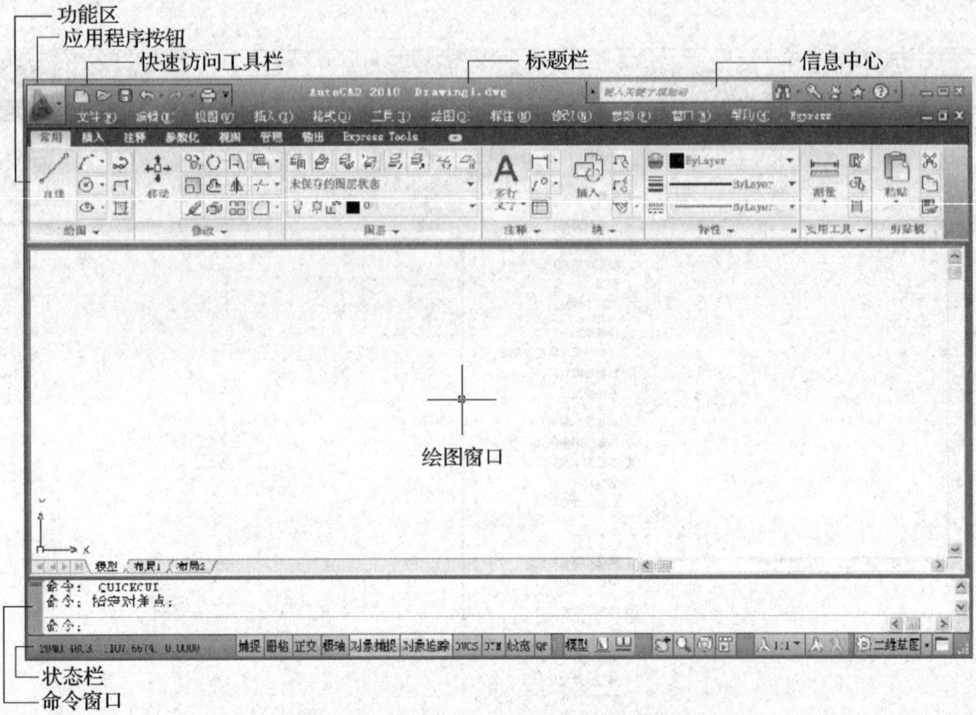

图 6—1—4　二维草图与注释空间

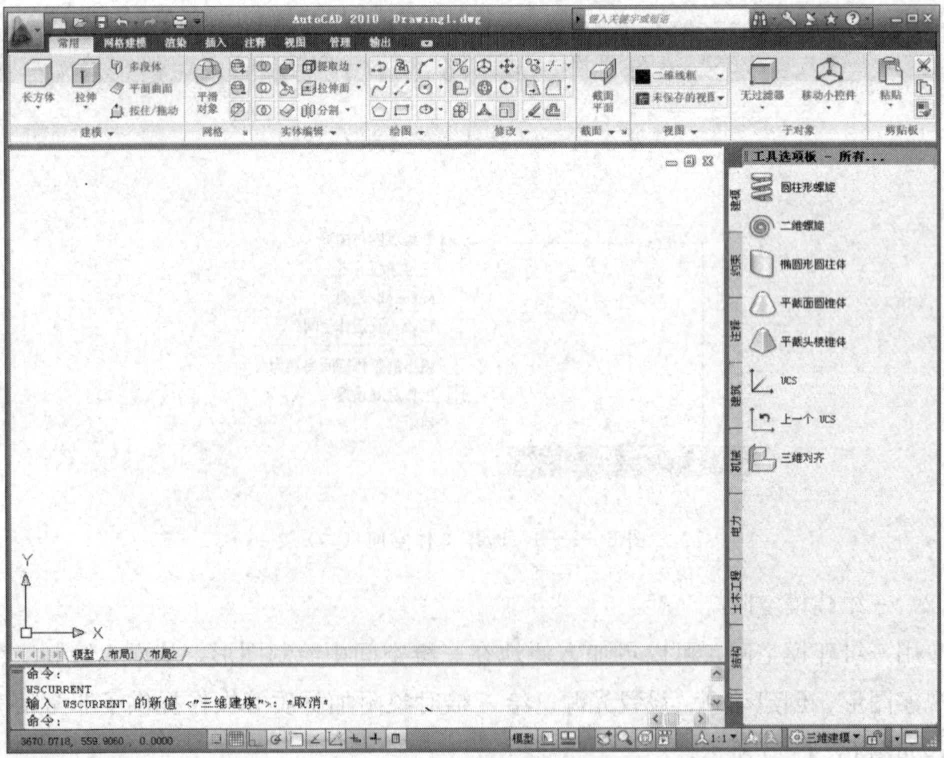

图 6—1—5　三维建模空间

（3）AutoCAD 经典空间

对于习惯于 AutoCAD 传统界面的用户来说，可以使用“AutoCAD 经典”工作空间，其界面主要由菜单浏览器按钮、快速访问工具栏、菜单栏、工具栏、文本窗口与命令行、状态栏等元素组成，如图 6—1—6 所示。

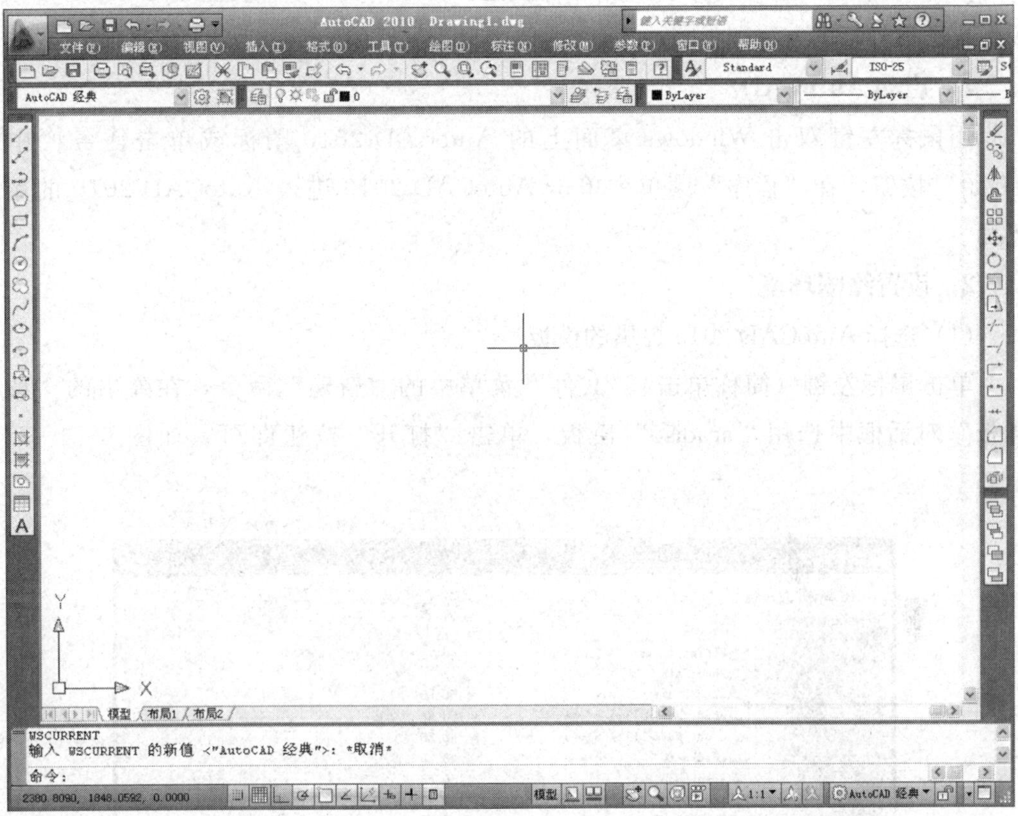

图 6—1—6　AutoCAD 经典工作空间

二、图形样板

图形样板作为一张标准图纸，除了需要绘制图形外，还要求设置图纸大小，绘制图框线和标题栏；而对于图形本身，需要设置图层、线型和线宽，设置图线颜色等。所有这些都是绘制一幅完整图形不可或缺的工作。为方便绘图，提高绘图效率，往往将这些绘制图形的基本作图和通用设置绘制成一张基础图形，进行初步或标准的设置，这种基础图形称为样板图。

使用 AutoCAD 绘制零件图的样板图时，必须遵守如下准则：

1. 严格遵守国家标准的有关规定。
2. 使用标准线型。
3. 设置适当图形界限，以便能包含最大操作区。

工程应用

试创建一个 A4 幅面的图形样板文件。

下面通过对上述 A4 幅面图形样板的创建，介绍 AutoCAD 设置绘图环境、图线以及保存图形样板的方法和步骤。

1．启动 AutoCAD

用鼠标左键双击 Windows 桌面上的 AutoCAD 2010 图标或单击任务栏中的“开始”按钮，在“程序”菜单中单击 AutoCAD 2010 进入 AutoCAD 2010 的用户界面。

2．设置绘图环境

（1）选择 AutoCAD 2010 提供的模板

单击鼠标左键（简称单击）“文件”菜单中的“新建”命令，在弹出的“选择样板”对话框中选用“acadiso”模板，单击“打开”按钮即可，如图 6—1—7 所示。

图 6—1—7　选择模板

（2）设定自动保存时间间隔

为了防止死机或其他意外导致文件丢失，应在创建的模板中设定自动保存功能。选择“工具”菜单中的“选项”命令，打开“选项”对话框，选择其中的“打开和保存”选项卡，在“文件安全措施”选项组中，按需要设置“自动保存”间隔时间，单击“确定”按钮完成设置，如图 6—1—8 所示。

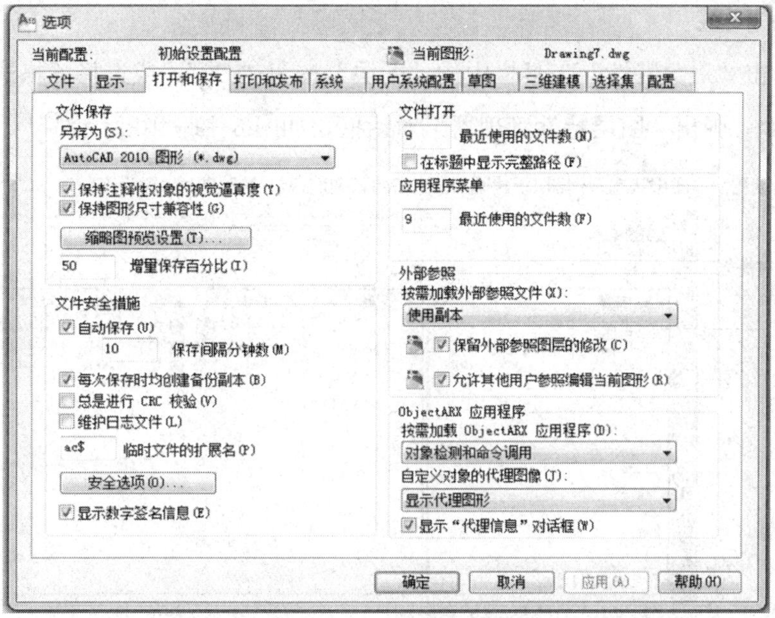

图 6—1—8 设置自动保存时间

(3) 设置绘图单位和精度

在绘图时，机械工程图样的单位制采用十进制，长度精度为小数点后 0 位，角度精度也为小数点后 0 位。要设置图形单位和精确度，可在快速访问工具栏选择“显示菜单栏”命令，在弹出的菜单中选择“格式” | “单位”命令，打开“图形单位”对话框，如图 6—1—9 所示。在该对话框“长度”选项区域的“类型”下拉列表框中选择“小数”选项，设置精度为 0；在“角度”选项区域的“类型”下拉列表框中选择“十进制度数”选项，设置精度为 0；系统默认逆时针方向为正。设置完毕后单击“确定”按钮。

(4) 设置绘图界限

选择“格式”菜单中的“图形界限”命令。执行该命令后，系统“命令行”区给出提示：

指定左下角点或［开（ON）/关（OFF）］＜0.0000，0.0000＞：(回车)

指定右上角点＜420.0000，297.0000＞：(输入 297，210，回车)

将图形的绘图界限设置为 A4 纸张的大小；如果要绘制其他幅面的图形，修改其中的绘图界限即可。

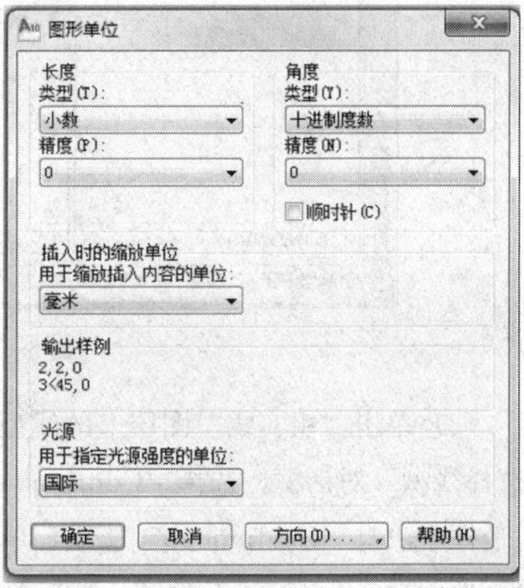

图 6—1—9 设置绘图单位和精度

3. 设置图线

（1）单击“对象特性”工具栏中的“图层”按钮“”，或选择“格式”菜单中的“图层”命令，弹出“图层特性管理器”对话框，如图 6—1—10 所示。

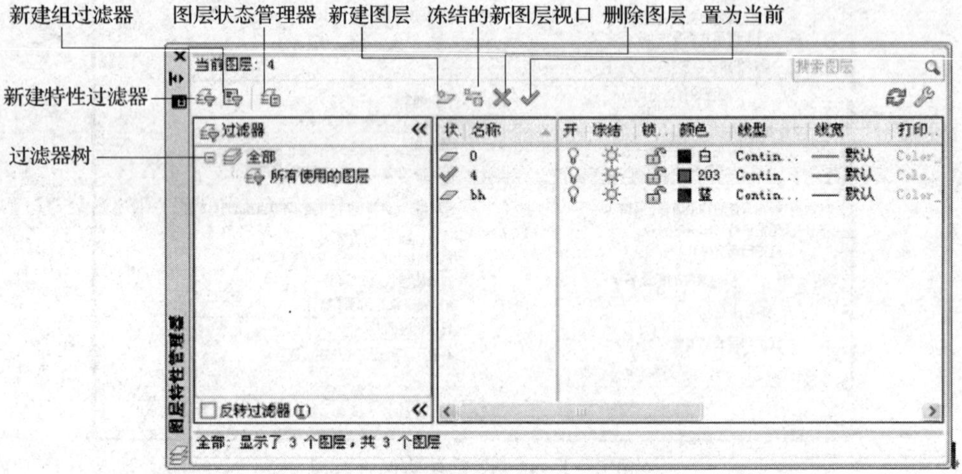

图 6—1—10　图层特性管理器

（2）在图层特性管理器中，单击“新建图层”按钮，在图形中创建一个新图层，系统自动命名为“图层 1”，此时图层名称为可编辑状态，输入图层名“粗实线”，将该图层命名为“粗实线”，如图 6—1—11 所示。

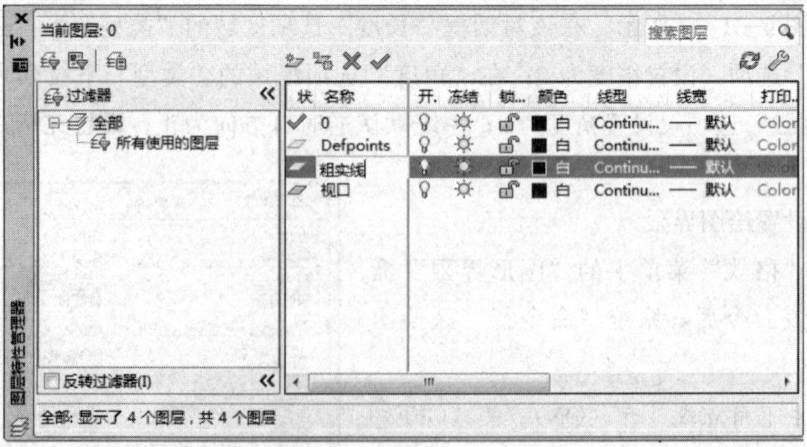

图 6—1—11　新建图层

（3）单击“粗实线”图层上的线型图标“Continuous”。弹出如图 6—1—12 所示的“选择线型”对话框，选择“Continuous”选项，然后单击“确定”按钮完成操作。若对话框中没有“Continuous”选项，单击“加载”按钮，弹出如图 6—1—13 所示对话框，选中“Continuous”选项，然后单击“确定”按钮，即可完成该线型的加载。

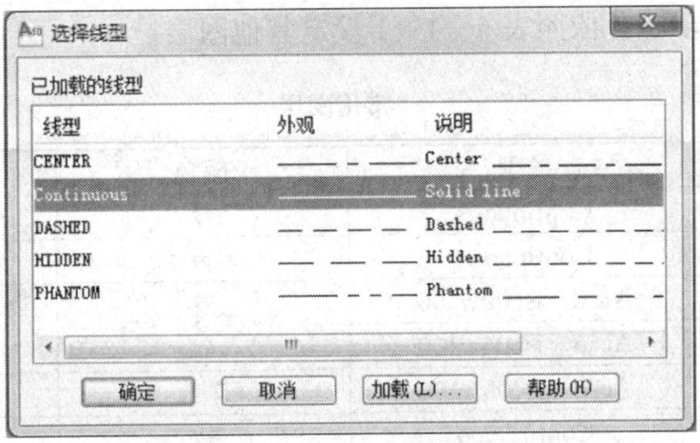

图 6—1—12　选择线型

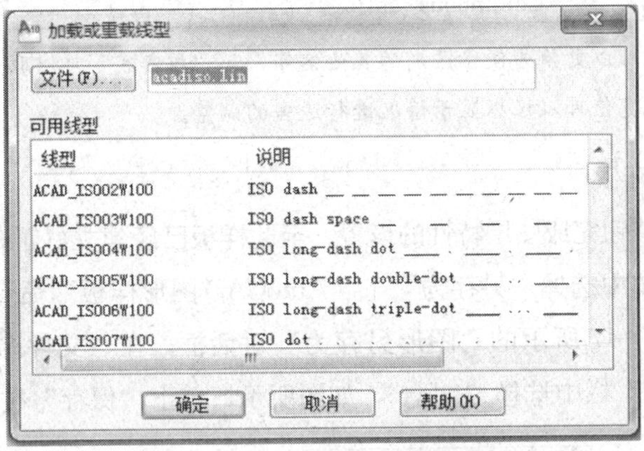

图 6—1—13　加载或重载线型

(4) 单击“粗实线”图层上的线宽图标，弹出如图 6—1—14 所示的“线宽”对话框，在其中选择“0.50”选项，然后单击“确定”按钮完成操作。

(5) 单击“粗实线”图层上的颜色图标，弹出如图 6—1—15 所示的“颜色”对话框，在“颜色”下面的输入栏中输入“绿”，然后单击“确定”按钮完成操作。

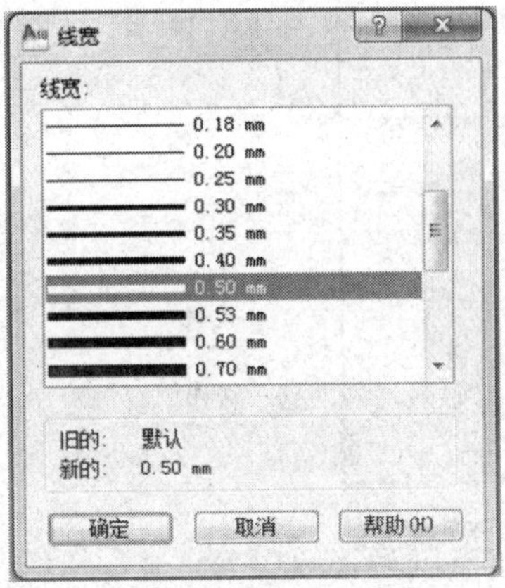

图 6—1—14　线宽

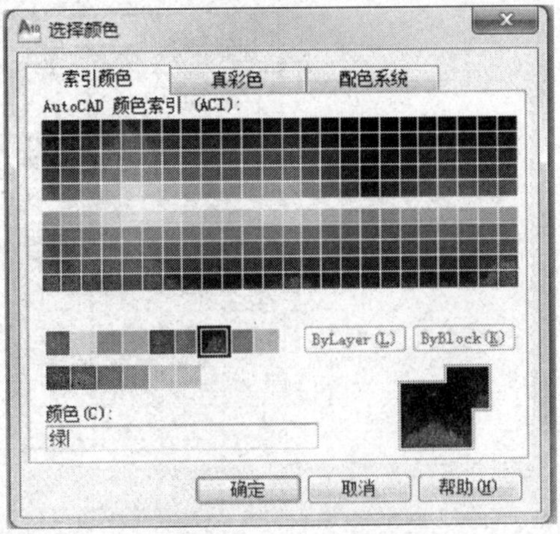

图 6—1—15　选择颜色

按照以上操作步骤，依照表 6—1—1 设定其他图层。

表 6—1—1　　常用图层

图层名	线型	颜色	线宽
粗实线	Continuous	绿	0.5 mm
细实线	Continuous	白	0.25 mm
虚线	Acad－iso02w100	黄	0.25 mm
点画线	Acad－iso04w100	红	0.25 mm
细双点画线	Acad－iso05w100	洋红	0.25 mm
尺寸标注	Continuous	白	0.25 mm
剖面符号	Continuous	白	0.25 mm
文本（细实线）	Continuous	白	0.25 mm

注：1. 图层名也可以更换为便于区别的其他名字，如“粗实线”可以取名为“csx”层。

2. 各种线型的线宽值可以根据显示情况进行适当的调整。

4. 保存图形样板

单击“确定”按钮完成图层特性的设置，至此样板已经建立好了，单击“菜单浏览器”按钮，在弹出的菜单中选择“另存为”｜“AutoCAD 图形样板”命令，如图 6—1—16 所示。弹出如图 6—1—17 所示的“图形另存为”对话框，在“文件名”栏中输入“A4 样板”，在“文件类型”栏中选择“.dwt”，如图所示，单击“保存”按钮保存样板。

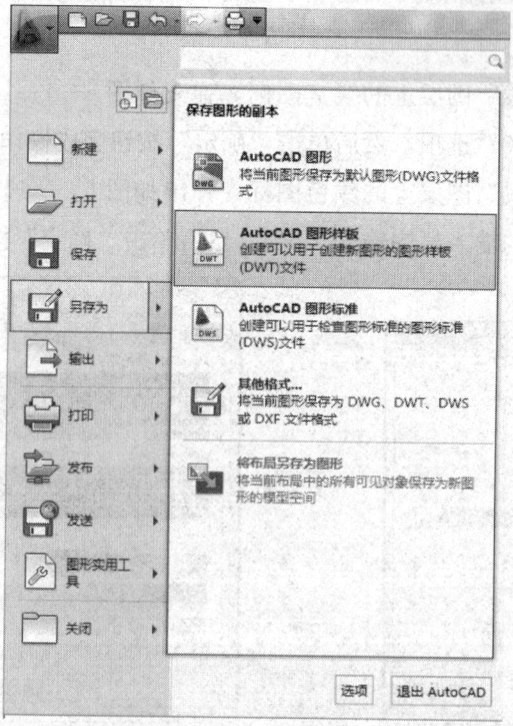

图 6—1—16　选择另存为

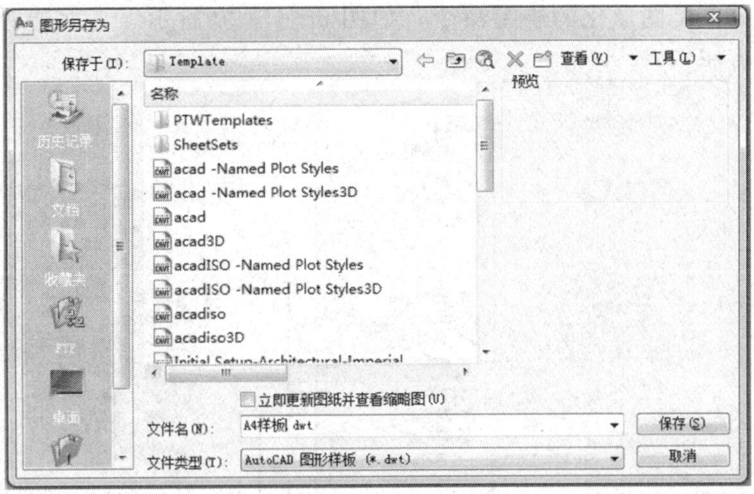

图 6—1—17　图形另存为

保存完成后，弹出如图 6—1—18 所示“样板选项”对话框，可以输入对该样板的简短描述，并确定单位为“公制”，单击“确定”按钮完成图形样板的创建。

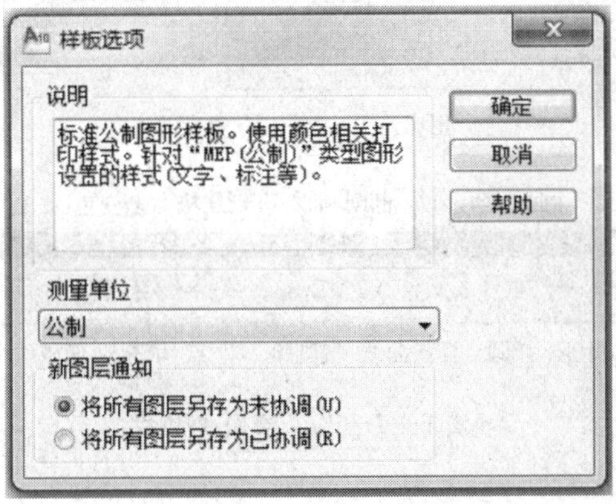

图 6—1—18　样板选项

教学互动

在 AutoCAD 软件中，创建 A3 绘图模板。

三、绘制平面图形

为了满足不同用户的需要，使操作更加灵活方便，AutoCAD 2010 提供了多种方法来实现相同的功能。例如，可以使用“绘图”菜单、“绘图”工具栏和绘图命令等方法来绘制基本图形对象。在 AutoCAD 2010 中，绘图菜单包含了绘制图形最基本、最常用的方法，可以绘制点、直线、圆、圆弧和多边形等简单二维图形，如图 6—1—19 所示。“绘图”工具栏中的每个工具按钮都与“绘图”菜单中的绘图命令相对应，是图形化的绘图命令，如图 6—1—20 所示。下面通过实例来学习具体的绘图方法。

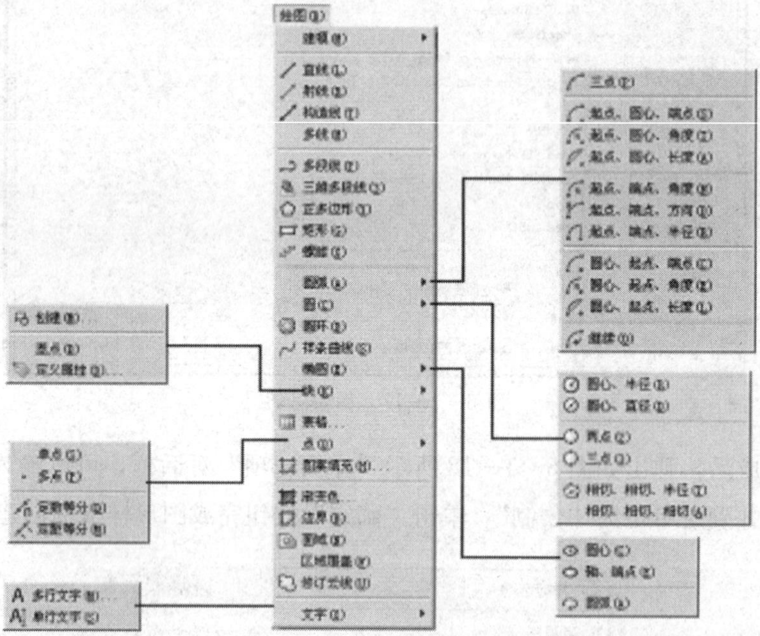

图 6—1—19　绘图菜单

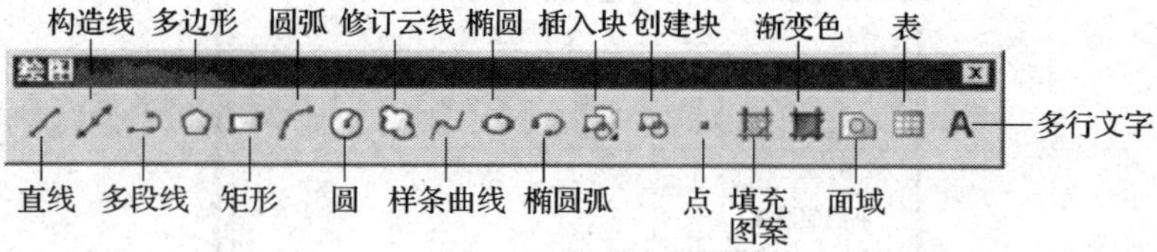

图 6—1—20　绘图工具栏

工程应用

用 AutoCAD 绘制如图 6—1—21 所示的盖板平面图形。

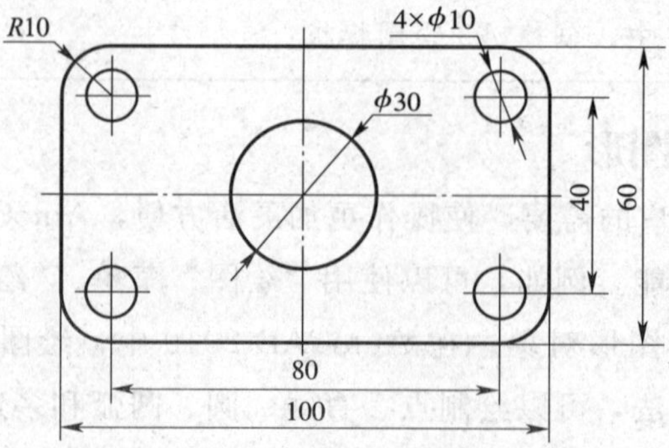

图 6—1—21　盖板

1．启动 AutoCAD

单击“文件”菜单中的“新建”命令，在弹出的“选择样板”对话框中选用“A4模板”，单击“打开”按钮即可。

2．绘制中心线

（1）设置当前图线

单击“图层”列表框右边的下拉箭头，弹出图层列表，如图 6—1—22 所示，在列表中点取“点画线”层，则该层中的线型即为当前图线。

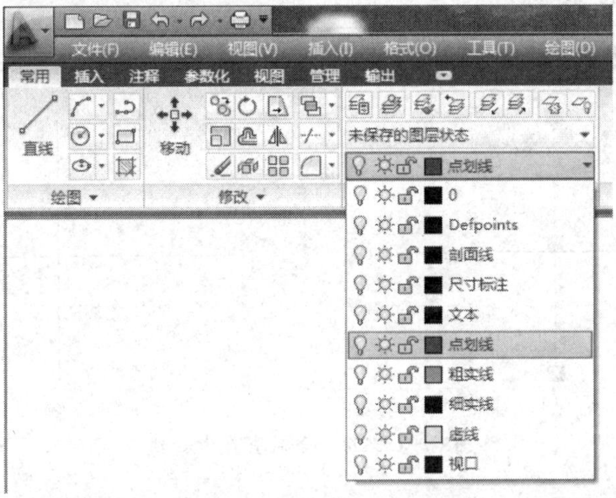

图 6—1—22　设置当前图层

（2）绘制水平中心线

单击“绘图面板”中的直线图标“／”（也可以从“绘图”下拉菜单中单击“直线”命令），命令行出现操作提示“指定第一点”，移动鼠标使十字光标移到绘图区的左边中间适当位置，单击鼠标左键，指定水平线的第一点。命令行的操作提示变为“指定下一点”，沿水平方向移动鼠标，在命令行中输入 100，按回车键确认，便绘制出一条长 100 mm 的水平中心线。单击鼠标右键，在弹出的对话框中单击“确认”按钮退出绘制直线功能（也可按“ESC”键）。

提示：为了方便绘制水平线或垂直线，可打开底部的辅助绘图工具栏的“正交”按钮，如图 6—1—23 所示。

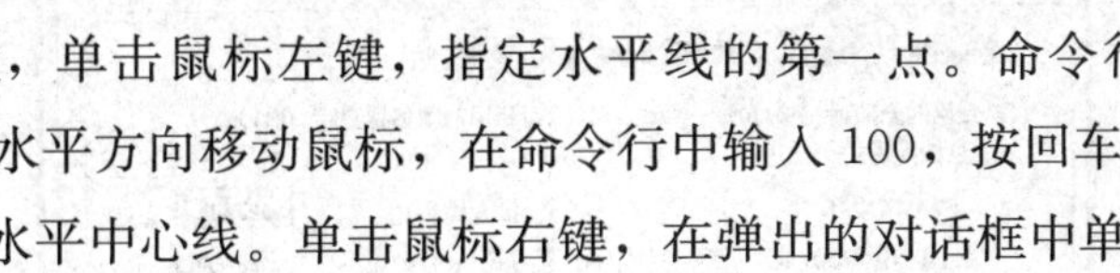

图 6—1—23　辅助绘图工具栏常用命令

（3）绘制垂直中心线

使用直线绘图命令，移动鼠标捕捉水平中心线的中点单击，如图 6—1—24a 所示，然后在垂直方向移动鼠标，到一个合适的位置，单击，确定垂直线的第二点，如图 6—1—24b 所示。单击刚才绘制的垂直中心线，图线变为如图 6—1—24c 所示状态。单击垂直中心线下面的小方框（也称夹点），并向下拖动，到达合适位置，单击“确认”。结果如图 6—1—24e 所示。

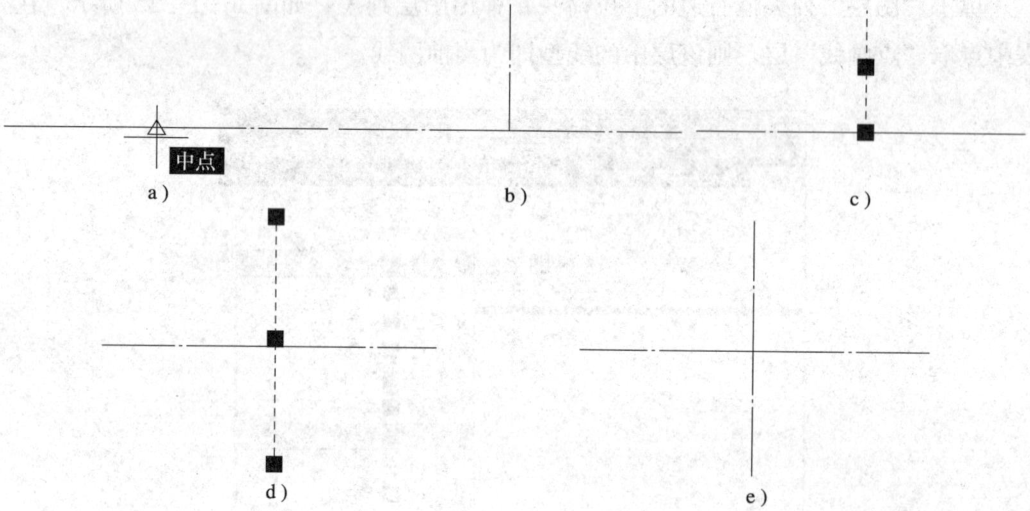

图 6—1—24　绘制垂直中心线

提示： 在绘图过程中，常常需要拾取一些特殊点，如圆心、端点、中点等，AutoCAD 中提供了“对象捕捉”功能，可以迅速、方便地捕捉到这些特殊点。从“工具”菜单选择“草图设置”，单击“对象捕捉”即出现如图 6—1—25 所示对话框，选择需要捕捉的点的类型，按“确定”按钮即可。

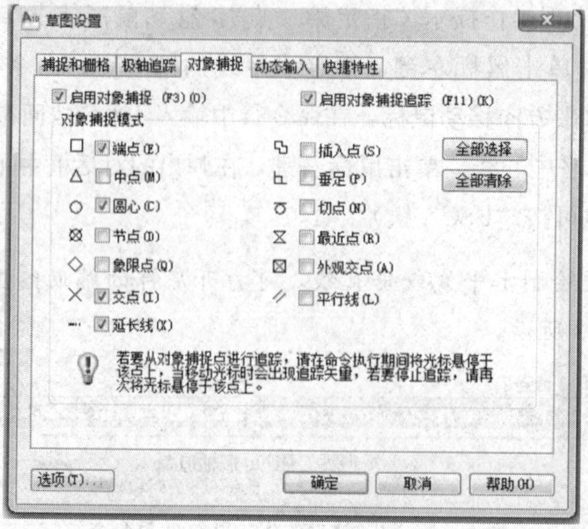

图 6—1—25　对象捕捉

（4）绘制小圆中心线

单击“修改面板”中的偏移图标“”，命令行中出现操作提示：

命令：_offset

当前设置：删除源＝否　图层＝源　OFFSETGAPTYPE＝0

指定偏移距离或［通过（T）/删除（E）/图层（L）］＜5.0000＞：（输入偏移距离20）

选择要偏移的对象，或［退出（E）/放弃（U）］＜退出＞：（单击需要偏移的垂直中心线）

指定要偏移的那一侧上的点，或［退出（E）/多个（M）/放弃（U）］＜退出＞：（单击垂直中心线左方任意一点，结果如图6—1—26b所示）

按以上操作过程完成小圆其他3条中心线的绘制，结果如图6—1—26c所示。

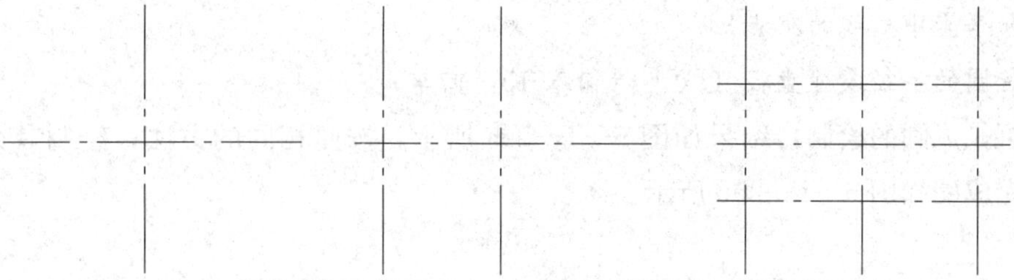

a）　　b）　　c）

图6—1—26　绘制小圆中心线

3．绘制轮廓线

（1）绘制矩形

首先设定粗实线层为当前层。因为绘制的水平中心线长度和矩形的长度一样，因此可以通过偏移命令完成矩形上下两条边的绘制。注意：偏移后，还是点画线，需要改成粗实线。然后使用直线命令连接这两条边，完成矩形，如图6—1—27所示。

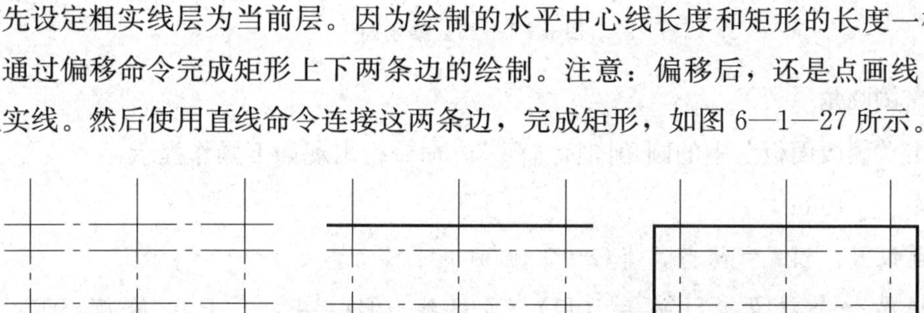

a）　　b）　　c）

图6—1—27　绘制矩形

提示：在绘图中，当出现操作错误而需要放弃前面执行的一个或多个操作命令时，可使用“放弃”命令，撤销上一次操作。如果放弃一个或多个操作之后，需要恢复原来的效果，可以使用“重做”命令，即可恢复上一个使用“放弃”命令撤销的效果，如图 6—1—28 所示。

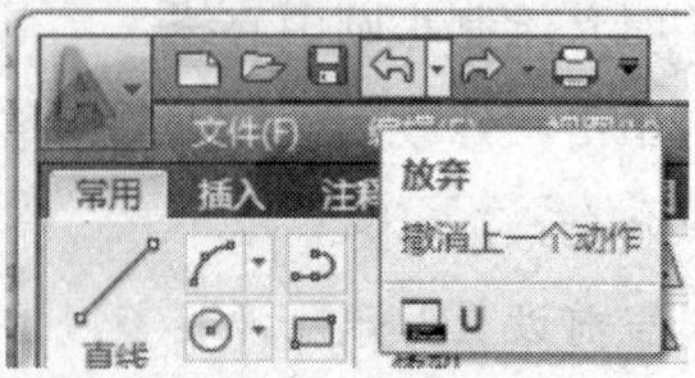

图 6—1—28　放弃与重做

(2) 绘制圆

确认粗实线层为当前层，单击“绘图”工具栏中圆的图标“ ”，命令行出现如下操作提示：

命令：_circle

指定圆的圆心或［三点（3P）/两点（2P）/相切、相切、半径（T）］：(选择水平中心线和垂直中心线的交点)

指定圆的半径或［直径（D）］：(输入 15，回车)

即可完成圆的绘制，结果如图 6—1—29a 所示。按照相同的方法，绘制其余四个小圆，完成图如图 6—1—29b 所示。

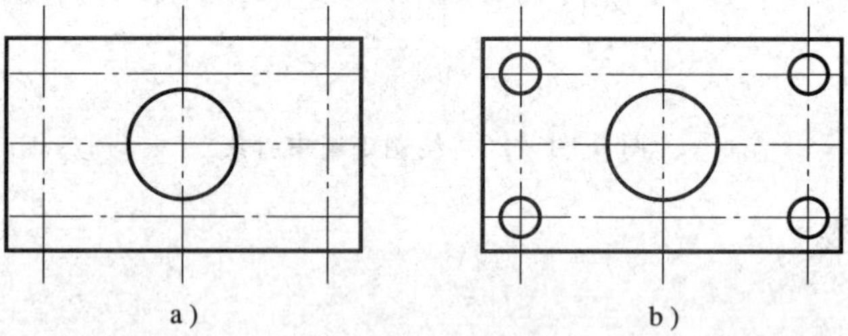

a)　　b)

图 6—1—29　绘制圆

(3) 倒圆角

单击“修改面板”中的圆角图标“ ”，命令行出现如下操作提示：

命令：_fillet

当前设置：模式＝修剪，半径＝0.0000

选择第一个对象或［放弃（U）/多段线（P）/半径（R）/修剪（T）/多个（M）］：(输入 r，回车来修改圆角半径)

指定圆角半径<0.0000>：(输入圆角半径 10，回车)

选择第一个对象或［放弃（U）/多段线（P）/半径（R）/修剪（T）/多个（M）］：(选择矩形的一条边)

选择第二个对象，或按住 Shift 键选择要应用角点的对象：(选择另一邻边)

完成操作，如图 6—1—30b 所示，按照以上操作步骤完成其余的倒圆角，如图 6—1—30c 所示。

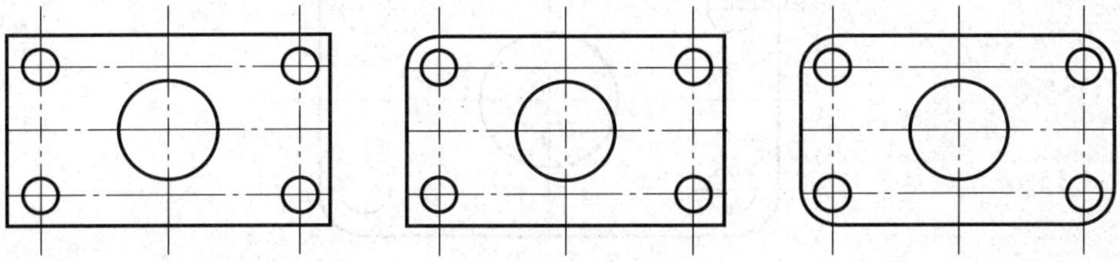

a)　　　　b)　　　　c)

图 6—1—30　倒圆角

4. 修改图形

上面完成的图形中有些图线并不符合国家标准，下面利用修改命令进行修改。

首先使用偏移命令，偏移小圆的水平中心线，偏移距离为 15 mm，如图 6—1—31a 所示，然后单击“修改面板”中的修剪图标“-/--”，命令行出现如下操作提示：

命令：_trim

当前设置：投影＝UCS，边＝无

选择剪切边...（选择最上面的水平线，此时它变为虚线，如图 6—1—31b 所示，回车）

选择对象或＜全部选择＞：找到 1 个

选择对象：

选择要修剪的对象，或按住 Shift 键选择要延伸的对象，或［栏选（F）/窗交（C）/投影（P）/边（E）/删除（R）/放弃（U）］：（单击右侧被修剪边）

选择要修剪的对象，或按住 Shift 键选择要延伸的对象，或［栏选（F）/窗交（C）/投影（P）/边（E）/删除（R）/放弃（U）］：（单击左侧被修剪边）

完成操作，得到如图 6—1—31c 所示图形。

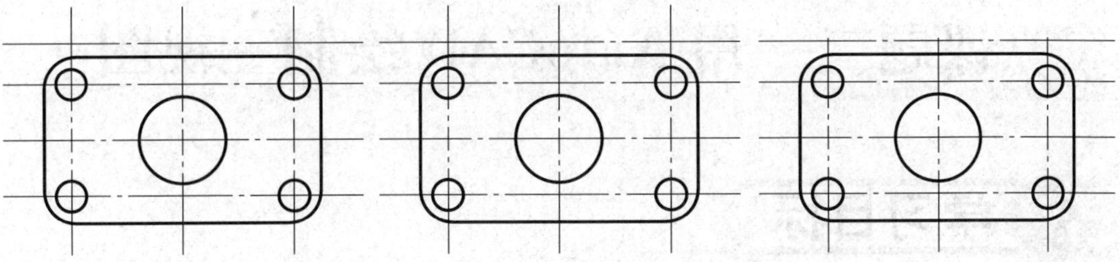

a)　　　　b)　　　　c)

图 6—1—31　修剪中心线

重复上面的步骤，完成其他中心线的修剪，结果如图 6—1—32 所示。

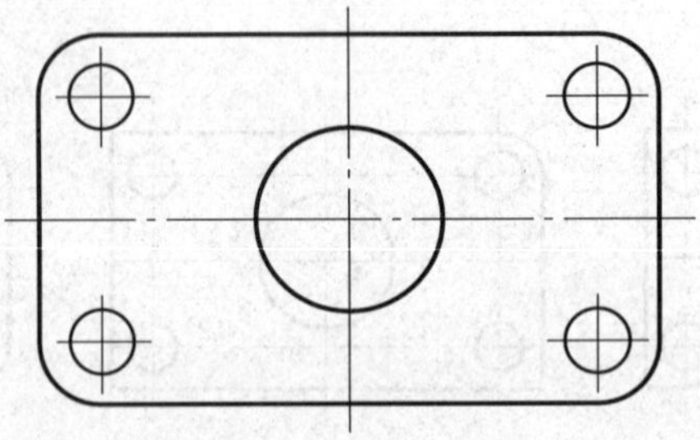

图 6—1—32　完成图

5. 保存

单击“文件”菜单中的“另存为”命令，在弹出的对话框中的“文件名”左侧的输入框中输入文件名，单击“确定”按钮即可。

教学互动

使用 AutoCAD 软件绘制下图。

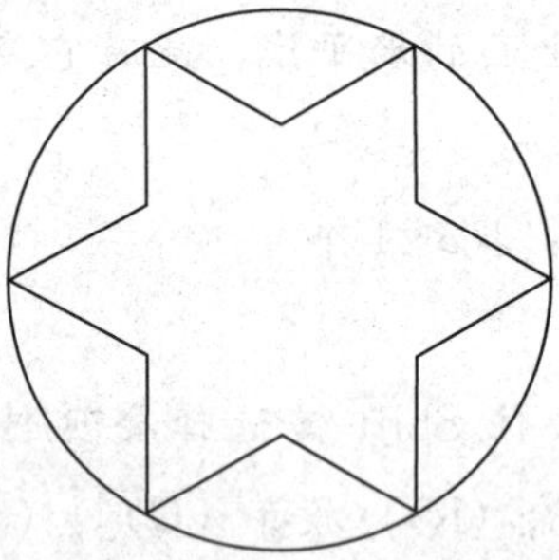

课题二　用 AutoCAD 绘制三视图

学习目标

- 掌握 AutoCAD 中矩形、镜像命令的用法。
- 能够使用 AutoCAD 软件，正确绘制三视图。

工程应用

如图 6—2—1 所示为接头三视图，试用 AutoCAD 绘制该图。

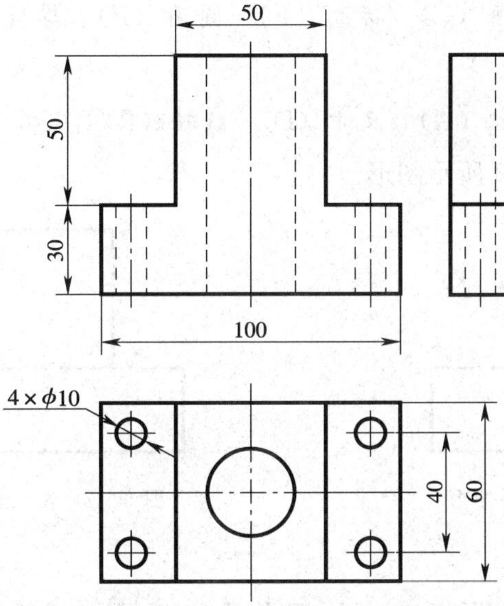

图 6—2—1　接头三视图

下面介绍绘制三视图的方法和步骤。

一、创建新图形文件

单击“文件”菜单中的“新建”命令，在弹出的“选择样板”对话框中选用“A4 模板”，单击“打开”按钮。

二、绘制轮廓

1. 绘制主视图轮廓

(1) 绘制 100 mm×30 mm 矩形

选定粗实线层为当前层，单击“绘图”面板中的矩形图标“▭”，绘制 100 mm×30 mm 矩形。命令行将会出现如下提示：

命令：_ rectang

指定第一个角点或［倒角（C）/标高（E）/圆角（F）/厚度（T）/宽度（W)]：40，100（对角线起点）

指定另一个角点或［面积（A）/尺寸（D）/旋转（R)]：140，130（对角线终点）

提示：直接输入的数字是绝对坐标值。若使用相对坐标绘图会更加方便。要使用相对坐标值，应在坐标值前面添加一个@符号，如本例，可输入@100，30。

完成后得到如图 6—2—2 所示图形。

(2) 绘制 50 mm×50 mm 矩形

使用矩形绘图命令绘制 50 mm×50 mm 矩形。命令行将会出现如下提示：

命令：_rectang

指定第一个角点或［倒角（C）/标高（E）/圆角（F）/厚度（T）/宽度（W）］：65，130（对角线起点）

指定另一个角点或［面积（A）/尺寸（D）/旋转（R）］：@50，50（对角线终点）

完成后得到如图 6—2—3 所示图形。

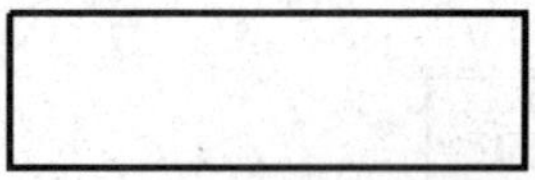

图 6—2—2 绘制矩形

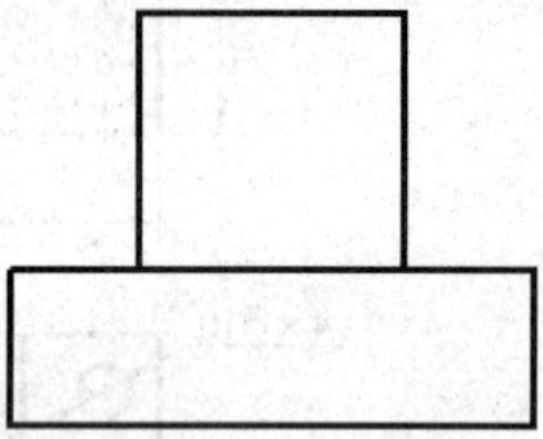

图 6—2—3 绘制矩形

(3) 删除重合的图线

单击“修改面板”的修剪图标“-/--”，删除重合的图线，命令行出现如下提示：

命令：_trim

当前设置：投影＝UCS，边＝无

选择剪切边...

选择对象或＜全部选择＞：找到 1 个（选择大矩形）

选择对象：找到 1 个，总计 2 个（选择小矩形）

选择对象：(回车)

选择要修剪的对象，或按住 Shift 键选择要延伸的对象，或［栏选（F）/窗交（C）/投影（P）/边（E）/删除（R）/放弃（U）］：(选择公共边)

选择要修剪的对象，或按住 Shift 键选择要延伸的对象，或［栏选（F）/窗交（C）/投影（P）/边（E）/删除（R）/放弃（U）］：（再次选择公共边，因为有两条直线需要删除）

选择要修剪的对象，或按住 Shift 键选择要延伸的对象，或［栏选（F）/窗交（C）/投影（P）/边（E）/删除（R）/放弃（U）］：(回车)

完成图形如图 6—2—4 所示。

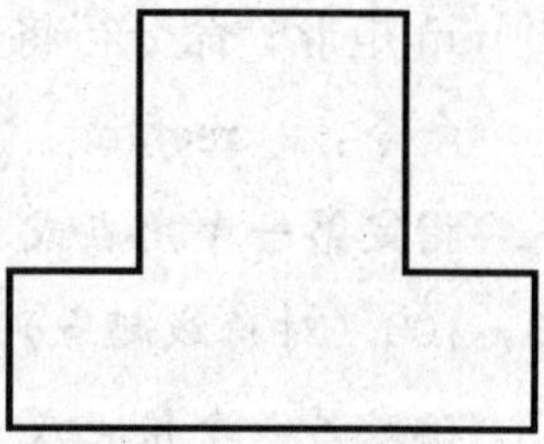

图 6—2—4 修剪结果

提示：把光标放到相应命令的图标上，AutoCAD 就会给出相应命令的简介。

2. 绘制俯视图轮廓

确认粗实线层为当前层，打开“对象捕捉”和“正交”，使用“直线”命令，把光标移到已完成图形的左侧端点，捕捉到端点，如图 6—2—5a 所示，向下移动光标到适当位置单击，向右移动光标捕捉图形右侧端点外轮廓，显示如图 6—2—5b 所示时，单击，完成水平线的绘制，结果如图 6—2—5c 所示。继续向下移动光标，输入“60”完成垂线的绘制，继续使用如上捕捉端点的方式完成水平线的绘制，最后封闭图形。再使用上面的方法完成其余直线的绘制，完成图如图 6—2—5d 所示。

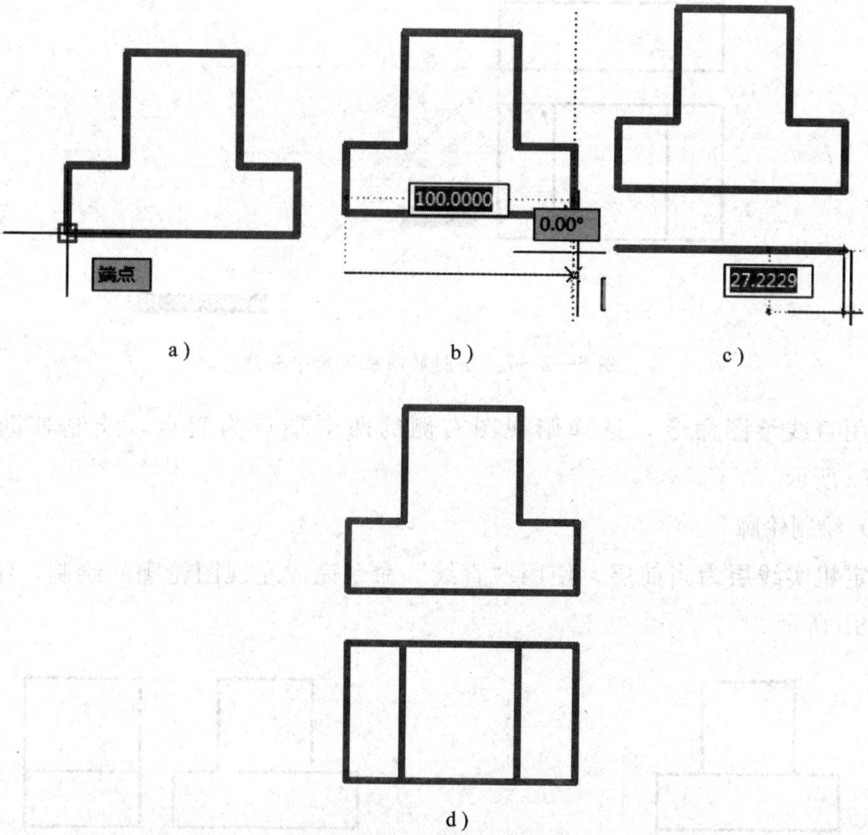

图 6—2—5　绘制俯视图轮廓

3. 绘制左视图轮廓

(1) 绘制辅助线

打开辅助绘图工具栏的“动态输入”，如图 6—2—6 所示。

图 6—2—6　打开动态输入

使用直线绘图命令，选择主视图右下角的端点为起点，绘制第四象限的角平分线，向右下角移动鼠标，按“Tab”键调整到角度输入，用键盘输入 45，在适当位置单击，如图 6—2—7 所示。

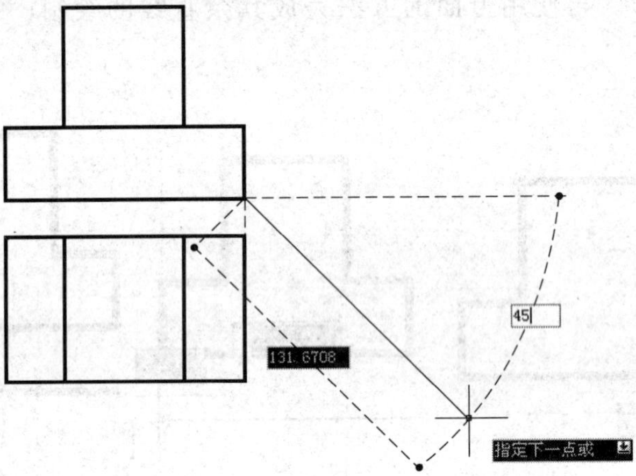

图 6—2—7　绘制第四象限角平分线

使用直线绘图命令，选择俯视图右侧的两个端点为起点，绘制辅助线如图 6—2—8a 所示。

（2）绘制轮廓

确定粗实线层为当前层，使用“直线”命令完成左视图轮廓的绘制，结果如图 6—2—8b 所示。

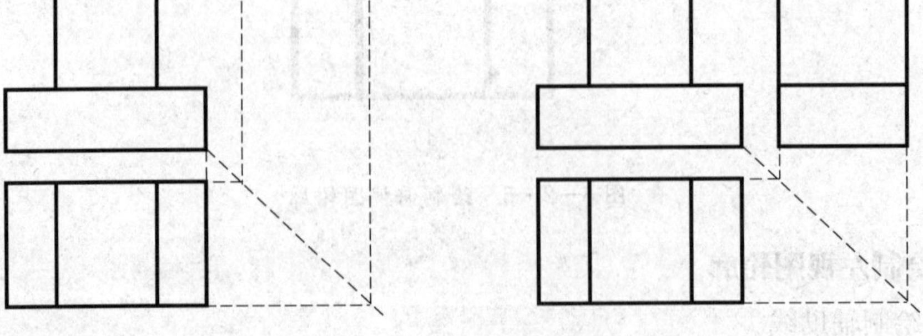

a）　　　　b）

图 6—2—8　绘制左视图外轮廓

三、补全视图

1. 绘制俯视图各圆

（1）绘制大小圆中心线

确认点画线层为当前层，分别绘制大小圆中心线，如图 6—2—9a 所示。

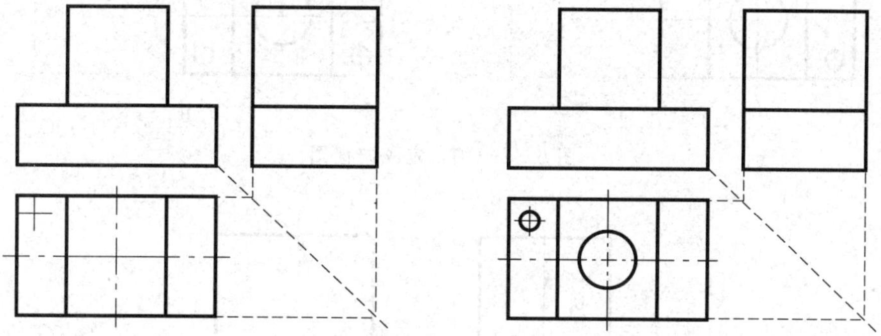

a）　　　　　　　　b）

图 6—2—9　绘制俯视图各圆

（2）绘制圆

确认粗实线层为当前层，使用圆绘图命令分别绘制 $\phi30$、$\phi10$ 的圆，如图 6—2—9b 所示。

（3）镜像小圆

单击“修改面板”中的镜像图标“”，命令行出现如下提示：

命令：_ mirror

选择对象：找到 1 个（选择小圆）

选择对象：找到 1 个，总计 2 个（选择小圆的一条中心线）

选择对象：找到 1 个，总计 3 个（选择小圆的另一条中心线）

选择对象：（回车）

指定镜像线的第一点：（选取俯视图中心线上的一点）

指定镜像线的第二点：（选取俯视图中心线上的另一点）

要删除源对象吗？［是（Y）/否（N）］<N>：（回车）

完成后得到如图 6—2—10a 所示图形。

进行第二次镜像，完成俯视图，如图 6—2—10b 所示。

2. 补全主视图

利用上面介绍的操作方法补画主视图的虚线和中心线，如图 6—2—11a 所示。

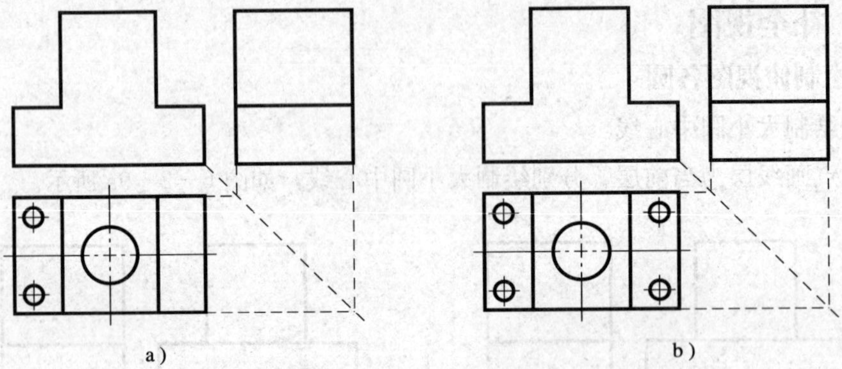

图 6—2—10　完成俯视图

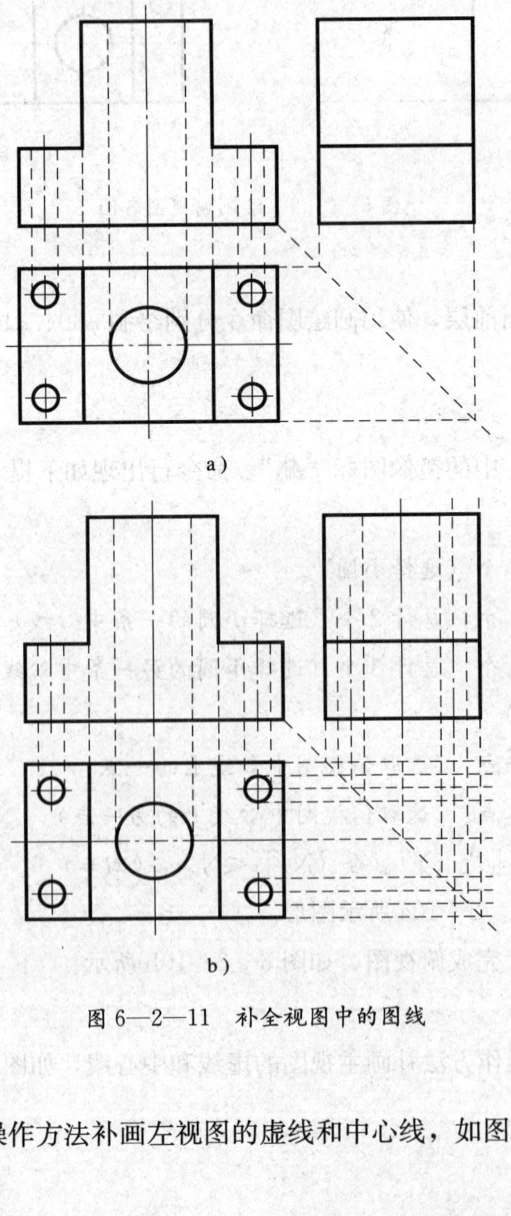

图 6—2—11　补全视图中的图线

3. 补全左视图

利用上面介绍的操作方法补画左视图的虚线和中心线，如图 6—2—11b 所示。

提示：在视图面板中选择“平移”后可在绘图区内移动图形，“缩放”命令可对图形进行放大和缩小，方便观察图形。

四、整理图形

删除多余图线，得到如图 6—2—12 所示的图形。

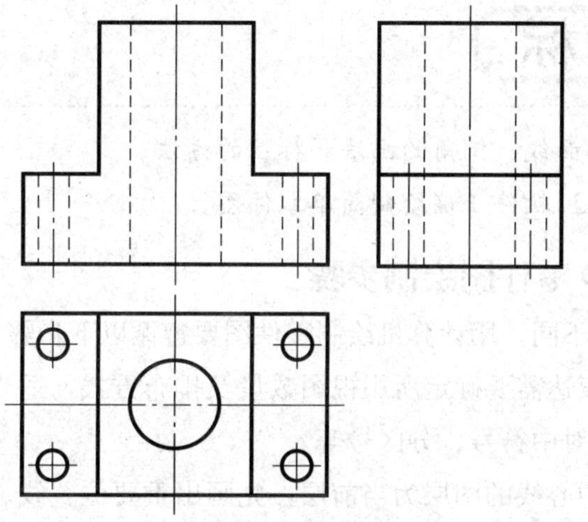

图 6—2—12　绘制结果

教学互动

试绘制下图所示的三视图。

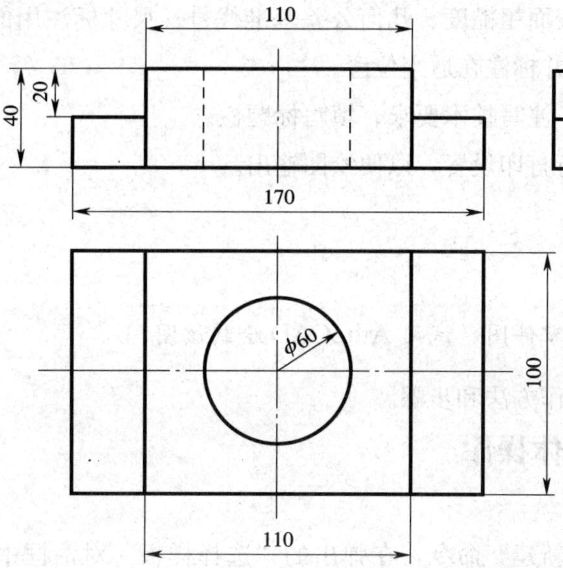

课题三　用 AutoCAD 绘制零件图

学习目标

◆ 掌握 AutoCAD 剖面线、倒角的画法和标注的方法。

◆ 能够使用 AutoCAD 软件正确绘制简单零件图。

一、AutoCAD 零件图绘制步骤

与手工仪器作图不同，用计算机绘制零件图要遵循以下步骤。

1. 根据零件的表达需要确定所用视图数量及排布方式，适当划分图幅，可用相关命令作一些辅助线、对中符号、分区号等。

2. 设置线型为中心线的图层为当前层，先画出重要位置线、对称线、中心线等基准线。

3. 根据“长对正、高平齐、宽相等”的投影规律，综合运用学过的绘图、编辑及各种辅助命令，再结合绘图技巧，将所有图线画好。绘制过程中，若图的局部太小，可使用图形显示命令进行显示放大。

4. 用设置好的尺寸标注样式，用尺寸标注命令标注尺寸。

5. 将常用符号或图形如表面粗糙度、几何公差基准代号、尺寸标注用的一些特殊符号等建成“块”插入进来，并标注在适当位置。

6. 用设置好的汉字字样，注写技术要求、填写标题栏。

7. 总体检查、修改，进行打印设置，以便绘图输出。

工程应用

如图 6—3—1 所示为齿轮零件图，试用 AutoCAD 绘制该图。

下面介绍绘制零件图的操作方法和步骤。

二、绘制零件图的具体操作

1. 创建新图形文件

单击“文件”菜单中的“新建”命令，在弹出的“选择样板”对话框中选用“A4 模板”，单击“打开”按钮。

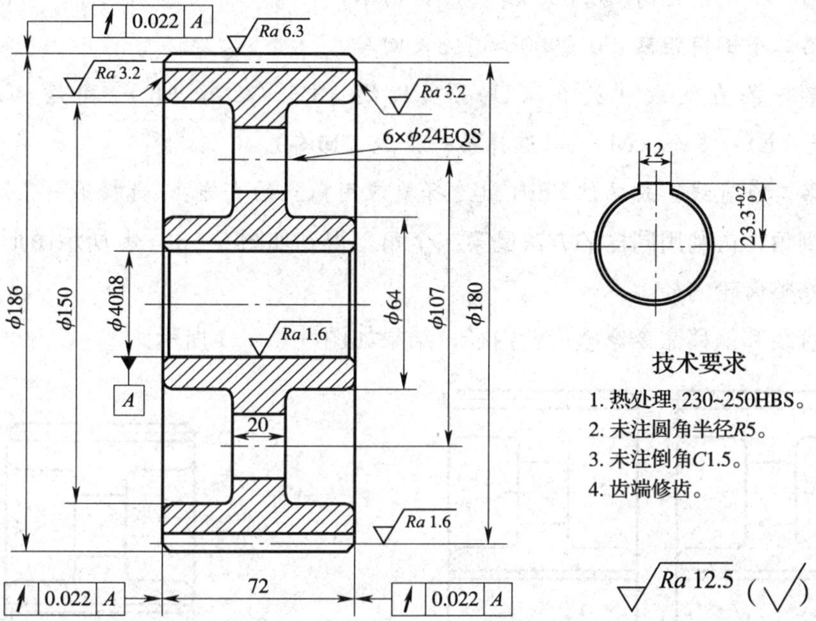

图 6—3—1 齿轮零件图

2．绘制中心线

确定点画线层为当前层，使用直线绘图命令绘制主视图中心线，结果如图 6—3—2 所示。

3．绘制主视图上半部轮廓

确定粗实线层为当前层，按照图 6—3—1 所示尺寸使用直线和偏移命令绘制主视图上半部轮廓，结果如图 6—3—2 所示。

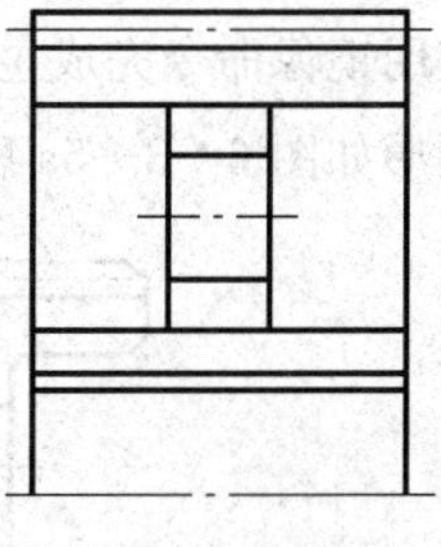

图 6—3—2 绘制齿轮中心线和上半部轮廓

4．修整

（1）倒圆

使用圆角命令倒圆，圆角半径 $R5$，结果如图 6—3—3a 所示。

（2）倒角

选择“修改面板”中的倒角图标“ ”，命令行操作提示如下：

命令：_ chamfer

（“修剪”模式）当前倒角距离 1=0.0000，距离 2=0.0000

选择第一条直线或［放弃（U）/多段线（P）/距离（D）/角度（A）/修剪（T）/方式（E）/多个（M）］：(d，回车)

指定第一个倒角距离<0.0000>：（3，回车）

指定第二个倒角距离<0.0000>：（3，回车）

选择第一条直线或［放弃（U）/多段线（P）/距离（D）/角度（A）/修剪（T）/方式（E）/多个（M）］：（选择第一条边，回车）

选择第二条直线，或按住 Shift 键选择要应用角点的直线：（选择第一条边，回车）

完成倒角，再利用同样的方法倒第二个角，得到如图 6—3—3b 所示图形。

（3）修整齿轮内径

使用直线和偏移命令修整齿轮内径，结果如图 6—3—4 所示。

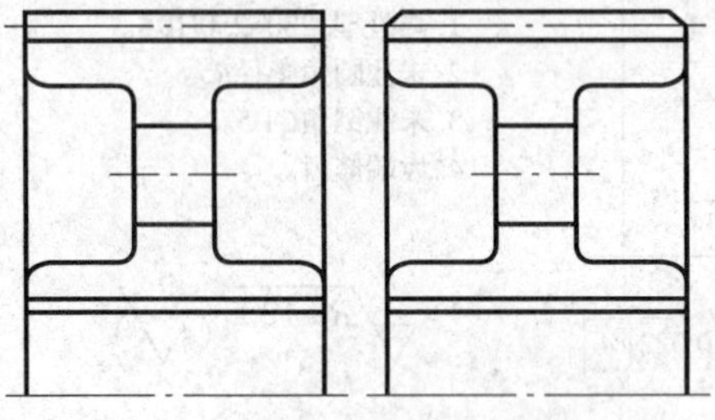

a）　　b）

图 6—3—3　倒圆和倒角

a）倒圆　b）倒角

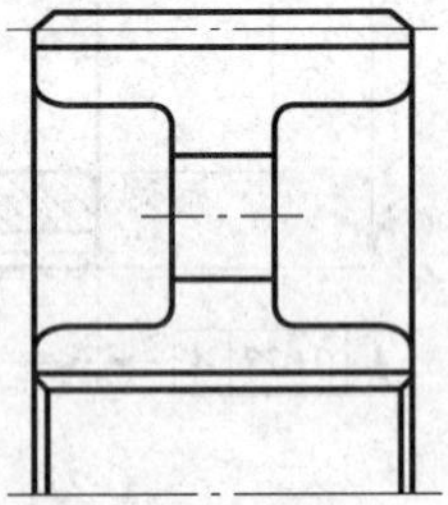

图 6—3—4　修整内径

5．镜像

使用镜像命令完成主视图轮廓，在选择时使用鼠标框选要镜像的对象可方便操作，完成图形如图 6—3—5a 所示，再将多余的线段删除，如图 6—3—5b 所示。

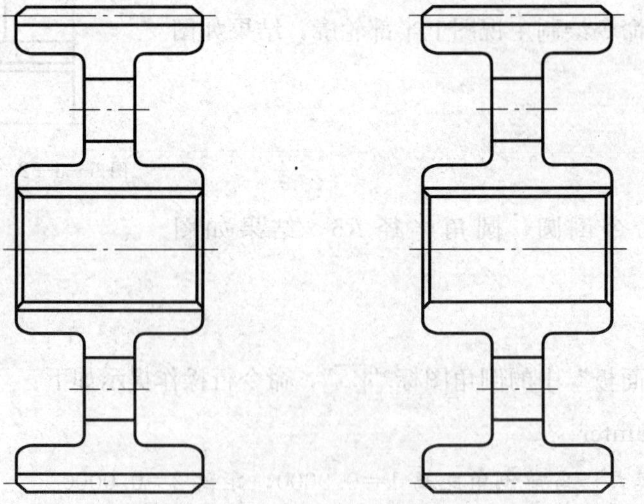

a）　　b）

图 6—3—5　镜像

6．绘制剖面线

（1）设定剖面线

确定剖面符号层为当前层，单击“绘图面板”中的图案填充图标“”，弹出“图案填充和渐变色”对话框，如图 6—3—6 所示。选择“图案填充”，在“类型”下拉列表框中选择“预定义”，再单击“图案”下拉列表框后面的按钮[...]，在弹出的“填充图案选项板”对话框中选择所需要的剖面线类型，单击“确定”按钮返回“图案填充和渐变色”对话框。将“角度”设为“0”，“比例”设为“1”。

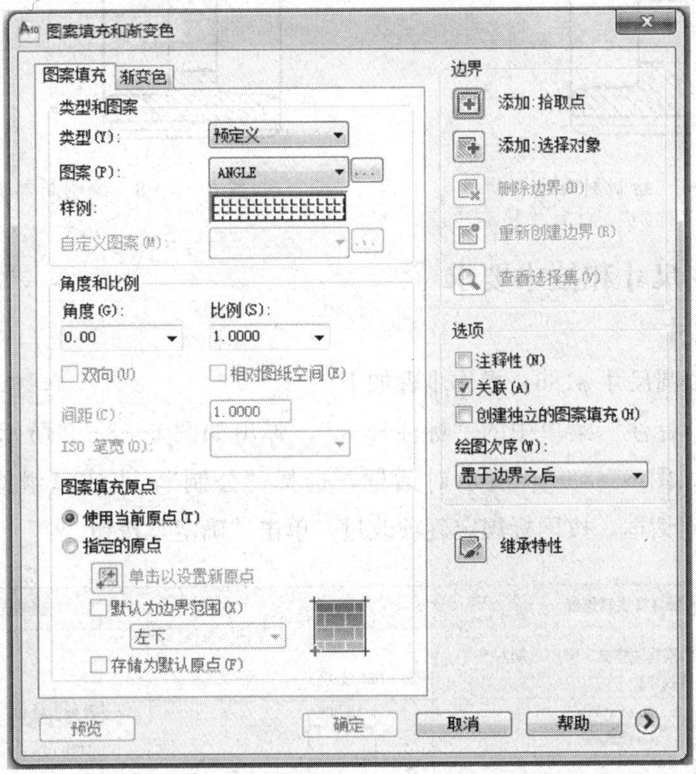

图 6—3—6　“图案填充和渐变色”对话框

（2）绘制剖面线

单击“添加：拾取点”按钮，进入拾取状态，在需要绘制剖面线的区域内依次单击左键，点选后剖面便呈虚线状态，然后按“回车”键返回“图案填充和渐变色”对话框，单击“确定”按钮完成操作，完成图形如图 6—3—7 所示。

7．绘制局部视图

按照图 6—3—1 所示尺寸绘制局部视图，注意图层的选择，完成图形如图 6—3—8 所示。

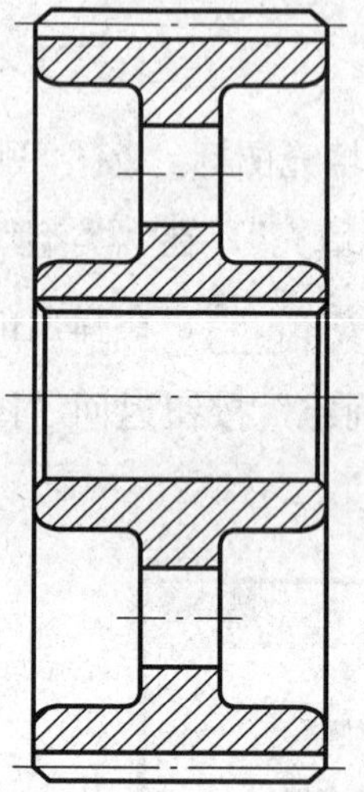

图 6—3—7　绘制剖面线

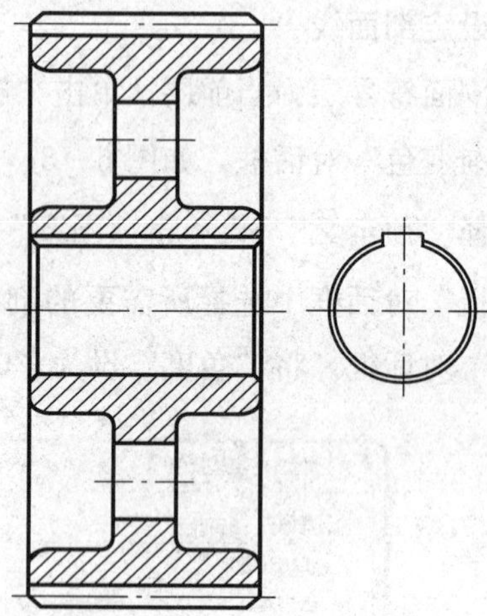

图 6—3—8　绘制局部视图

三、标注尺寸和技术要求

1. 标注尺寸

先标注齿顶圆尺寸 ϕ186，操作步骤如下：

(1) 选择“标注”菜单中的“标注样式”，弹出如图 6—3—9 所示对话框，点击“新建”，弹出如图 6—3—10 所示对话框，选择“公制”，点击“继续”，弹出如图 6—3—11 所示对话框，按国标规定逐项改过，单击“确定”按钮。

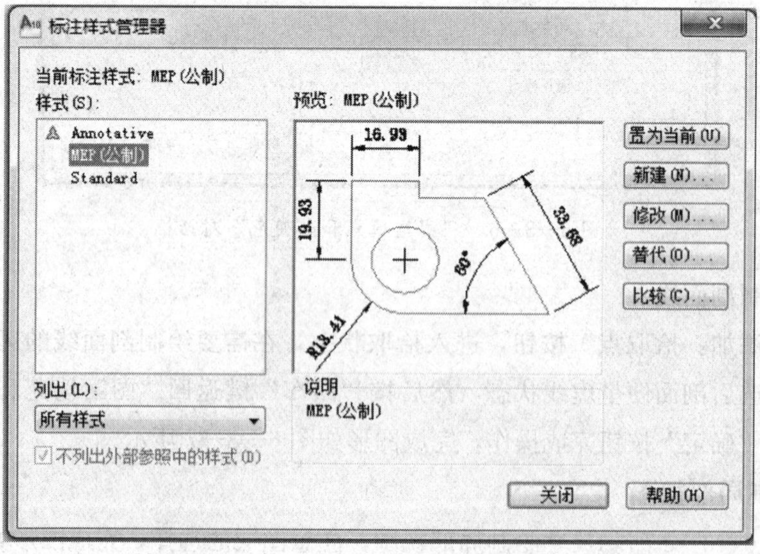

图 6—3—9　“标注样式管理器”对话框

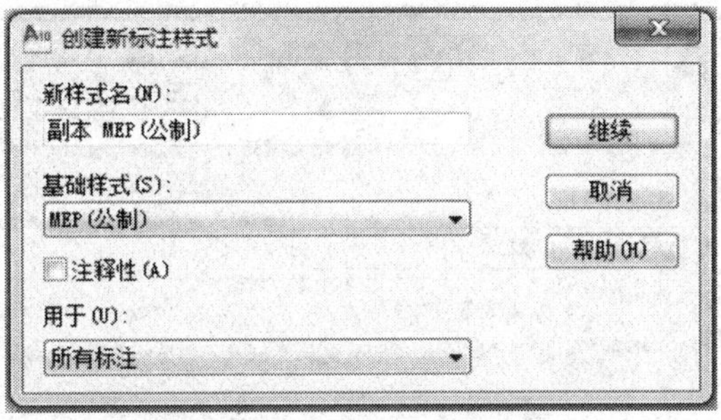

图 6—3—10　“创建标注样式”对话框

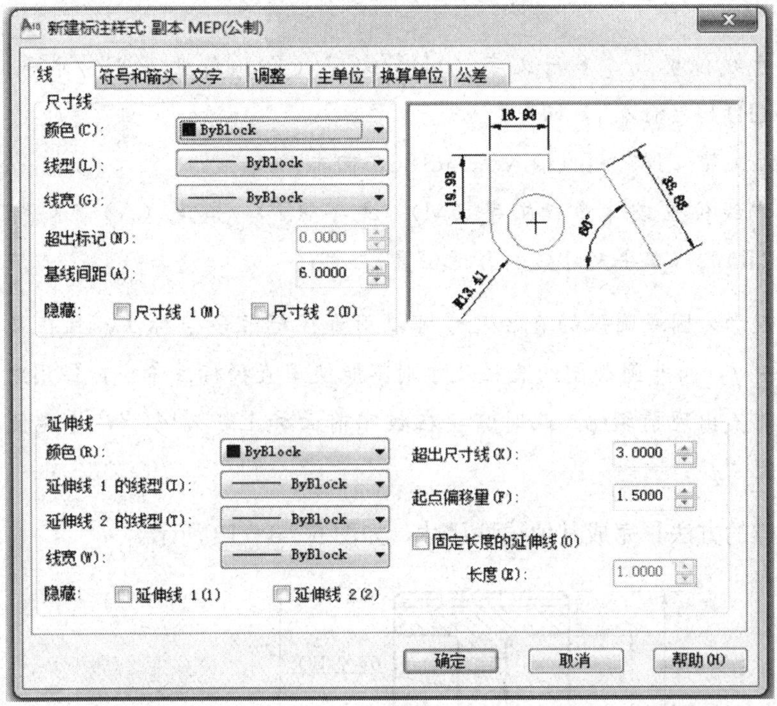

图 6—3—11　“新建标注样式”对话框

提示： 如果要标注尺寸公差，可在“新建标注样式”的“公差”选项卡中设置。

(2) 在“注释”面板中，选择“标注样式”，把已编辑好的标注样式置为当前，如图 6—3—12 所示。

(3) 单击“标注”面板中的线性标注按钮“├─┤”(或从“标注”菜单中选择“线性”)，命令行给出如下操作提示：

命令：_dimlinear

指定第一条尺寸界线原点或<选择对象>：(选择第一标注定义点)

指定第二条尺寸界线原点：(选择第二标注定义点)

图 6—3—12　选择标注样式

指定尺寸线位置或［多行文字（M）/文字（T）/角度（A）/水平（H）/垂直（V）/旋转（R）］：（输入 t，回车）

输入标注文字<186>：（输入%%c186，回车）

指定尺寸线位置或［多行文字（M）/文字（T）/角度（A）/水平（H）/垂直（V）/旋转（R）］：（单击尺寸线的合适位置）

提示：投影为圆或圆弧的直径尺寸可以用直径标注命令标注，且在尺寸数字前面自动加上前缀 ϕ，而非圆视图的直径尺寸则不能使用直径标注命令，但用线性标注命令标注时数字前不出现前缀 ϕ。此时需要在数字前面加上“%%C”，才能使标注的直径数字前面加上“ϕ”。

利用同样的方法，完成其他线性尺寸，如图 6—3—13 所示。

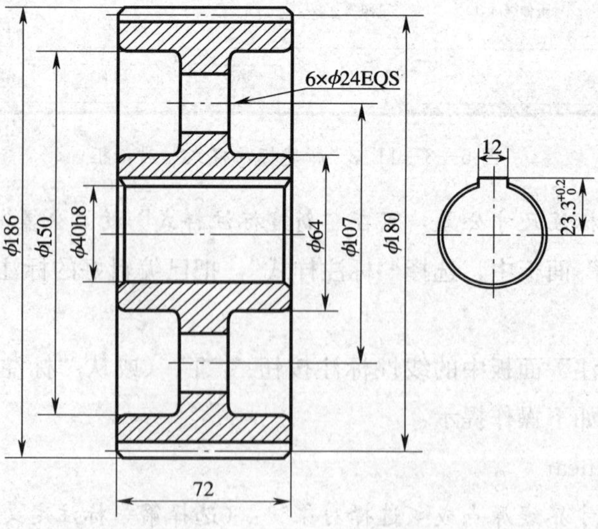

图 6—3—13　标注尺寸

2．标注几何公差

AutoCAD 没有提供基准标注符号，需要设计人员自己绘制，可以把基准符号定义为“图块”，然后将它插入到需要标注的地方。

（1）绘制基准标注符号，并定义为图块

先绘制基准标注符号如图 6—3—14 所示，选中它，然后单击“块面板”中的创建块图标“”，弹出如图 6—3—15 所示“块定义”对话框，在名称处输入“基准”，然后单击“拾取点”按钮，选中基准符号横线中点作为拾取点，然后单击“选择对象”按钮选中要定义为块的对象，回车完成操作。

图 6—3—14　基准符号

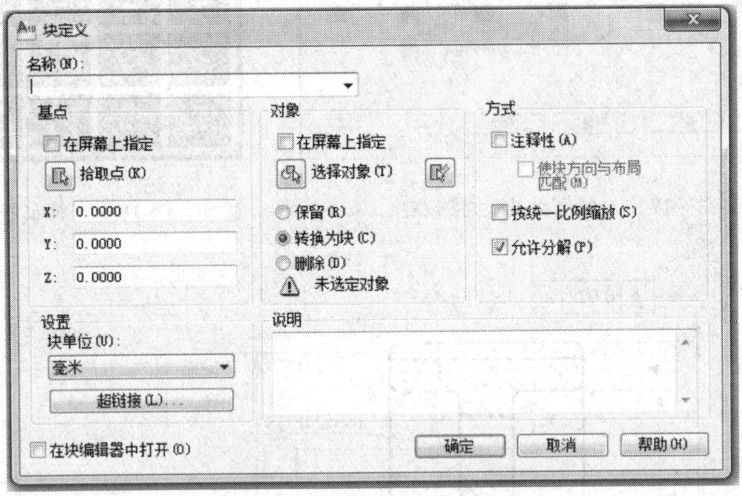

图 6—3—15　“块定义”对话框

（2）插入图块

单击“块面板”中的插入块图标“”，弹出如图 6—3—16 所示“插入”对话框，从“名称”下拉列表框中选择基准，单击“确定”按钮，在插入点单击完成操作。

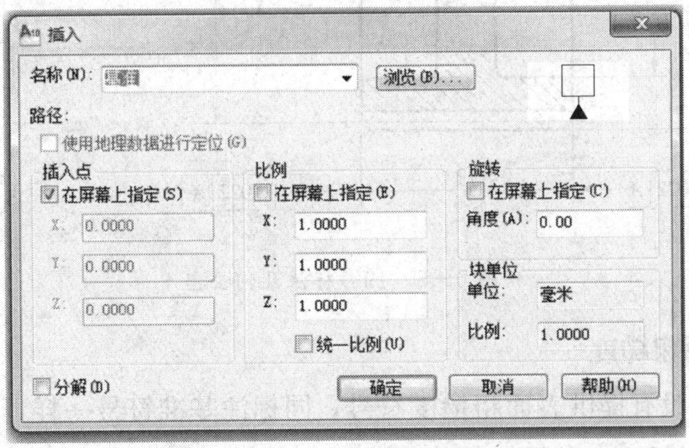

图 6—3—16　“插入”对话框

(3) 标注几何公差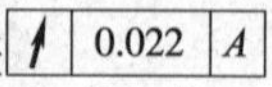

单击“标注”工具栏中的“公差”，弹出如图 6—3—17 所示“形位公差”对话框，单击“符号”下面的黑方框，弹出如图 6—3—18 所示“特征符号”选择框，选择要标注的形位公差符号，回到“形位公差”对话框，在“公差 1”下面白框中输入公差值 0.022，在“基准 1”下面白框中输入基准“A”，单击“确定”按钮完成标注。使用相同的方法，完成其他的几何公差标注，结果如图 6—3—19 所示。

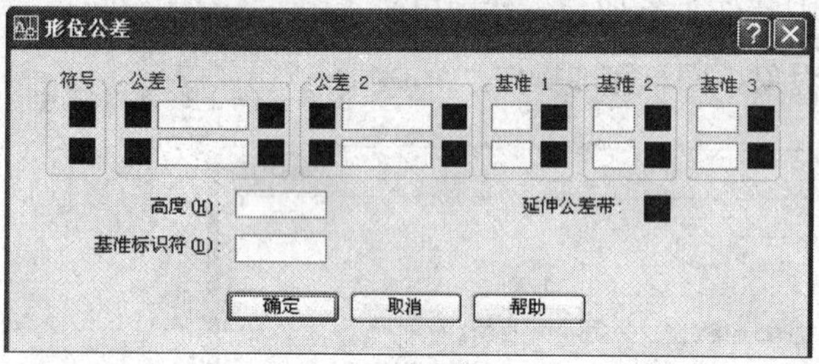

图 6—3—17 “形位公差”对话框

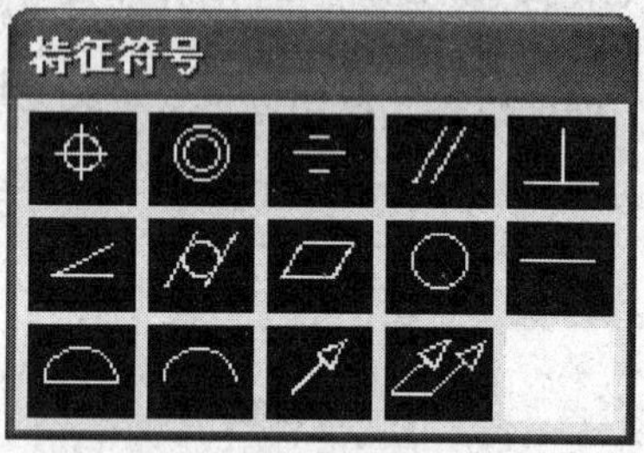

图 6—3—18 “特征符号”选择框

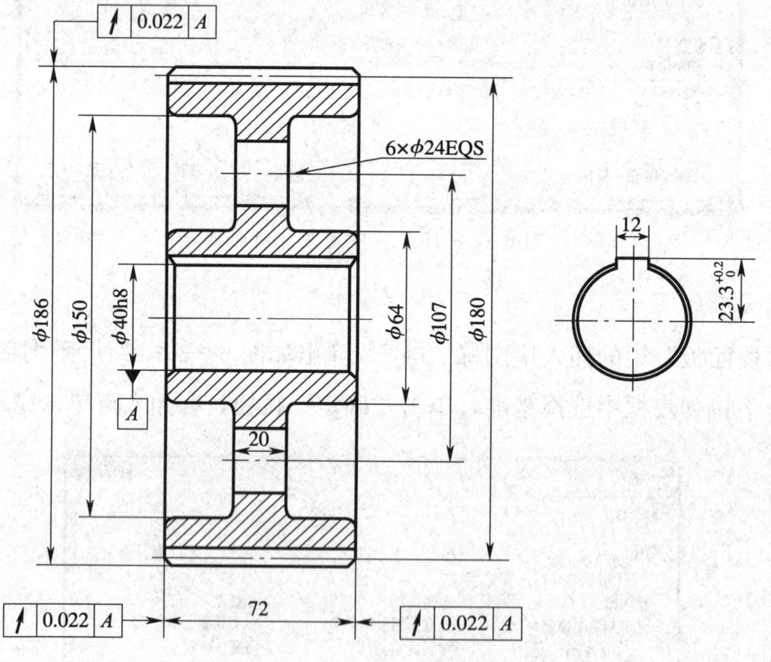

图 6—3—19 标注几何公差

3. 标注表面粗糙度

AutoCAD 也没有提供表面粗糙度符号，同标注基准符号一样，可以使用“图块”的方式建立，然后标注，如图 6—3—20 所示。

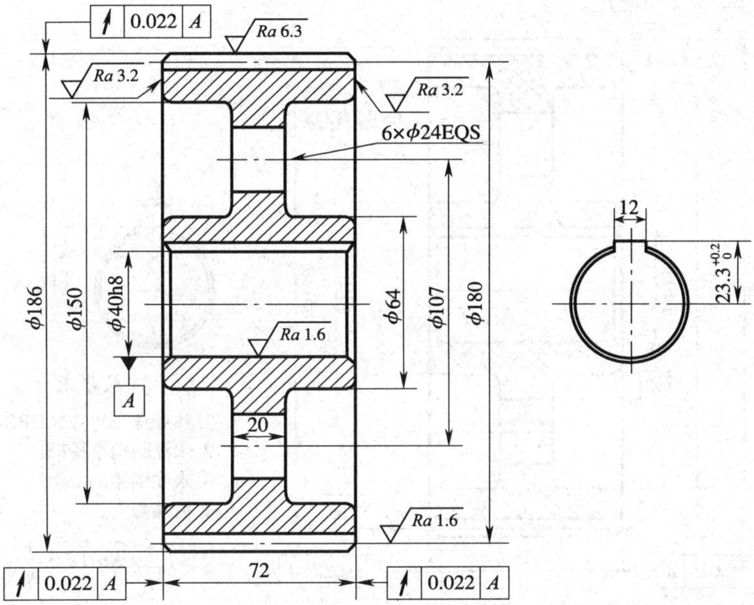

图 6—3—20　标注表面粗糙度

4．标注技术要求

单击“注释”面板中的多行文字图标“A”，命令行中提示如下：

命令：_mtext 当前文字样式："Standard"　当前文字高度：3.5

指定第一角点：（指定标注技术要求的第一角点）

指定对角点或［高度（H）/对正（J）/行距（L）/旋转（R）/样式（S）/宽度（W）］：（指定标注技术要求的第二角点）

输入对角点后，弹出如图 6—3—21 所示多行文字编辑器，输入技术要求的内容，单击“确定”，然后标注出其余的表面粗糙度要求，如图 6—3—22 所示。

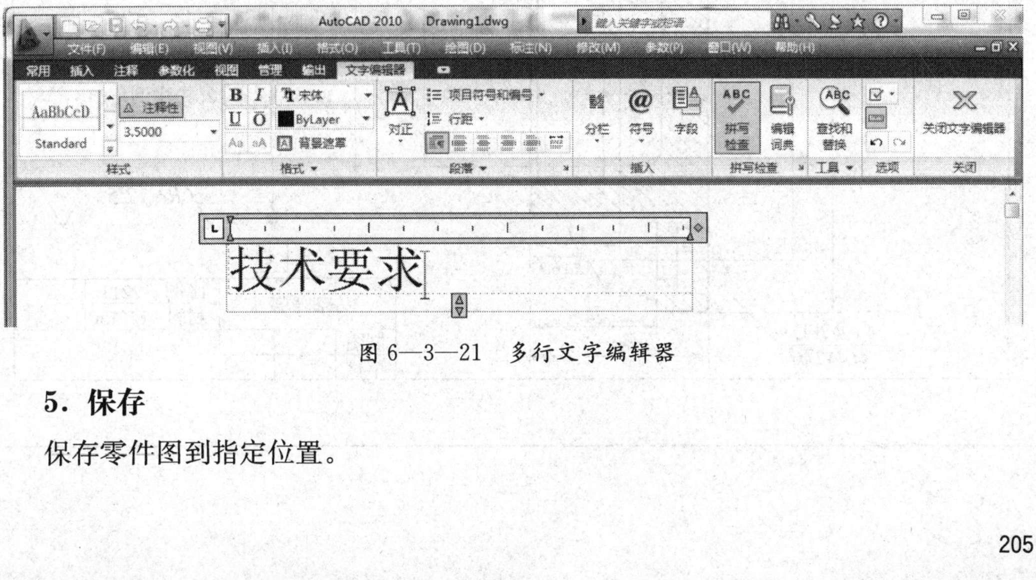

图 6—3—21　多行文字编辑器

5．保存

保存零件图到指定位置。

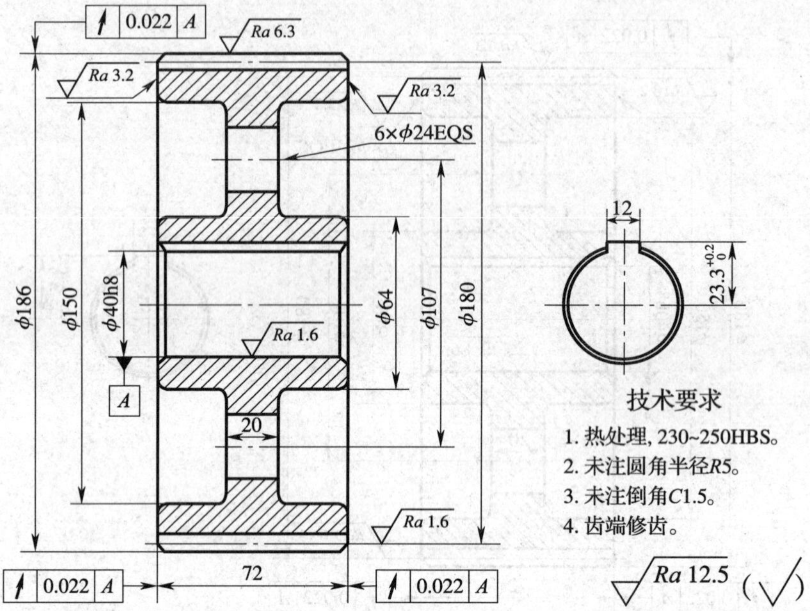

图 6—3—22　标注技术要求

教学互动

试绘制如下零件图。

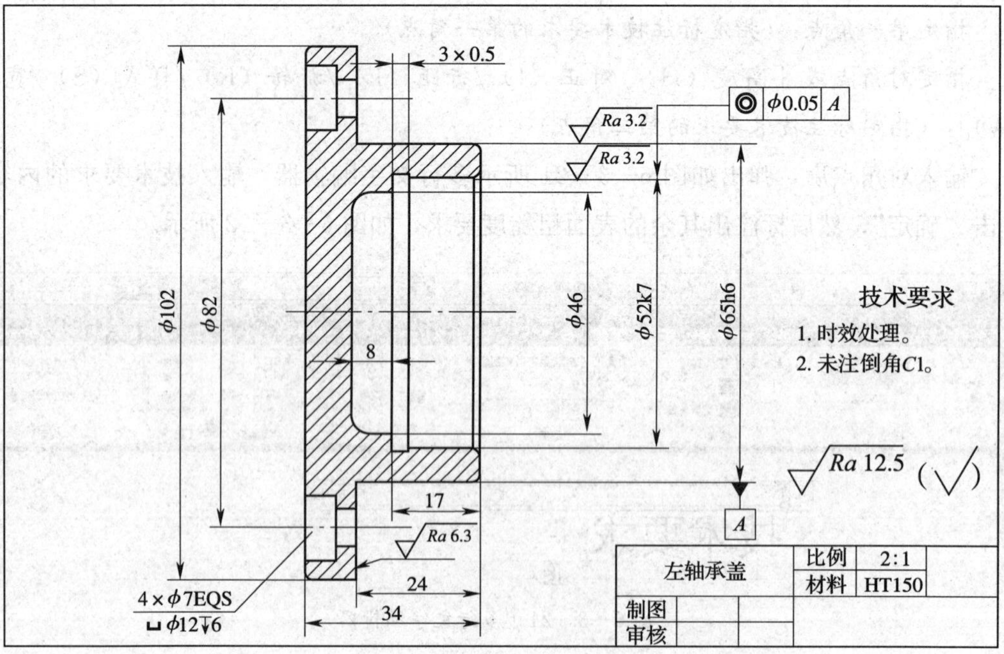